Kai Twilfer

ICH HAB KEINE MACKEN!
DAS SIND ★SPECIAL★ EFFECTS

BASTEI LÜBBE
TASCHENBUCH

BASTEI LÜBBE TASCHENBUCH
Band 60957

Originalausgabe

Dieses Werk wurde vermittelt durch die Literaturagentur Scriptzz,
www.scriptzz.de

Copyright © 2017 by Bastei Lübbe AG, Köln
Umschlaggestaltung: ZERO Werbeagentur, München
Umschlagfotografie: © Boris Breuer, Köln
Rechte am Buchtitel »Ich hab keine Macken! Das sind Special Effects«:
© sheepworld AG, www.sheepworld.de
Illustrationen im Innenteil: © Alexandra Langenbeck
Satz: hanseatenSatz-bremen, Bremen
Gesetzt aus der Sabon LT Std
Druck und Verarbeitung: CPI books GmbH, Leck – Germany
Printed in Germany
ISBN 978-3-404-60957-4

2   4   5   3   1

Sie finden uns im Internet unter
www.luebbe.de
Bitte beachten Sie auch: www.lesejury.de

Ein verlagsneues Buch kostet in Deutschland und Österreich jeweils überall dasselbe.
Damit die kulturelle Vielfalt erhalten und für die Leser bezahlbar bleibt, gibt es die
gesetzliche Buchpreisbindung. Ob im Internet, in der Großbuchhandlung, beim
lokalen Buchhändler, im Dorf oder in der Großstadt – überall bekommen
Sie Ihre verlagsneuen Bücher zum selben Preis.

*Wer die Gesellschaft nicht entbehren kann,
soll sich ihren Gebräuchen unterwerfen,
weil sie mächtiger sind als er.*

Adolf Friedrich Ludwig Freiherr von Knigge

Inhalt

Kleine Macken haben wir doch alle **11**
Marotten zu haben ist überlebenswichtig

Drill Sergeant 2000 **16**
Deutsches Verhalten im Supermarkt

Trattoria Schimmelino **30**
Unsere schönsten Marotten im Restaurant

Deko-Obst fürs Karma **42**
Macken in den eigenen vier Wänden

Nun sehen Sie, was Sie gleich sehen **53**
Das Fernsehen ist voller Kuriositäten

Er fuhr Ford und kam nie wieder **65**
Kleine Macken, sogar am Auto

Pool Position **78**
Die schönsten deutschen Urlaubsmarotten

Dies ist ein Garagentor, nur ein Doofer parkt davor **88**
Die Deutschen lieben Hinweisschilder

Shitstorm **99**
Unser Tick mit dem Internet

Über sieben Brücken musst du gehen **110**
Eine Macke zu haben ist Trend

Wir werden das jetzt in Ruhe analysieren **119**
Die Eigenheiten deutscher Politiker

Jetzt kommt der Eiermann **127**
Wer ein Hobby hat, braucht keine Macke mehr

Schingderassa, bumderassa! **136**
Die schöne Seuche Karneval

Flötentöne **147**
Ho! Ho! Ho! Die lustigsten Weihnachtsmarotten

Drei-sieben palatinal **158**
Der Deutsche und sein Essen

Der kommt nicht gut an **170**
Die kleinen Macken der Bahnreisenden

Es gibt immer was zu tun **181**
Warum wir so gern in Baumärkte rennen

Bitte mit Grün bestätigen **193**
Der Wahnsinn mit den Schnäppchenjägern

Männer sind auf dieser Welt einfach unersetzlich **205**
Der Problemfall deutscher Mann

Hitzegewitter im Strafraum **217**
Die schönsten Macken im Sommer

Ich hab die Haare schön **227**
Der Problemfall deutsche Frau

Ordnung ist das halbe Leben **236**
Die Macke mit dem Regulierungswahn

Und was sagen die anderen? **247**
Wie das Ausland uns Deutsche sieht

Bildnachweis **255**

Kleine Macken haben wir doch alle

Marotten zu haben ist überlebenswichtig

Ich hab da so eine klitzekleine Marotte. Also wirklich winzig klein. Beinahe unsichtbar. Aber dennoch ... nicht zu leugnen.

Jeden Morgen stehe ich vor dem Spiegelschrank im Bad, höre Roland Kaiser aus dem wasserdichten Miniradio, trinke dabei einen Kaffee und gebe mir Mühe, innerhalb der nächsten zehn Minuten irgendwie wach zu werden. Meist regungslos im Stehen, mit einem Gesichtsausdruck wie Halloween im Kanzleramt – vor diesem Albtraum deutscher Spanplattenkunst.

Spiegelschränke gehören in meinen Augen nämlich zu den brutalsten Erfindungen der Menschheit. Direkt nach der Atombombe, dem Laubbläser meines Nachbarn und der Sendung *Frauentausch* auf RTL2 ist der Spiegelschrank das Unglücklichste, was je von Menschenhand erschaffen wurde.

Es ist sicher kein Spleen von mir, sondern eher simple Gewohnheit, dass ich jeden Morgen vor dem Ding stehe und einen verschlafenen, nicht mehr ganz faltenfreien, leicht in die Jahre gekommenen Autor beobachte. Einen Autor, der sich die Frage stellt, warum ihm dieses Wandkästchen des Grauens so schonungslos ehrlich sein zerknittertes Antlitz offenbart. Nur um gleichzeitig die angebliche Lösung des Problems in Form von Gesichtsgels, Hautstraffern und Anti-

Aging-Cremes hinter seinen furnierbespannten Türplatten bereitzuhalten.

Es ist fast so, als wollte mir diese Büchse der Pandora jeden Morgen wortlos mitteilen: »Alter, schau dich mal an! Du siehst irgendwie kacke aus. Aber ich bin für dich da. Ich bin dein Retter in der Not. Ich stecke voller Special Effects, die du dir um die Nase schmieren kannst.«

Nicht dass Sie jetzt denken, dass ein knochenhartes, gestandenes Muskelmonster wie ich Anti-Aging-Cremes und so einen Zinnober wirklich benötigte. Ich bin Onkel Twilfer, nicht Fräulein Ronaldo.

Doch meine Erste-Hilfe-Box namens Spiegelschrank beinhaltet genau dieses Zeug. Meiner lieben Frau sei Dank. Frauen haben nämlich einige Ticks auf Lager, was die tägliche Anwendung von obskuren Pflegeprodukten angeht. Sehr beliebt zum Beispiel: Hyaluronsäure für die Nase, wie es in der Werbung immer so schön heißt. Klingt, als könnte man damit auch Asbestplatten made in Tschernobyl abbeizen. Ist Frauen aber egal. Frauen stehen ganz offen zu ihren Schönheitsticks. Männer hingegen würden nie zugeben, dass sie ein Problem damit haben zu altern.

Wir regen uns zwar darüber auf, dass der Zaunfink von nebenan mit der Kniescheibe eine Beule in den Unterboden des alten Fiat Uno geschlagen hat, aber an uns selbst finden wir angeblich nix. Egal, in wie viele Spiegel wir bereits geblickt haben, und egal, wie viele Bundestrainer uns die Schmiere für die reife Haut anpreisen. Die meisten Männer behaupten daher auch, sich nach dem Duschen mit 20er-Schleifpapier trocken zu reiben und nach dem Zähneputzen mit rostigen Nägeln zu gurgeln, nur um der Außenwelt glaubhaft zu versichern, dass sie frei von Macken, Marotten und Mängeln sind.

Wir Männer sind *perfekt*. Das glauben wir zumindest, bis wir wieder einmal am Morgen mit dem Kaffee in der Hand vor dem Ding im Bad stehen und fragen: »Spieglein, Spieglein an der Wand, wer ist die geilste Sau im ganzen Land?«

Mein Spiegelschrank antwortet dann meist: »Geh mal mit deinem dicken Bauch zur Seite, ich sehe sonst nichts.«

Vor Entsetzen über diese unverschämte Antwort hab ich neulich mit dem Hornhauthobel auf den dämlichen Kasten gekloppt. Um ihm klarzumachen, was er mir da jeden Morgen antut. Und siehe da, jetzt hat er auch eine Macke. Nun sind wir beide wieder beste Freunde, und ich konnte ihn bereits am kommenden Morgen mit den Worten trösten: »Sei nicht böse, alter Freund. Das sind keine Macken. Das sind Special Effects!«

Frauen lieben kleine Macken an uns Männern sogar. Sie nennen das Charisma. Ob Frauen aber auch über einen Freund von mir sagen, dass seine Macke charismatisch ist? Er springt immer über Gehwegfugen, da er es nicht ertragen kann, auf sie zu treten. Okay, das geht jetzt mehr in den Psychobereich, hat demnach also nichts mit Charisma, Macke oder gar Special Effect zu tun, sondern mehr mit Plemplem. Mein Freund sieht beim Fugenspringen immer aus, als wollte er mit der Aktentasche unter dem Arm Schwanensee aufführen.

Aber sind nicht genau diese Dinge das Salz in der Alltagssuppe, das uns Menschen so sympathisch macht?

Übrigens: Die Frauen, die ich in meinen vierzig Lebensjahren beruflich und privat so kennengelernt habe, haben nicht mehr oder weniger Ticks, Rituale und Macken als wir Männer auch. Das beruhigt ja schon mal.

Wir Deutsche sind wohl insgesamt

nicht frei von Marotten, die unser Leben beeinflussen. Zugegeben, ich bin auch so einer, der den alltäglichen Wunderlichkeiten in diesem Land unterworfen ist, egal, ob weiblicher oder männlicher Natur, ob freiwillig oder gezwungenermaßen. Ich begegne ihnen überall. Es ist wie eine sich ständig wiederholende Reise, mitten hinein in den Wahnsinn deutscher Spleens und Eigenheiten. Und täglich grüßt das Marottentier.

Haben Sie nicht Bock, auch mal mitzukommen? Auf eine kurzweilige Tour durch meine Welt, in der ich als schrulliger Schreibtischtäter, bunt gekleidete Rampensau, wunderlicher Privatmensch und vierzigjähriger leicht marottiger Mann täglich Dutzende Menschen mit mehr oder weniger ausgeprägten Spleens treffe. Fremde, Bekannte oder sogar Prominente.

Wir alle machen uns dank unserer typischen »Besonderheiten« gern mal zur Witzfigur, immer und überall. Vermutlich bezeichnet der altfranzösische Begriff *marotte* nicht umsonst eine kleine Handpuppe, auf der das Konterfei eines Narren abgebildet ist. Und was meinen Sie wohl, was das folgende Sprichwort heißt: *À chaque fou sa marotte*? Ganz genau. Jedem Tierchen sein Pläsierchen.

Möglicherweise verstehen Sie dann auch, warum ich jeden Tag bemüht bin, den typisch deutschen Marotten möglichst weitläufig aus dem Weg zu gehen. Gelungen ist es mir bisher … leider nie.

Na? Fühlen Sie sich angesprochen? Sie, mit dem Buch in der Hand. Mit Marotten, die irgendwie jeder kennt, da sie typisch Mann, typisch Frau und typisch deutsch sind.

Damit ist natürlich nicht gemeint, dass diese Marotten, die wir Deutschen für uns beanspruchen, ausschließlich in unserem Land vorzufinden sind oder gar hier erfunden wurden, aber in diesem Land überaus häufig beobachtet werden können. In Ihrem Alltag und in meinem sowieso.

Es sind Eigenheiten, die an jedem Deutschen haften wie ein Kaugummi am Schuh, und sei es nur in Form eines kristallbesetzten Bauchtäschchens passend zur Sandale mit weißer Boris-Becker-Gedächtnissocke. Dabei spreche ich nicht von echten Psychosen wie von der meines Fugen-Freundes oder Dingen wie Ehepartnertourette (SchatzduSau). Ich meine auch nicht die guten alten, typisch deutschen Bräuche, wie einmal im Jahr die Wiese auf dem Münchner Oktoberfest vollzureihern. Nein, es sind die kleinen Eigenheiten des Alltags, die wir alle kennen und häufig unterbewusst mitmachen. Sie beweisen, dass wir Rituale, und seien sie noch so absonderlich, wie die Luft zum Atmen brauchen, da sie Berechenbarkeit und Ordnung in das Chaos des Lebens bringen.

Marotten geben uns Sicherheit in einer Welt, in der nichts mehr sicher ist. Wenn alles durchdreht, sorgen unsere Schrulligkeiten für Konstanten. Für viele sind sie somit genauso unverzichtbar wie *Frauentausch* gucken oder am Sonntagmorgen Laub blasen.

Ich behaupte, Sie werden sich in diesem Buch mit einer Wahrscheinlichkeit von einhundert Prozent wiederfinden.

Und jetzt mache ich erst mal wieder die Tür meines vermackten Spiegelschranks zu. Offene Türen erzeugen bei mir nämlich immer dieses Gefühl von Durcheinander. Muss wohl ein Special Effect aus der Kindheit sein.

Drill Sergeant 2000

Deutsches Verhalten im Supermarkt

Menschen besuchen Supermärkte. Das hat oft praktische Gründe und manchmal auch emotionale. Ein praktischer Grund, warum meine Frau mich regelmäßig zum Einkaufen schickt, ist sicher der, nicht verhungern oder verdursten zu wollen. Urinstinkt, Gott ist verantwortlich – jedenfalls nicht meine Schuld!

Ich behaupte aber mal, dass das mit dem Verhungern in Deutschland gar nicht möglich ist, selbst wenn man in einen Hungerstreik tritt. Man kann bei dem Überangebot in Sachen Fresseritis in unserem Land eher in einen Mampfstreik treten und damit drohen, in aller Öffentlichkeit wie eine Bombe zu platzen, als medienwirksam zu verhungern. Trotzdem ist es einfach blöd, wenn Schalke spielt und man weder Bier noch Minisalamis im Kühlschrank hat. Da verhungert dann nicht nur die Sturmspitze. Fußballfan Twilfer muss also ab und zu schon wegen der Bundesliga in den Supermarkt.

Viel schöner sind aber die emotionalen Gründe, sich in das marottenverseuchte Abenteuer Supermarkt zu stürzen. Ich muss mich daher an dieser Stelle als sogenannter Impulskäufer outen. Schönes Wort, oder? Das sind diese armen Schweine, die von einer höheren Macht dazu verleitet werden, Kram in den Wagen zu legen, den sie eigentlich gar nicht brauchen. Eine menschliche Nervenzelle, vergleichbar mit der Fotozelle in einem Rauchmelder, registriert also ein Problem (zum Beispiel: *Minisalami leer!*) und macht dann ordentlich Alarm. Wir folgen diesem Impuls dann wie Lemminge, und zwar Männlein und Weiblein. Da geht es dann längst nicht mehr nur um Lebensmittel. Aldi schönen Werbeblätter bieten nämlich jede Woche allerhand Krimskrams an, den wir unbedingt haben müssen, egal, ob Dinge des täglichen Bedarfs wie Schmutzradiergummis, Bananenschneider oder Damen-Gartenscheren im Vorratsschrank noch vorhanden sind oder nicht.

Mal was ganz anderes: Hab ich Ihnen eigentlich schon von meinem größten Feind erzählt? Ne? Na, dann wird es aber Zeit. Er ist schwarz, kleinwüchsig, blind und lebt im Dreck. Eigentlich vier sehr gute Gründe, ihn nicht zu diskriminieren. Aber ich muss es einfach tun. Es ist nämlich dieser Sausack von Maulwurf, der mir jedes Jahr meinen Acker wieder auf links dreht, und zwar genau dann, wenn ich im Discounter gerade ein neues Paket Rasennachsaat gekauft habe.

Neulich habe ich sogar von ihm geträumt: Ich lag gefesselt auf meinem perfekt manikürten Wembleyrasen. Neben mir türmte sich ein Erdhügel auf, aus dem Grabowski rausguckte, einen Grubenhelm auf dem Kopf, und mich höhnisch angrinste. Tierschutz hin oder her, wir werden keine Freunde mehr. Die Bandidos? Die italienische Mafia? Die Tschetschenen? Niemand wollte mir bisher helfen, diesen Feind aus dem Untergrund in seine Schranken zu weisen.

Doch dann kam der große Tag, an dem der Discounter meine Rettung ins Programm nahm. Ich saß auf dem Klo und blätterte im aktuellen Werbeprospektchen. Und da sah ich ihn, im Angebot der Woche: den Maulwurfschreck Drill Sergeant 2000. Das ist so ein solarbetriebener Infrarotdildo, den man in seinem Garten in den Rasen steckt und der dann alle paar Minuten vibrierend ein paar Stromstöß... Nein, stopp! Der gibt halt so Schallwellen ab, die Grabowski uncool findet, die dem Vieh aber nichts anhaben und mein Seelenleben ebenso schonen wie meinen Grasteppich. Also runter vom

Klo, rein ins Auto und ab zum Supermarkt.

Wie ich bereits erwähnte, gibt es nicht viele Orte in diesem Land, die vermackter sind als deutsche Supermärkte. Das geht schon auf dem Parkplatz los. Eine Angewohnheit der Deutschen scheint nämlich zu sein, mit dem Auto am besten direkt neben der Scannerkasse im Markt parken zu wollen. Selbst wenn der übrige Parkplatz leer ist, prügeln sich am Samstagmorgen Dutzende Väter mit Weidekörbchen im Arm um die Bucht, die dem Eingang am nächsten ist.

Der Deutsche ist nämlich faul wie Bolle. Kann ja nicht jeder so sportlich und top durchtrainiert sein wie ich. Daher fahre ich die dreißig Meter zum Supermarkt ja auch mit dem Wagen. Hauptsache, man parkt mit dem Auto ganz vorn, nah an den Schiebetüren. Die Falle, die der deutsche Staat seinen Bürgern hier stellt, sind die zahlreichen und verlockenden Behindertenparkplätze, die dazu einladen, mal eben hier zu parken. Nur ein Minütchen. Wirklich ganz, ganz kurz. Ich wollte doch bloß ...

Demgegenüber steht das urdeutsche Vernunftdenken, dass so was asozial ist. Macht man einfach nicht. Vor meinem Supermarkt sind zwar permanent zwanzig Behindertenparkplätze unmittelbar vor der Tür unbesetzt, aber was soll's? Ich bin froh, gesund und munter zu sein, und laufe gern die paar zusätzlichen Meter.

Ich parkte meinen Wagen also quer auf dem großen Familienparkplatz direkt neben den Behindertenparkplätzen und suchte einen Einkaufswagen. Nicht dass ich den für nur einen Artikel unbedingt brauchte, aber man weiß ja nie. Vielleicht würde sich neben dem Drill Sergeant 2000 ja die passende Sprengstation mit ein paar Kilo TNT an Bord finden. Die wollte man ja nicht mühsam zur Kasse schleppen müssen. So viel Bequemlichkeit sei erlaubt.

Apropos Bequemlichkeit. Der Deutsche parkt also an Supermärkten vornehmlich in der ersten Reihe, läuft dann aber zweihundert Meter zurück zum Unterstand für Einkaufswagen, um sich einen Rollkorb für einen Euro zu organisieren.

Kacke, ich hatte kein Kleingeld dabei. Ich musste dringend Tempo aufnehmen. Also nicht Taschentücher, sondern Speed, damit mir nicht irgend so ein Garten-Günther den letzten Drill Sergeant 2000 vor der Nase wegschnappte. Der berühmte Spruch in deutschen Werbeblättchen lautet nämlich: »Trotz sorgfältiger Planung kann es sein, dass einzelne Artikel bereits am ersten Angebotstag ausverkauft sind.«

Sorgfältige Planung? Wer soll so was denn planen? Gibt es bei den Discountern etwa hochbezahlte Diplom-Mathematiker im Einkauf, die genau berechnen, ob sie eher zwei oder drei Exemplare in die Filiale legen? Im Plattenbaughetto-Discounter vielleicht auch mal einen mehr, wegen der zahlreichen Maulwürfe im betonierten Waschkeller? Ich glaube kaum.

Es war bereits zwei Minuten nach acht. Der Laden hatte also schon sage und schreibe zwei Minuten geöffnet. Und ich hätte mich totgeärgert, wenn Grabowski wieder als Sieger vom Rasen gegangen wäre. Oder besser gesagt: im Rasen geblieben.

Ich zog einen Fünf-Euro-Schein aus meinem Portemonnaie und quatschte die ersten Gestalten am Einkaufswagenstand an. »Habt ihr 'n Euro für mich?«

Die Jugendlichen mit roten Irokesen und Nasenring, die vor der Schule wohl noch schnell vier Paletten Red Bull brauchten, guckten mich doof an. »Ey, geh arbeiten, Alter!«

Es half nix, ich musste tatsächlich wieder zweihundert Meter in Richtung Supermarktkasse laufen, um diesen dämlichen Schein in ein Geldstück für den Einkaufswagen zu wechseln. Dann den ganzen Weg zurück und dann wieder … Es war zum Heulen. Ich hörte Grabowski hämisch lachen. Oder bildete ich mir das nur ein?

An der Kasse des Discounters angekommen, sah ich im Hintergrund bereits Rentnerdamen in den Aktionskörben wühlen. Also, ich sah die Unterbauten der Damen. Die Oberkörper waren zwischen Bademen, Akkuschraubern und Filzpantoffeln verschwunden. Und irgendwo dazwischen lag sicher auch mein Drill Sergeant 2000 und wartete auf mich. Ich musste die Sache hier schnellstens in den Griff bekommen.

Ich hielt dem Kassenonkel den Schein hin.

Seine Antwort: »Kollege, det jet nisch. Ick kann ers wechseln, wenn de Kasse offen is, wa?«

Meine Augen verfärbten sich rot. Kleine Dampfwölkchen kamen aus meiner Schädeldecke. Wie sehr ich diesen typisch deutschen Satz doch hasse. »Ich kann erst wechseln, wenn die Kasse offen ist.« Verflucht noch mal, dann mach die Scheißkasse doch offen! Da ist doch kein Eisenschloss dran. Drück irgendwo auf den Knopf, und das Ding geht auf, damit ich endlich meinen dämlichen Euro für den Einkaufswagen bekomme.

»Jeduld, der Herr. Immer schön ruhisch mit de alte Pferdschen.«

Sie kennen das sicher. Wenn man in so einem Moment wartet, dass irgendein Mensch endlich zum Bezahlen kommt, dann dauert es Jahre, bis sich einer bitten lässt. Eine ältere Dame schlich auf die Kasse zu und begann, im Schneckentempo ein paar Sachen aufs Band zu legen. Sie hatte drei Bademen, einen passenden Stoffaufsatz für die Klobrille,

Bier, Minisalamis, einen Bananenschneider und fünf Maulwurfschreck in ihrem Einkaufswagen.

In mir kroch Panik hoch. Was wollte die Lady mit fünf Maulwurfschrecks? Ich hatte immer gedacht, im Alter wäre man froh, überhaupt noch Besuch von jemandem zu bekommen. Ein weiteres Wölkchen fand nun den Weg aus meinen Ohren heraus.

Der Mann an der Kasse scannte, so wie es sich für einen Kassierer oder eine Kassiererin in einem Discounter gehört, die Artikel schneller über das Band, als ich gucken konnte. Er kam mir vor wie Speedy Gonzales im Vollrausch.

Zipp, zipp, zipp, zipp, zipp, zippppp.

Faszinierend, dass es so gut wie unmöglich ist, die Kassiererinnen in Discountern in ihrer Paradedisziplin auch nur ein einziges Mal zu schlagen. Ich habe mir vor Jahren mal den Spaß erlaubt und vorher trainiert. Sie wissen schon, nur leicht rutschende Dinge gekauft, direkt nachdem die Ware auf dem Band war und in Richtung Scanner gefahren wurde, den Einkaufswagen hinter der Kasse in Position gebracht und störende Hindernisse, wie meine EC-Karte, aus dem Weg geräumt. Und dann ging die Luzie ab. Die Kassiererin scannte, und ich ... *wusch, wusch, wusch*. Die Klamotten flogen so schnell in meinen Einkaufswagen, dass die Maus am Scanner nur staunen konnte. Erst später fiel mir auf, dass frische Eier in diesem Zweikampf nicht die beste Wahl waren. Aber ich hatte die Kassiererin besiegt und zum ersten und einzigen Mal in meinem Leben schneller geräumt, als sie scannen konnte. Das anschließende Bodenwischen vor der Kassenzone zählte ja nicht mehr zum Wettbewerb.

Es geht auch noch eine Stufe spleeniger. Viele Supermarktbesucher sortieren ihre Einkäufe bereits im Einkaufswagen. Es muss schließlich alles seine Ordnung haben. Fünf-Liter-Lambruscoflasche und Joghurt? Schlechte Mischung auf dem Tisch, im Magen und auch im Einkaufswagen. Daher sauber trennen, bitte. Auch auf dem Kassenband herrscht in Deutschland Zucht und Ordnung. Flaschen werden nicht mehr auf das Band gestellt, sondern gefälligst gelegt. Nicht auszudenken, wie sehr man sich blamiert, wenn die Pulle Olivenöl umkippt und die Weintrauben erschlägt.

Doch zurück zum eiligen Verräumen der Einkäufe in den Wagen.

Die ältere Dame mit den Klomatten-Klamotten konnte natürlich nicht mit dem Kassierer mithalten. Sie war eher von der entspannten Sorte, während mir der Qualm nun auch aus der Nase dampfte. Sie verwickelte den Typen hinter der Kasse sogar in ein Gespräch, was ältere Damen an vollen Kassen am Samstagmittag scheinbar am liebsten machen. Sie sind es aus den Zeiten des Wirtschaftswunders halt gewohnt, regelmäßig mit dem Briefträger, dem Eiermann oder der Supermarktverkäuferin zu klönen. Nichts kann sie aus der Ruhe bringen. Nicht mal ein armer Autor, dem gerade die Wiese umgepflügt wird. Ach, was konnte denn auch die arme Dame dafür?

Sie quatschte den Kassierer, auf dessen Brustschild Kowalski stand, mit folgenden Worten an: »Sie! Kommt Ihr Name aus Schlesien? Meine Tante mütterlicherseits kommt nämlich aus Schlesien.«

»Ne, ick bin aus Kreuzbersch. Is aber fast dieselbe Rischtung. Macht 39,94 Euro.«

Die Dame begann in ihrem Portemonnaie zu kramen. Die Kasse mit meinem Einkaufswagen-Euro war immer noch versperrter als Fort Knox zur Winterpause.

»Wat is dieselbe Richtung?«, wollte sie wissen.

Kowalski antwortete: »39,94 Euro!«

Die Dame wurde immer verwirrter. »Wie, Sie haben Ihren

Namen gekauft? In Kreuzberg? Wat für eine verkommene Ecke. Dat hätt et beim Führer nich gegeben.«

Mein Rauchwölkchen bahnte sich nun den Weg aus jeder Pore. Wie viele Drill Sergeants 2000 mochte der Diplom-Mathematiker diesem Markt wohl sorgfältig zugewiesen haben? Vielleicht acht oder zehn.

Die Dame suchte weiter in ihrer Geldbörse. Ältere Damen zeigen ja gern etwas naiv, was sie so haben. Nachdem sie also die dicken Fünfhundert-Euro-Scheine – vermutlich die gerade von der Bank geholte Jahresrente – zur Seite geschoben hatte, erkannte ich neben dem schwarzweißen Hochzeitsbild vor einem schlesischen Bauernhof 1935 auch zwei Zwanzig-Euro-Lappen. So, Madame, dachte ich mir. Nun aber fix die beiden Scheine auf die Theke, und zack, hat Twilfer endlich sein Kleingeld für den Wagen.

Im Hintergrund wurden bereits die nächsten beiden Maulwurfsdildos auf das Kassenband gelegt. Mein Herz schlug schneller.

Die alte Dame begann nun mit dem Gekrame im Kleingeld. »Sie! Ich glaube, ich hab das sogar passend. Warten Se mal.« Sie kramte und kramte, um dann zu kramen.

»Ich hab die Brille heute nicht mit. Ich bin mir aber sicher, ich hatte gestern noch 'n paar Groschen klein.«

Groschen? Ich war mir nicht sicher, ob ich die Dame küssen oder neben meinem Maulwurf verbuddeln sollte. Ich verkniff mir aber beides, als ich sah, wie sie nun den ganzen Geldbeutel dem Kassierer gab, damit er selbst schaute, ob sich neben den Geldscheinbündeln irgendwo ein Glückspfennig versteckt hatte.

Die Schlange hinter uns war inzwischen länger als eine Anakonda aus Fruchtgummi.

Nachdem Kowalski endlich vierhundert Münzen aus dem Kleingeldfach befreit hatte und anschließend feststellte, dass zwei Cent zum Passendzahlen fehlten, erbarmte sich die Dame dazu, ihre beiden Zwanziger zu opfern. Die Kasse ging endlich auf.

Als ich gerade lechzend nach dem Euro für den Einkaufswagen bitten wollte, folgte die inzwischen obligatorische Frage, die jeden deutschen Einkäufer, zugegeben: auch mich, zur Weißglut bringt: »So, dann wünsch ick Ihnen noch ein schönet Wochenende und hätt jern noch Ihre Postleitzahl.«

Der Rauch, der aus mir ausströmte, glich nun einem Dampfgarer ohne Deckel. Ich machte mir Sorgen wegen des Rauchmelders über der Kasse.

Die alte Dame ging in sich.

»Meine Postleitzahl? Also meine Tante mütterlicherseits in Schlesien hatte die 4711. Weiß nicht, warum, aber das konnte ich mir immer ganz gut merken. Warten Se mal. Wie is denn meine noch gleich?«

Die Dame holte wieder ihr Portemonnaie heraus und bat den Kassierer, darin zu suchen. »Irgendwo muss dat Bärenticket für die Bahn versteckt sein. Darauf is auch meine Postleitzahl. Ganz bestimmt.«

Der Kassierer lehnte dankend ab und gab 4711 in die Kasse ein. Dann: die nächste Frage des Grauens.

»Sammeln Se eigentlich Punkte?«

»Ne, aber Hummelfiguren. Meine Tante mütterlicherseits brachte gern mal wat aus Schlesien mit. Nicht die echten, aber auch ganz hübsch. Mit so gehäkelten Röckchen.«

Ich war mir nicht sicher, meinte aber, circa zwölf weitere Drill Sergeants in der Einkaufswagenkolonne gesehen zu haben, die inzwischen hinter der alten Dame wartete.

Sie fragen sich bestimmt, warum ich Experte nicht einfach an eine andere Kasse ging, richtig? Glauben Sie mal nicht, dass der Discounter an diesem Morgen Bock darauf hatte, bereits um zehn nach acht eine zweite Kasse aufzumachen. Obwohl eine einzige Kasse ja auch Vorteile hat. Es ist nämlich gar nicht so einfach, sich für die richtige Kasse zu entscheiden, wenn man vor der Wahl steht. Auch so eine deutsche Marotte. Sind bereits zwei Kassen oder mehr geöffnet, stellt man sich immer an der falschen an und wartet länger als alle anderen.

Und warum beobachtet der deutsche Supermarktkunde eigentlich weiterhin die Kassenschlange auf 1, wenn er selbst an Kasse 2 steht? Ganz einfach weil er der Gewinner sein möchte. Das hat nicht mal was mit Zeitnot zu tun. Nein! Es geht schlichtweg darum, aus dem Laden zu gehen und sich sicher zu sein, die richtige Entscheidung getroffen zu haben. Doch wie es Murphys Gesetz so will, steht man immer in der falschen Kassenschlange. Und ich arme Sau stand diesmal ja noch nicht einmal *in* der Schlange, sondern davor.

Schön sind auch die Momente, wenn eine Schlange bereits hundert Meter lang und eine zweite Verkäuferin im Anmarsch ist, um eine weitere Kasse zu öffnen. Dann kann man mindestens sechs renitente Muttis mit vollgepackten Einkaufswagen dabei beobachten, wie sie sich in Startposition begeben, um beim magischen Ausruf »Kommen Sie bitte auch hier rüber!« loszusprinten wie Roadrunner. Blaue Flecken, Bänderrisse, zerstörte Überraschungseier: alles egal. Diese Befriedigung, die sich in einem breitmacht, wenn man seinen Wagen direkt entladen kann, während alle anderen noch wochenlang in der anderen Kassenschlange stehen ... Schöner als Sex auf dem Mond. Für viele Deutsche auch ein Grund, in Supermärkte und nicht in Sexshops zu gehen.

Wie komme ich jetzt von Sexshop zurück zu der alten Dame vor mir? Ach ja. Der Maulwurfsdildo.

Majestätisch wie King Louie I., der Affenkönig aus dem Dschungelbuch, schob ich einige Minuten und vierhundert Meter später meinen Einkaufswagen eiligst in den Eingangsbereich des Supermarktes. Ich war mir sicher, dass mir nicht mehr viel Zeit blieb, beim Drill Sergeant 2000 zuzugreifen, um Grabowski in seine Schranken zu weisen.

Das Dumme ist nur, dass so ein Supermarkt nicht nur ein Schlaraffenland und für einen Impulskäufer wie mich eine große Herausforderung ist. Nein, ein Supermarkt ist auch immer ein fieser Hindernislauf. Ich erinnere nur an das Konzept von Ikea, in dessen Labyrinthgängen schon Millionen von Menschen verhungert sein müssen, da es dort eben keine Minisalamis, sondern nur bissfeste Furniermöbel gibt. Die Köttbullars kommen ja auch erst am Ende des Irrweges. Der Hungertod drohte mir im Supermarkt zwar nicht, aber die Hindernisse, an denen man zum Kaufen hängen bleiben soll und die die Discount-Psychologen wohl zusammen mit den Discount-Mathematikern ausgeklügelt haben, hinderten mich auf dem Weg zu meinem Ziel.

Das größte Hindernis steht in vielen Supermärkten allerdings noch vor der Startflagge. Der Pfandautomat! Immer im Eingang, immer im Weg. Welch grausame Erfindung. Harmlose Plastikflaschen werden wie von einem schwarzen Loch im Universum gnadenlos aufgesogen, um dann in einem unsichtbaren Bereich des Supermarktes kaltherzig zermalmt zu werden. Die Schreie der zerquetschten Plastikflaschen gehen allerdings häufig im noch brutaleren Schneidegeräusch des ansässigen Bäckers unter, wenn er die Brotlaibe zerteilt wie David Copperfield seine Showgäste.

Diesmal war es eine junge Familie, die vor mir mitten im Weg stand und ihr Pfandimperium wohl nur alle zwanzig Jahre zum Umtausch brachte. Drei Einkaufswagen voll mit leeren Flaschen. Voll geil! Biolimonade, die inzwischen den Weg aus der Flasche in Sohn Torben-Hendrik, Mutter Agnes und Papa Magnus gefunden hatte.

»So, Torben-Hendrik, und nun musst du die Flaschen dort oben in den Automaten stecken.«

Der Kleene kam an die viel zu hohe Öffnung nicht dran. Ich hörte Grabowski wieder lachen. Mir platzte nun endgültig der Kragen.

»Können Sie mit Ihrem Wagen nicht morgen wiederkommen? Ich bin mir sicher, dass das Kind auch später noch lernen wird, wie es sein Ding in ein Loch schiebt.«

Die Familie ignorierte mich. Eiskalt. Der Vater begann, Torben-Hendrik seelenruhig zu erläutern, dass man die Flasche mit dem Boden voran in den Automaten legen müsse, dann den Strichcode korrekt ausrichten und dann ... flogen plötzlich zweihundert leere Pfandflaschen durch den ganzen Supermarkt. Auch die Flasche, die ihrem Sohn gerade hatte erklären wollen, wie man Pfand wegbrachte.

Als ich nur wenige Minuten später vor dem Discounter auf dem Bauch lag und auf den Elektroschocker des Securityfritzen schaute, den er mir ins Gesicht hielt, fragte ich mich, ob das nicht eventuell auch was für den Kampf gegen Grabowski wäre.

Die beiden jugendlichen Punks kamen an mir vorbei. »Was für 'n abgefuckter Assi.«

Kassierer Kowalski verließ in diesem Moment den Supermarkt, kramte in seiner Tasche und zog eine Zigarettenschachtel aus der Hemdtasche. Er zündete sich eine Pausenkippe an, inhalierte tief und erklärte mir dann: »Den Drill Sergeant 2000 ham wa doch erst an Donnestach inne Aktion. Wat sie da heute jesehen haben, det waren die Solar-Grableuschten. Aber die kofen doch nur alte Leute.«

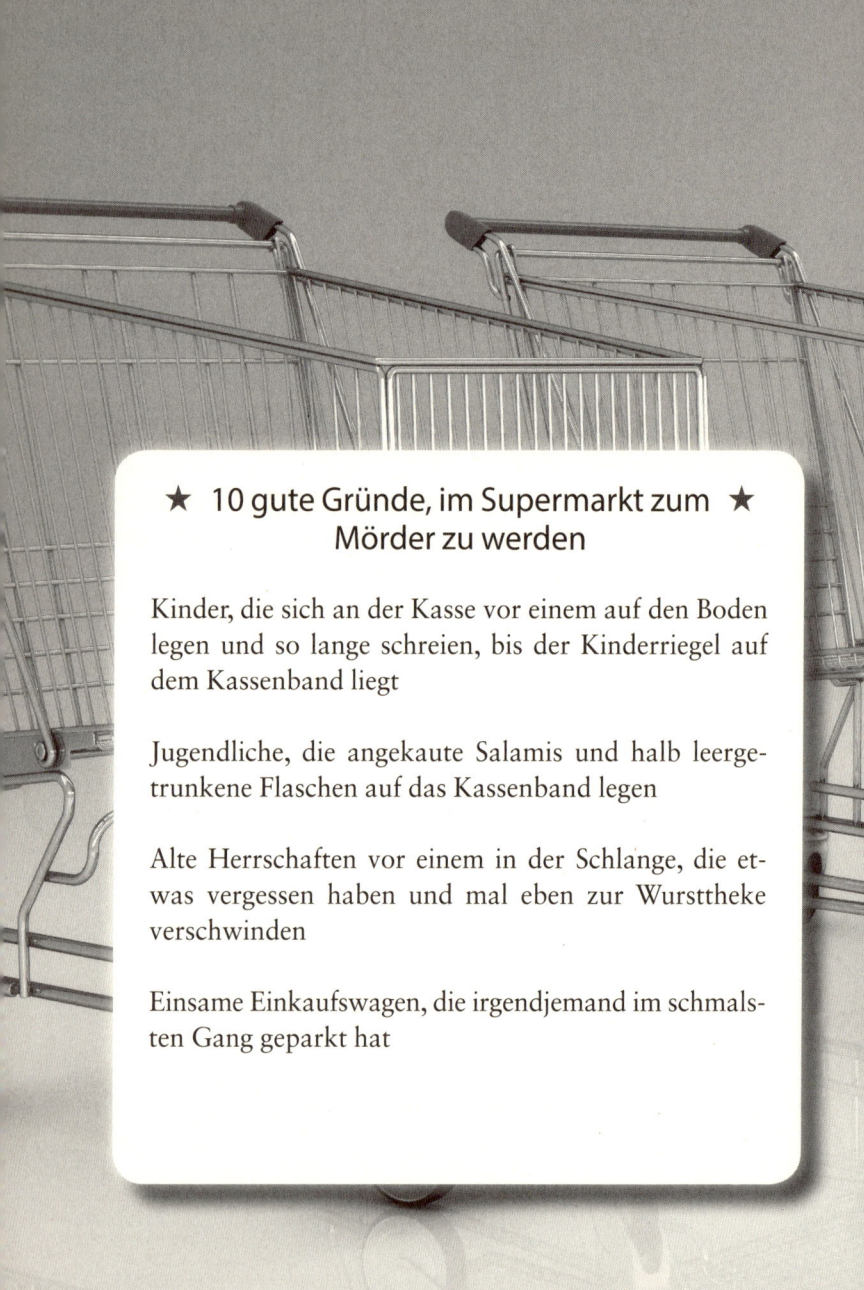

★ 10 gute Gründe, im Supermarkt zum ★ Mörder zu werden

Kinder, die sich an der Kasse vor einem auf den Boden legen und so lange schreien, bis der Kinderriegel auf dem Kassenband liegt

Jugendliche, die angekaute Salamis und halb leergetrunkene Flaschen auf das Kassenband legen

Alte Herrschaften vor einem in der Schlange, die etwas vergessen haben und mal eben zur Wursttheke verschwinden

Einsame Einkaufswagen, die irgendjemand im schmalsten Gang geparkt hat

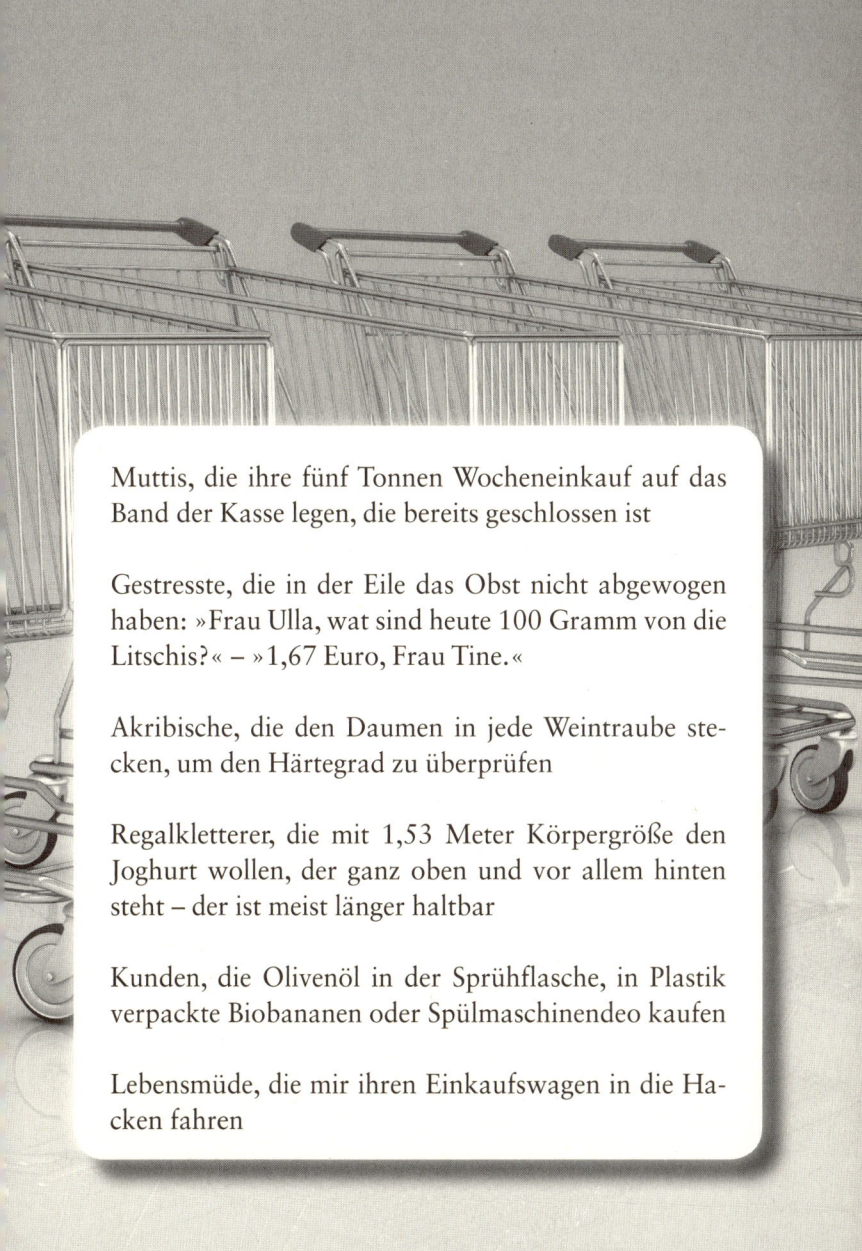

Muttis, die ihre fünf Tonnen Wocheneinkauf auf das Band der Kasse legen, die bereits geschlossen ist

Gestresste, die in der Eile das Obst nicht abgewogen haben: »Frau Ulla, wat sind heute 100 Gramm von die Litschis?« – »1,67 Euro, Frau Tine.«

Akribische, die den Daumen in jede Weintraube stecken, um den Härtegrad zu überprüfen

Regalkletterer, die mit 1,53 Meter Körpergröße den Joghurt wollen, der ganz oben und vor allem hinten steht – der ist meist länger haltbar

Kunden, die Olivenöl in der Sprühflasche, in Plastik verpackte Biobananen oder Spülmaschinendeo kaufen

Lebensmüde, die mir ihren Einkaufswagen in die Hacken fahren

Trattoria Schimmelino

Unsere schönsten Marotten im Restaurant

Wenn man als Autor und Comedian unterwegs ist, bleibt es nicht aus, dass man von Zeit zu Zeit auswärts isst. Nicht immer freiwillig, aber durchaus häufig. Mich haben meine zahlreichen Lesungen in den letzten Jahren kreuz und quer durch die Republik geführt. Ich habe dabei jede Art von Restaurant kennengelernt, von der Frittenbude bis zum Gourmettempel, von Fast bis Slow Food, von süßsauer bis saftig versalzen. Und ich darf verkünden: Man wird hart im Nehmen. Man lernt auf seinen kulinarischen Stippvisiten nämlich die bisweilen sehr unterhaltsamen Marotten des Deutschen kennen, die er in Restaurants im wahrsten Sinne des Wortes vollmundig ausleben kann.

Die gute Nachricht zuerst: Es gibt sie noch, die typischen Gaststätten mit Frikadellenbrötchen und Gulaschsuppe, die jeder von uns kennt und vielleicht auch schon mal besucht hat. Die immer gleichen Handlungsabläufe des guten altdeutschen Speisebetriebs, ganz gleich, ob die Menükarte von einem Ost-Vietnamesen, einem West-Kongolesen oder einem Lecker-Pekinesen inspiriert wurde. Der Deutsche lässt sich gern bekochen. Ein Urinstinkt, wie mir scheint, der auf Muttis einmalige Königsberger Klopse zurückzuführen ist, die man vor Urzeiten ja auch nicht selbst warm machen musste, sondern im Restaurant Mamamia serviert bekam.

Ich war wieder einmal in Eisenach unterwegs, einer kleinen Stadt im Osten der Republik. Ich hatte hier schon einige

Male aus meinen Büchern vorgelesen und war an diesem Tag ausnahmsweise mit dem Auto angereist. Normalerweise fahre ich ja mit dem Zug zu Auftritten, da mich die Deutsche Bahn Comedy-technisch mehr in Stimmung für den Abend bringt als eine monotone Autobahnfahrt über die A4.

In Zügen gibt es zum Glück auch Restaurants. Nein, stopp. Plural ade. Es gibt nur *ein* Restaurant, nämlich *das* Restaurant, das berühmteste von allen: das gnadenlose Bordrestaurant der Deutschen Bahn. Ein Ort mit einer Aura wie die Handlung in einem schlecht gemachten Hitchcock-Film. Einige wenige Leute, die sich nicht kennen, treffen auf engstem Raum aufeinander, beobachten sich lauernd hinter aufgeschlagenen *Bahnmobil*-Heftchen und tragen latentes Gewaltpotenzial in sich. Weil sie im Bordrestaurant zum einen ihren Laptop nicht klimpernd benutzen dürfen und zum anderen andauernd die Tageszeitung des Platznachbarn in der Erbsensuppe hängen haben. Das Bordrestaurant der Deutschen Bahn ist daher ein Spezialfall, auf den ich später noch einmal zurückkommen werde.

Ich war recht früh in Eisenach und schlenderte durch die Innenstadt auf der Suche nach einem Lokal, das meinen kleinen Hunger halbwegs problemlos in den Griff bekommen sollte. Es gab eines, da war ich mir bei Millionen Restaurantbetrieben in Deutschland sicher. Aber wo, verflucht noch mal, befand es sich in Eisenach? Wie erkenne ich eigentlich ein typisch deutsches, aber dennoch gutes Restaurant?

Endlich wurde ich fündig. Es war das Restaurant meiner Träume. Der Deutsche – zugegeben: auch ich – ist nämlich sehr feinfühlig in dieser Hinsicht und akzeptiert längst nicht alles, was ihm vorgesetzt wird. Ganz wichtig ist, dass sich das Etablissement, gleich welcher Länderkennung, bereits vor dem Haupteingang demütig offenbart. Und zwar in Form einer ausgestellten oder ausgehängten Menükarte, die von der Größe her an Plakatwände in Bahnhofsunterführungen erinnert. Häufig auf edlen Betonsockeln unmittelbar neben primelbepflanzten Plastikbottichen aufgebaut, die einem das Gefühl vermitteln sollen, dass hier nur mit frischen Zutaten gekocht wird.

Kommen gleich mehrere Restaurants in einer Fressmeile hintereinander, so buhlen die Gaststätten mit mannsgroßen Menükarten vor dem Eingang darum, die Kunden in ihren Laden zu locken. Das ist ein bisschen so wie auf der Reeperbahn, wo die sogenannten Koberer die bumsfidelen Jünglinge in ihre Peepshows locken wollen. Äh, das weiß ich aus Erzählungen. Wo war ich? Ach ja ... Bei den meisten Restaurants läuft das Prozedere aber ohne Siebzigerjahre-Amateurboxer aus St. Pauli ab. Einzig die Magie der getippten Worte auf einer Speisekarte schafft es, den Hungrigen das Wasser im Mund zusammenlaufen zu lassen.

Der Deutsche möchte also bereits vor dem Betreten und Platznehmen wissen, welche Ware man ihm in diesem Geschäft so anbietet. Das ist so, als wenn man vor einer Metzgerei Schweinebilder aufhängt oder der Media Markt alte DVD Player vor die Tür legt. Man weiß dann exakt, was es in diesem Laden zu kaufen gibt. Auch wenn es beknackt aussieht.

Die Namen der Restaurants lassen in den meisten Fällen eine Vorahnung zu, in welche kulinarische Ecke der Welt man sich begibt. *Ristorante da Salmonella* deutet auf ein eher italienisches Etablissement hin, während *Taverne Akropolis* nicht zwingend auf Ente pikant oder Frühlingsrolle schließen lässt. Da aber zahlreiche Lokale durch eher allgemein gehaltene Namen wie »Klau's Schlemmerkiste« oder »Mutti's Bruzzelhütte« nicht sofort die Nationalität der Speisen kenntlich machen, haben Gastronomen weltweit eine Supererfindung gemacht, die jedem Deutschen den Restaurantbesuch extrem vereinfacht: Fotos der Gerichte als eine Art Bilderbuchspeisekarte. Großflächig mit Teppichklebeband stilsicher an die Außenfassade gepappt. Hammerhart.

Was wäre ein Restaurantbesuch ohne die DIN-A0-großen, von der Sonne ausgeblichenen Abbildungen von Spaghetti Bolognese oder Hühnersuppe? Schön dekoriert auf Tellern aus der Zeit des Kalten Krieges. Wie soll sich ein Deutscher, vielleicht sogar im Ausland, denn auch vorstellen können, wie ein Wiener Schnitzel mit Pommes aussieht, wenn es nicht irgendein Photoshop-Profi in eine laminierte Folie gepresst hat, um es dann vor dem Restaurant einladend aufzuhängen?

Zurück nach Eisenach. Zunächst einmal nahm ich in einem kleinen Café Platz. Liegt an einer leicht neurotischen Angewohnheit meinerseits, ich trinke Kaffee nämlich meist *vor* dem Essen, nicht danach, wie die meisten Deutschen es bevorzugen. Und da ein Tässchen Kaffee als Vorspeise in einem Restaurant meist ganz dämlich kommt, wähle ich gern den Außenbereich eines Straßencafés direkt neben dem Restaurant, um mir so schon einmal die Menschen anzuschauen, die aus der favorisierten Gaststätte herausspazieren. Vor allem ihre Gesichtsfarben nach der Nahrungsaufnahme interessieren mich.

Ich bestellte bei einer sympathischen jungen Dame mit anständiger Achselbehaarung eine simple Tasse Kaffee. Sie guckte mich entsetzt an und meinte dann in hardcoresächsisch: »Drößen gebt's nur Könnchen!«

Draußen gibt's nur Kännchen? Ja, schon einige Male in diesem Land gehört. Aber warum eigentlich? Ich wollte kein Kännchen, verflucht noch mal. War es der Bedienung etwa nicht zuzumuten, die gewaltigen Tagesmärsche von der Kaffeemaschine bis zur Terrasse unter der Schwerlast einer kleinen Tasse Kaffee zu absolvieren? Musste da direkt das große Besteck her? Wenn ich ein Glas Pils bestelle, dann kommt ja auch nicht gleich die geschmückte Pferdedroschke mit zwanzig Fässern und bayrischer Blaskapelle. Warum also kann man in Deutschland nirgendwo mehr einen simplen Kaffee kriegen? Egal, ob innen oder außen. Ich will keinen Tall Latte Grande mit flavoured Smoothie-Schaum to go, sondern einen banalen Kack-Kaffee aus der Tasse. Aufgebrüht und mit popeligen Filtertüten aus einer Zwanzig-Mark-Kaffeemaschine herausgegurgelt. Und was passiert eigentlich, wenn ich draußen einen Kaffee für drinnen bestelle oder die Bestellung für draußen genau auf der Türschwelle aufgebe? Fragen über Fragen, die die deutsche Gastronomie seit Jahrzehnten aufwirft.

Ich versuchte, die bezaubernde Dame aufs Glatteis zu führen. »Dann hätte ich gern ein Tässchen Espresso.«

»Men Hörr, ich sagte döch, dass es dröößen nur Könnchen gibt!«

Wir einigten uns schließlich auf ein Kännchen Cola, um nicht ganz vom Thema Koffein wegzukommen, und die Kaltmamsell zog von dannen.

Ich ging in mich. Worauf hatte ich eigentlich Hunger? Eine gute Frage, die zwar für mich meistens leicht zu beantworten ist, der deutschen Gastronomie dann aber gar nicht schmeckt. Nicht schmeckt, weil meist nicht verfügbar. Aber was kann ich denn dafür, dass ich erst morgens um drei nach dem Besuch von vier Kneipen Bock auf Currywurst bekomme? Immerhin ein Klassiker der deutschen Küche.

Laut einer Umfrage ist Currywurst sogar das Lieblingsessen aller deutschen Kantinenbesucher. Allerdings eher tagsüber. Morgens um drei ist es hingegen etwas schwieriger, in Eisenach, Gelsenkirchen oder Neu-Delhi eine ordentliche Currywurst zu bekommen. Neu-Delhi lacht sich schlapp, weil der Inder nicht einmal weiß, was eine Currywurst ist, und es dort nur das klassische Curry gibt. Ein Gericht mit tausend Gewürzen, aber sicher keinem gehäckselten Pressfleisch im gespülten Enddarm.

In Gelsenkirchen, meiner Heimat, ist es aber auch nicht so leicht. Und wenn ich doch tatsächlich noch eine Kaschemme finde, die theoretisch dazu in der Lage ist, mir mitten in der Nacht eine Currywurst zu machen, so werde ich bei Betreten erst einmal kleinlaut. Bei vielen Kneipen mit Speisenauswahl in Deutschland muss man nämlich bereits um kurz nach Mittag erst einmal die berühmte Frage stellen: »Haben Sie noch Küche?«

In Gelsenkirchen trifft man in Lokalen meist auf eine kleine, wohlgenährte ältere Frau mit blondgesträhnten Haaren, deren Soßenflecken auf dem weißen Kittel zunächst auf die Witwe von Hannibal Lecter schließen lassen. Sie lugt hinter der Theke oder aus der Küche der Kneipe in den Gastraum, wenn der Gast eintritt und seine Frage stellt, guckt dann auf die Flasche Antipestizid, die mit dem gammeligen Staubwedel neben der Pommesabtropfschale steht, und sagt: »Yo!« Dann ist man der Gewinner und bestellt gleich 'ne doppelte Portion. Von was? Na, was halt noch da ist.

Ist man jedoch, so wie ich neulich, nach einer Lesung in der Humorhochburg Hückelhoven unterwegs, so bekommt man um sage und schreibe 22.30 Uhr auf die Frage: »Haben Sie noch Küche?«, als Antwort: »Wenn se abgebrannt wär, wär ja jetzt die Feuerwehr hier, oder?«

Um es kurz zu machen, die Küche war nicht abgebrannt, aber zu essen gab es auch nichts mehr. Ich ging also hungrig ins Hotel und musste aus Verzweiflung zum ersten Mal in meinem Leben hart gewordene weiße Mandelschokolade aus der Minibar als Abendessen genießen. Mit einem kleinen Wodka hinterher ging es allerdings.

Aber zurück nach Eisenach, dem sympathischen Städtchen mit dem Kännchen Cola auf der Terrasse. Es war Freitag, und ich überlegte, dass es für den gottesfürchtigen Deutschen ja eigentlich nur eine Mahlzeit an einem Freitag geben kann: Fisch. Auch so eine Marotte. Da kennt der Deutsche kein Pardon. Sushi und Rollmops? Auch gut, Hauptsache, Fisch. Verflucht, ich hatte aber Hunger auf Toast Hawaii. Warum? Weil das noch deutscher ist als Rollmops und Forelle. Wie der exotische Name schon vermuten lässt, wurde das traditionelle Gericht der Siebzigerjahre von einem deutschen Fernsehkoch erfunden. Nicht Rach und die anderen Gangster. Nein, irgendein Mensch, der in den schwarzweißen Zeiten der Öffentlich-Rechtlichen noch mit Krawatte und Seitenscheitel kochte und vom Promi-Dinner zum Glück noch nichts ahnte.

Vielleicht können die mir im Restaurant da drüben ja etwas Fisch auf den Hawaiitoast machen?, fragte ich mich. Dann würde es wieder passen.

Ein junger Inder kam an meinen Tisch im Straßencafé und fragte, ob ich ihm eine »Wollerose« abkaufen wolle.

Ich fragte ihn: »Wie weit ist die indische Blumenmafia inzwischen eigentlich gesunken, dass Sie jetzt auch schon alleinstehende hungrige Autoren behelligen? Hm?«

Mal im Ernst. Wem hätte ich die Rose mit den Worten »Ich liebe dich« denn in diesem Moment bitte schenken sollen? Der zittrigen Rentnerin am Nebentisch, die schon fünf Kännchen Kaffee im Nervenzentrum hatte? Oder der achselhaarigen Bedienung, die mich von der Theke aus misstrauisch beäugte, als rechnete sie jeden Moment damit, dass ich den Aschenbecher klaue?

Der Inder glotzte mich wortlos an. Dann fragte er wieder: »Wollerose?«, und hielt mir seine Ware unter die Nase.

»Draußen gibt's aber nur Sträußchen!«, entfuhr es mir. Dann stapelte ich die Münzen für mein Kännchen Cola passend auf dem Tisch und verzog mich in das Restaurant gegenüber, auch wenn ich mir so gut wie sicher war, dass die dort ebenfalls einen am Sträußchen hatten.

Doch ich wollte es dem Laden mal so richtig zeigen. Ich würde einfach von vorneherein klarstellen, dass ich keinen Bock auf die typisch deutschen Macken und Eigenheiten in Sachen Gastronomie hatte und einfach mal so essen wollte, wie ich es zu Hause von Muttern gewohnt war.

Ich betrat das Lokal. Grob geschätzt achthundert Tische. Fein säuberlich mit den typischen Utensilien bestückt, die auf keinem deutschen Restauranttisch fehlen dürfen: Salz- und Pfefferstreuer, eine Dose Zahnstocher und ein XL-Serviettenspender aus Edelstahl, in dem sich Lappen befanden, die dem Titel Zellstoff nicht gerecht wurden, da sie sich beim Mundabputzen wie eine Mischung aus Bauschaum und Neopren anfühlten. Die versiffte braune Maggipulle deutete zudem auf die Würzkultur in der Küche hin.

Zurück zu den Tischen. Dreihundert davon waren für vier Personen, zweihundert für Sechsergruppen und der Rest für Gesellschaften ab tausendzweihundert Personen. Das alte Rom hätte hier geschlossen einen Muttertagsbrunch feiern können.

Ein Kellner nahm Notiz von mir und kam auf mich zu.

Ich war weit von der Heimat entfernt und mir daher nicht sicher, mit welchem Satz man in dieser Region von Fremden begrüßt wurde. »Guten Tag«, »Herzlich willkommen« oder »Wolleesse?« wären mir geläufig gewesen. Es kam aber anstelle einer Begrüßung: »Eine Person?«

Eine faszinierende Beobachtung, die ich in Restaurants in Deutschland immer wieder mache. Man erscheint als Paar in einem Fresstempel und wird empfangen mit den Worten: »Zwei Personen?« Man kommt mit acht Brüdern und sechzehn Cousinen und kriegt zu hören: »Haben Sie reserviert?« Ist man aber mal allein unterwegs, so wie ich auf Lese-Tour, so ist die Begrüßung meist: »Eine Person?« Die Enttäuschung, die man in den Augen der Kellner erkennen kann, ist unbeschreiblich. Am liebsten würde ich ihnen zurufen: »Ja, was hätte ich denn machen sollen? Noch fünfzehn Kinder zum Pinocchioeis einladen?«

Manchmal, wenn es mich richtig packt und mir der Geduldsfaden reißt, deute ich auf meinen Freund Harvey, diesen großen weißen Hasen, der immer neben mir herläuft und der ebenso wie die pinkfarbenen Elefanten, die über mir fliegen, meinen wirren Alltag bereichert. So ganz allein ist man dann ja nicht.

Der Ober im Eisenacher Restaurant hatte auch ohne Harvey und die Elefanten so viel Durchblick wie ein Tintenfisch mit Durchfall. Er schaute in sein großes Reservierungsbuch, wo er mich denn nun hinpflanzen könnte, wenn ich ihm schon keinen bemerkenswerten Umsatz an diesem Freitagmittag bescheren würde. Es war wohlgemerkt keine Sau im Laden. Bis auf uns kleine Schweinchen.

»Nun, die großen Tische kann ich Ihnen nicht geben, mein Herr. Da könnte ja noch eine große Gruppe kommen ...«

Ach, ja? Welche »große Gruppe« sollte denn um zwölf Uhr mittags in der Eisenacher Innenstadt Mittagessen wollen? Die Hells Angels auf Kegeltour?

Der Kellner blätterte weiter im komplett nackten Reservierungsbuch. »Würde es Ihnen etwas ausmachen, an der Theke zu essen?«

12,80 Euro kostete mich die olle Fischsuppe. Allerdings

inklusive Käsesemmel und Ananasscheibe zum Nachtisch. Ich fühlte mich wie auf Hawaii, als ich zum Ort der Lesung marschierte. Verflucht noch mal war mir kotzübel an diesem Abend. Ich weiß nicht, ob Sie das kennen, aber für eine ordentliche Diarrhö, sprich Scheißerei, gibt es ganz besonders beschissene Zeitpunkte. Neben der Hochzeitsfahrt im Heißluftballon oder einer Nacht im stecken gebliebenen Aufzug gehört eine Lesung eindeutig dazu – jedenfalls wenn man als Autor an ihr teilnimmt.

Ich mischte zwar heimlich Imodium-Zustopftabletten in die Erdnussschale neben dem Wasserglas, aber so richtig entspannt wurde der Abend in Eisenach nicht mehr. Zumindest für mich.

Die Leute hatten natürlich ihren Spaß. Auch wenn sie nicht verstanden, warum ich ständig von der Bühne rannte und dabei wie ein Hörbuch mit Tonaussetzern wirkte.

Die behaarte Bedienung aus dem Café saß übrigens in der ersten Reihe, in der Hand eine Mini-Cola aus dem Puppenhauskännchen. Sie beömmelte sich über meine Stand-up- und Sit-down-Comedy und grölte vor der Pause:

»Lösen Sie döch ma wös Lustigös über verdöörbenes Essen vör!«

★ Unsere 10 größten Macken im Restaurant ★

Platz 10: Wir wollen immer einen Platz am Fenster. Auch wenn vor dem Restaurant eine Müllhalde liegt.

Platz 9: Wir sitzen niemals mit dem Rücken zum Raum, da wir Angst haben, der Kellner schüttet uns versehentlich die Cola in den Nacken.

Platz 8: Wir richten direkt nach dem Hinsetzen Besteck, Serviette und Gläser korrekt an der Tischkante aus.

Platz 7: Wir studieren die dicke Speisekarte, bis wir sie auswendig herunterbeten können, und bestellen dann eine kleine Pizza Margherita und eine Cola light.

Platz 6: Wir überprüfen mehrmals, ob die Salz- und Pfefferstreuer auch wirklich zugedreht sind.

Platz 5: Wir ordern nie dasselbe wie unsere Begleiter, ärgern uns aber immer, dass das andere Gericht viel leckerer aussieht als das unsrige.

Platz 4: Wir checken mindestens fünfmal, ob nach dem Klobesuch der Reißverschluss an der Hose wieder verschlossen ist.

Platz 3: Wir trinken unser Glas zügig aus, da wir Angst haben, der Kellner nimmt es frühzeitig vom Tisch.

Platz 2: Wir ordnen unser Essen auf dem Teller nach seinen Bestandteilen. Macht bei Suppe und Eintopf am meisten Spaß.

Platz 1: Wir halten beim Pulen nach Essensresten galant eine Hand vor den Mund und merken mittendrin, dass es trotzdem bekloppt aussieht.

Deko-Obst fürs Karma

Macken in den eigenen vier Wänden

Wussten Sie eigentlich, dass fast jeder Mensch ein paar wichtige Eckdaten der Weltgeschichte im Kopf hat? Also, ich meine ein Datum, bei dem er noch genau weiß, wo er sich an diesem Tag gerade aufgehalten hat. Bei meiner Hochzeit ist es genau andersherum. Ich hab den Ablauf des Tages zwar noch mehr als lebhaft vor Augen, weiß aber nie, wann genau der Hochzeitstag ansteht.

Nehmen wir dagegen den 11. September 2001. Jeder weiß, wo er war, als die Horrormeldungen des Tages um die Welt gingen. Ich stand an der Wursttheke. Ich bekomme wichtige Anrufe komischerweise immer an der Wursttheke. Da, wo mir sofort drei Ommas zuhören können.

Oder der 9. November 1989, der Geburtstag des Solis. Ich hab's verpennt. Ja, ich habe tief und fest geschlafen, als die Mauer fiel. Mein Gott, ich war dreizehn, und da darf man auch mal etwas länger pennen, egal, ob ein ganzes Land gerade Abbrucharbeiten an einer Betonmauer unternimmt oder nicht.

Der 16. Juni 2015 ist auch so ein Datum, das mir bis zum Lebensende im Gedächtnis verankert bleiben wird. Es war der Tag, an dem der Möbelassistent kam und mein bis dato glückliches und gemütliches Leben ein jähes Ende fand. Jetzt nicht verwechseln, ich meine nicht die Typen, die einem beim Umzug helfen und die kleinen Macken in die Erbstücke schlagen. Nein, Möbelassistenten sind so was wie Schönheitschirurgen für die eigene Bude. Sie werden in 99,9 Prozent aller Fälle von Frauen gerufen. Es kommen dann fremde Menschen, die einem raten, im Bett am besten im Liegen zu schlafen und den Sessel im Wohnzimmer nicht unter den Esstisch zu stellen.

Bis zu besagtem 16. Juni hatte ich zwar schon viel über die Knaben gehört, aber nicht wirklich geglaubt, dass diese Kreaturen tatsächlich existieren und einen heimsuchen konnten. Der einzige Bezugspunkt, den ich bis dato zum Thema Einrichtung hatte, war eine von mir geplante Unterschriftenaktion gegen das Geduze bei Ikea. *Siezt du noch, oder duzt du schon?* Mehr hatte mich bis zum 16. Juni an meinen Möbeln nicht genervt.

Für den deutschen Durchschnittsmann muss ein Möbelstück nur zweckmäßig und saubequem sein. Furzpiepegal, wie es aussieht, wie verschlissen es ist und vor allem, wo im Raum es steht. Der Fernsehsessel kann schließlich überall geparkt werden. Wofür sind schließlich Fernbedienungen erfunden worden?

Das sehe *ich* so. Aber scheinbar nicht meine Frau und der (weibliche) Rest von Deutschland. Als normal und gesellschaftlich akzeptiert gilt, wenn der Bundesbürger nach dem Einzug in eine neue Wohnung anfängt, sich behaglich einzurichten. So weit die akzeptable Theorie. Aber dann geht's los:

Tapeten im Animalprintlook und auf die Küchenwand gepinselte Botschaften wie *Lebe jeden Tag so, als sei es dein letzter. Wenn ich hier koche, wirst du bald wissen, warum.* Okay, noch im grüngelblichen Bereich und akzeptiert.

Möbel im sogenannten Shabby-Chic-Look: eher dunkelgelber Bereich und äußerst fragwürdig, da meine Möbel eigentlich schon von Studentenzeiten an immer shabby(g) aussahen. Mein Gott, wir hatten doch nach dem Krieg nichts auf der Tasche.

Aber wer bitte schön erfindet heutzutage diese schweineteuren Landhaus-Möbel und baut sie so, dass sie schon im Laden total verkommen aussehen? Meine Frau pinselt mittlerweile nagelneue Kirschholzkommoden so lange mintgrün an und geht mit Schleifpapier drüber, bis die Dinger total schäbig-schick aussehen. In ihren Augen total vintage. Und ich blättere dann im Entsorgungskalender nach den nächsten Sperrmüllterminen.

Absolut tiefroter Bereich sind aber die Damen, die nur dann als tiefenentspannte Ehefrau durchgehen, wenn sie die komplette Bude nach Feng-Shui ein- und ausgerichtet haben. Wenn man dann tatsächlich irgendwann den Eindruck haben könnte, jetzt ist alles gemütlich hingestellt und fertig zum Wohnen, verpassen viele zumeist Frauen den Punkt, an dem man aufhören sollte, und dekorieren sich zu Tode.

Folgende Reihenfolge im Jahr muss bei diesen Frauen auf jeden Fall eingehalten werden: Winterdeko, Frühlingsdeko, Osterdeko, Pfingstdeko, Sommerdeko, Spätsommerdeko, Frühherbstdeko, HALLOWEEN!, Spätherbstdeko, Voradventsdeko, Adventsdeko, Weihnachtsdeko und Silvesterdeko. Ach ja, und zu Geburtstagen, Namenstagen, Hochzeitstagen, dem WM-Gewinn und Scheidungsterminen wird auch noch mal alles nett dekoriert und umgemodelt.

Ich las gerade in einem neuen Buchexposé, als es an der Tür klingelte. Ich meldete mich an der Türsprechanlage. »Sammelstelle für altes Brot.«

Ich schaffe es einfach nicht, von diesem Gag loszukommen. Sorry!

»Äh, namaste, hier ist Rick Diamond. Ihre Frau hat mich für vier Uhr bestellt.«

Mir fiel das Exposé aus der Hand. Rick Diamond? Wer hieß denn so? Ein moldawischer Callboy? Ein Schlagerstar auf Stundenbasis oder doch nur ein leicht tuntiger Bofrost-

Mann, der mir neue Kataloge bringen wollte? Ich drückte auf den Türsummer, da die Neugier größer war als meine geöffneten Augen.

Ich hörte jemanden die Treppe hochhuschen. Sie kennen das bestimmt. Es gibt Leute, die gehen, es gibt Leute, die stampfen, und es gibt Leute, die huschen, wie Hui Buh nach der Fußamputation. Diamond huschte.

»Shalömchen. Ha! Ha! Ist Ihre Frau denn schon zu Hause? Sie hat mich ja telefonisch vorgewarnt, dass ich eventuell erst einmal mit Ihnen vorliebnehmen müsse, da sie sich noch schnell die neue Staffel von *Downtown Abbey* holen müsse.«

»Kommen Sie rein. Ich weiß von gar nix. Kaffee?«

»Oh, nein! Das ist mir etwas zu unrein. Ich bevorzuge Tee.«

Ich grub eine alte angebrochene Plastikdose mit Zitronenteegranulat aus den tiefsten Tiefen des Vorratsschrankes. Demonstrativ. Das Ding stand noch hinter der Kokosmilch in Dosen, die wir in den Neunzigern mal für die Lambada-Party gekauft hatten. Muss wohl der Zitronentee gewesen sein, den ich 1987 mit zum Pfadfinderausflug genommen hatte. Das Zeug hält aber auch ewig, dachte ich mir. Ich rührte ihm einen Zitronentee an. Bisschen klumpig, aber gut duftend.

»Schmeckt 'n bisschen süß, reinigt aber. Vor allem den Darm.« Ich goss ihm ein. Er nickte. »So, dann erzählen Sie mir doch mal, was meine Frau von Ihnen will.«

»Ach, nichts, außer ein bisschen Inspiration. Sie sagte, dass sie in letzter Zeit etwas Kopfschmerzen habe und dass das unter Umständen mit der falschen Position des Kleiderschrankes zu tun haben könne. Wo steht der denn bei Ihnen?«

»Unser Kleiderschrank? Im Kohlenkeller natürlich. Direkt zwischen Schlachtbank und Folterkäfig.«

Das Strahlen des Diamonds wich schlagartig. Er guckte mich mit dicken Zitronenteebacken und abgespreiztem kleinen Finger an.

»Mann, im Schlafzimmer natürlich«, erlöste ich ihn. »Wo sonst?«

»Begehbar?« Er kaute lautstark auf einigen nicht aufgelösten Zitronenteeperlen herum.

»Wie, begehbar? Der Schrank?«

»Ja, es ist derzeit absoluter Trend, dass Kleiderschränke aus den Schlafzimmern verschwinden und man kleine Räume abteilt, damit der ganze Schrank begehbar ist.«

Also doch Folterkäfig. Voll mit Frauenklamotten.

»Mein Kleiderschrank ist tatsächlich begehbar«, stellte ich fest. »Ist halt nur ein bisschen eng zwischen dem Staubsauger und den alten Koffern im oberen Fach. Oder soll ich mal mit der Stichsäge seitlich eine Katzenklappe reinschneiden?«

Rick Diamond blieb tapfer. »Äh, na ja, ich weise nur darauf hin, dass das Chi so nicht wandern kann.«

Ich war auch kurz davor zu wandern, und zwar auszu.

»Der Schrank bleibt, wie er ist. Zwei Türen gegen die Motten und fertig.«

Warum muss in deutschen Wohnungen eigentlich alles begehbar sein?, fragte ich mich. Kleiderschränke, Duschen, Humidore, Waschmaschinen. In meiner Studentenbutze damals war eigentlich auch schon alles begehbar. Mein Bett zum Beispiel: »Hömma, ich geh im Bett.«

Rick Diamond war unterdessen mit seinem kalten Zitronentee irgendwo in der Wohnung verschwunden. Ich legte das angefangene Exposé rechtwinklig auf den Couchtisch, damit das Chi auch schön drüberfließen konnte, und suchte Rick, den Hochkaräter. Ich fand ihn in meinem Schlafzimmer. Nur reine Sachen trinken, aber mit einem Bein auf meiner Unterhose vor dem Bett stehen. Der Typ wurde mir suspekt.

»Herr Twilfer, nun muss ich aber mal mit Ihnen schimpfen«, setzte er an. »Ich bin mir nicht sicher, ob dieses Bett ökologisch einwandfrei produziert wurde. Das ist mosambikanisches Pflaumenholz. Außerdem steht es falsch. In diesem Schlafzimmer kann sich tatsächlich kein Karma entfalten.«

Ich schaute auf meine alte Madonna-Bettwäsche. »Och, bisher hat sich hier im Bett eigentlich alles ganz gut entfaltet. Das Bett wurde von mir persönlich in jahrelanger Handarbeit direkt aus dem Stamm des Monsterbaumes auf dem Rathausplatz geschlagen. Das ist ökologisch einwandfrei.«

Rick Diamond war begeistert.

»Und dann hab ich es von zwanzig philippinischen Waisenkindern kostenlos im strömenden Regen zu mir in den sechzehnten Stock schleppen lassen.«

Rick Diamond und mein Humor wurden keine Freunde mehr, das sah ich ihm an. Wir kamen am Badezimmer vorbei.

»Hier, Mister Diamond, da kannste mal ansetzen.«

Jetzt duzte ich den Edelstein auch schon. Ich zeigte neben die Tür zum Bad. »Warum werden an deutschen Badezimmern und Klos immer die Lichtschalter außen montiert statt innen? Das kannste mir als Fachmann mal erklären. Alle, die eine kleine Schwester hatten, wissen, wie bekackt so was bei Durchfall sein kann.«

»Ach Göttchen, um so was kümmer ich mich jetzt eigentlich weniger. Mir geht es nur um Dinge in der guten Stube, die auch verrückt werden können.«

»Na, bei mir sind Sie gerade auf dem besten Weg«, erwiderte ich nun etwas genervt.

Ich musste mir unbedingt etwas einfallen lassen und den Kerl loswerden, bevor meine Frau nach Hause kam. Auf ein ganzes Wochenende Möbelrücken mit *Downtown Abbey* auf dem Bildschirm hatte ich nun wirklich keinen Bock. Der Möbeldiamant würde ihr sicher noch tausend andere Flöhe ins

Ohr setzen, wie man unsere Bude auf links drehen könnte. Und schon legte er los.

»Äh, Herr Twilfer, ich befürchte, Sie haben sich zum Messi entwickelt.«

Ich schaute an mir runter auf meine Schalke-Shorts. »Na ja, Thekenmannschaft Erle 08. Geht so.«

»Nein, ich meine, Sie sind ein Sammler. Ein Jäger und Sammler. Ich sehe, dass Sie unglaublich viel horten und scheinbar nichts wegschmeißen können.«

Der Typ tat so, als hätte ich noch alte Zitronenteedosen aus der Kaiserzeit im Küchenschrank stehen. Aber, bitte, ganz so schlimm ist es nun auch wieder nicht. Zugegeben, die vollgestaubten knapp fünftausend VHS-Kassetten vom *Weißen Hai* bis zu *E.T.* könnte ich langsam mal gegen schmalere Blu-Rays ersetzen. Aber die kaputten Skier unter dem Bett und die mechanische Schreibmaschine neben der Badewanne bleiben. Wer weiß, wann es mich mal überkommt und ich zu meiner Frau sage: »Schatz, heute hab ich Bock auf Slalomlauf im Schlafzimmer und ein anschließendes Retro-Schaumbad!«

Auch der Picknickkorb, der Klassiker unter den deutschen Hochzeitsgeschenken, die man nie benutzt, steht noch bei uns im Kleiderschrank und staubt voll.

»Herr Twilfer, so was kann Allergien auslösen.«

»Ja, ich weiß. Heutzutage hat ja angeblich jede Sau irgendeine Allergie. Noch ein paar Jahre, und man kann die erste Bank mit 'ner Erdnuss und 'ner Pulle Milch überfallen.«

Die einzige Allergie, die ich gerade entwickelte, richtete sich gegen den Möbelwilli, der nun einen auf Trödeltrupp machte und am liebsten sofort den Zehn-Kubikmeter-Container bestellt hätte.

Ich stellte fest, dass ich mal wieder in die Marottenfalle

getappt war, denn unsere Wohnung sah wirklich so aus wie zahlreiche andere Hütten in der BRD: vollgestopft mit Deko und Zeugs, was man eigentlich gar nicht braucht. Ne, anders ausgedrückt: vollgestopft mit Dekozeugs, was man eigentlich nicht mehr braucht. Es wurde wirklich Zeit zum Ausmisten. Aber hatte ich da Bock drauf? Nein! Hatte ich da Zeit für? Nein! Es ist halt, wie es ist.

Ich finde Horten auch viel unkomplizierter als das Gegenteil des deutschen Vollstopfspleens, den Putzfimmel und den Ordnungstick. Seitdem wir nämlich in diesem Haus wohnen, sind wir mit dem Mietvertrag eine Allianz mit dem Teufel eingegangen. Jeder anständige Wohnungseigentümer, der was auf sich hält, vermietet erst, wenn man den Punkt mit der Versklavung unterschrieben hat. Die wöchentliche Folterpraxis im Hausflur. Die nach Meister Propper duftende deutsche Prozedur namens: FLURWOCHE, in einigen Ecken Deutschlands auch Kehrwoche genannt.

Ein Wort wie in den Grundstein eines jeden Mietshauses gemeißelt. Erfunden vom Urdeutschen, der es nicht geschafft hat, sich dem Fanatismus deutscher Ordnungs- und Sauberkeitsliebe zu widersetzen. Und dazu seine Millionen hörigen Sklaven, zugegeben: wie ich, die nicht anders können, als permanent den versifften Eingangsbereich inklusive Treppengeländer zu wischen. Und zwar nass! Klatschnass, nicht nur gefeuchtet. Nein, nass wie die Höschen bei einer Brad-Pitt-Autogrammstunde. Und wehe, es kommt ein armer Autor von einer fünftägigen Lesetour mit zwei Koffern und einer Bücherkiste unter dem Arm nach Hause in den Flur des Mehrparteienhauses, wenn die Trulla aus dem Erdgeschoss gerade pitschnass durchgefeudelt hat! Sie muss nur den Schlüssel im Zylinder hören, und schon ertönt in typisch deutscher Eigenart: »Gehen Se mir bloß nich über dat frisch Gewischte!«

Man hangelt sich dann gern über die Briefkastenanlage zum Feuerlöscher an der Wand. Dieser wiederum verhilft, mit den Koffern zum Stromverteiler an der Wand gegenüber zu gelangen. Von dort aus habe ich mir einen Hechtsprung auf die vierte Stufe antrainiert, die meist noch trocken, ergo dreckig ist. Das Schlimme ist, einen Tag später sieht's wieder total versifft aus. Und wir stehen als Nächstes auf der goldumrandeten Tafel mit den Großbuchstaben FLURWOCHE.

Insofern ist es mir eindeutig lieber, in einer leicht zugestopften, aber gemütlichen Wohnung zu wohnen, anstatt in einer klinisch sauberen, in der ich dann nix wiederfinde. In meinem Chaos herrscht schließlich System.

Umso kribbeliger wurde ich, als ich sah, dass es dem Diamanten Rick wohl mehr in den Fingern juckte, als noch im Schlafzimmer angenommen. Er hatte doch tatsächlich im Wohnzimmer eine alte Schale mit Deko-Obst aus dem Schrank geholt und mitten auf mein Exposé gestellt.

»So, und das ist für Ihr persönliches Karma.«

»Das ist popeliges Plastikobst. Was soll das denn in mir bewirken?«

»Nun, Herr Twilfer, das werden Sie erst im Laufe der nächsten Tage spüren.«

»Ach, ja? Wann denn? Wenn ich Ihre Rechnung aus dem Briefkasten gezogen habe?«

»Nein, ich bevorzuge Barzahlung. Aber davon abgesehen, habe ich schon beim Telefonat mit Ihrer Frau gespürt, dass es wohl ein Karmaproblem im Wohnzimmer ist und es weniger mit dem Kleiderschrank zu tun hat.«

Und dann passierte es. Meine Frau öffnete die Tür und stand im Mantel und mit Tasche über der Schulter vor uns. Sie fand direkt passende Worte: »Ach, wie schön. Die Deko-Schale hatte ich gar nicht mehr auf dem Schirm! Sieht sehr schick aus, Herr Diamond. Sie sind aber auch jeden Pfennig wert.«

Liebe Mitleidsbekunder und vielleicht auch -bekunderinnen: Sie müssen mal ein Mentos in eine Colaflasche stecken. Dann wissen Sie, wie ich mich in diesem Moment fühlte.

Nachdem mir meine Frau erzählt hatte, dass sie zu der Erkenntnis gekommen sei, dass ihre Kopfschmerzen wohl weniger vom Kleiderschrank in unserem Schlafzimmer, sondern vielmehr vom stundenlangen *Downtown Abbey*-Gucken kamen, und sie dem Diamantenhändler hundertzwanzig Euronen cash in den Zitronenteebecher gesteckt hatte, kam sie in Dekorierlaune.

Das Ergebnis war, dass ich den kompletten Samstag und Sonntag damit verbrachte, meine Comicsammlung vor dem Altpapier zu retten und fünftausend VHS-Kassetten über eine Schuttrutsche aus dem Werkzeugverleih runter in den Container wanderten. Hunderttausend Püppchen, Kerzen, Stoffe, Kissen und weiterer Nippes zieren seitdem unsere Wohnung. Alles im rechten Winkel, damit das Chi auch drüberhuschen kann und alles perfekt nach den Grundsätzen des Schenk Pfui ausgerichtet.

★ Woran Sie merken, dass Ihre Wohnung ★ dringend umgestaltet werden muss

Sie haben in der Küche Fliesen in Holzoptik, im Wohnzimmer Laminat in Fliesenoptik, im Schlafzimmer einen Plüschhocker, der wie ein echter Stein aussieht, und im Bad eine Kunststoffwanne, die an italienischen Marmor erinnert.

Sie fangen an, sich mit den Hirschgeweihen an den Wänden zu unterhalten. Die ausgestopften Fischköpfe über dem Küchentisch kritisieren sogar Ihre Kochkünste.

Der Heimatverein zur Erhaltung des Barocks organisiert erste Führungen durch Ihr Wohnzimmer.

Ihre Frau lebt seit einigen Wochen auf dem Balkon.

Der Billardtisch stellt die Küche zu, und im Wohnzimmer stört die Waschmaschine neben der Couch beim Gurkenhobeln.

Ein gnädiger Poltergeist hat den Ölschinken mit dem röhrenden Hirsch von der Wand fallen lassen. Auch das gestickte Bild mit der Zigeunerfrau drauf ist bereits von selbst heruntergefallen.

Ihre Kinder fangen an, die bunten Ornamente in der Prilblumentapete mit weißer Farbe auszumalen.

Nun sehen Sie, was Sie gleich sehen

Das Fernsehen ist voller Kuriositäten

Seit ich lebe, habe ich eine sehr enge Bindung zum Fernseher. Meine Eltern bemühten sich früher zwar sehr darum, dass der Junge im Säuglingsalter nicht allzu lange vor der Glotze hockte und *Ein Zombie hing am Glockenseil* guckte, um zu selbigem zu mutieren, aber irgendwann konnten sie nicht anders, als den Heranwachsenden auch mal etwas länger fernsehen zu lassen.

Und so zogen mit der Zeit Menschen in unsere Wohnung ein, die ich zwar nicht persönlich kannte und die mir auch nicht selten leicht kurios gepolt vorkamen, die aber alle eines gemeinsam hatten: Sie unterhielten mich mit dem, was sie von sich gaben, erste Sahne. Einer von ihnen hieß sogar Lustig, Vorname Peter. Ein anderer war Zimmermann, Vorname Eduard. Der war so ein Nicht-Lacher, der ziemlich brutalen Kram erzählte.

Ich fragte mich bei *Aktenzeichen XY* ja immer: Warum ließen die Opfer erst großspurig ein Fernsehteam in ihre Bude und merkten dann, wenn sie geschniegelt mit Anzug und Krawatte (klar, ganz typisch) vor dem Fernseher saßen, nicht einmal, dass ein Mörder die Scheibe einschmiss. Das böse Fernsehteam half den Opfern nie, sondern filmte gnadenlos weiter. Diese feigen Hunde, hab ich mir als Kind immer gedacht.

»Agathe, magst du mal nachsehen, was das für ein Geräusch war?«
Uuuaaah! Gruselig.
Aktenzeichen XY war damals der berühmte Straßenfeger im Fernsehen. Es grenzt aus heutiger Sicht zwar an Trash-TV, war seinerzeit aber immerhin mit einer gewissen Ernsthaftigkeit behaftet. Das ist heute natürlich anders. Heute werden echte Straßenfeger vor die Linse gezerrt und mit der Kamera den ganzen Tag über begleitet. Ab Staffel 57, Folge 1.256 wird das meist langweilig. Das Ganze nennt sich Reality-TV, und Realität ist ja auch nicht immer spannend. Das Kuriose ist aber, seitdem ich Bücher schreibe und auch die visuellen Medien manchmal darüber berichten, bin ich ebenfalls ein Teil des Fernsehens geworden. Nicht häufig, aber ab und zu. Und sowohl beim passiven Fernsehen als auch beim aktiven Mitmachen treffe ich unentwegt auf die typisch deutschen Macken.

Das geht schon morgens los. Das Stichwort lautet »Frühstücksfernsehen«. Ähnlich wie beim Lokalradio, das man in den frühen Morgenstunden total verschlafen im Auto hört, arbeiten beim Frühstücksfernsehen Menschen, die etwas haben, was ich mir einfach nicht erklären kann: grausam gute Laune. Meistens schon morgens um sechs. Herrgott, um die Uhrzeit liegt man im Bett und pennt. Und wenn man bereits auf dem Weg zur Arbeit ist, sitzt man doch nicht lustig pfeifend zu Pharrell Williams im Auto und macht mit *Happy* einen auf Stimmungskanone! Da will ich doch erst mal in Ruhe aufwachen. Dreivierteltakt, Enya, Björk, Katie Melua, aber sicher kein Gewinnspiel, bei dem man irgendeine Tasse mit dem Aufdruck »Der frühe Vogel kann mich mal« schießen kann.

Doch 2014 passierte es dann zum ersten Mal. Ich bekam eine Einladung ins Frühstücksfernsehen, um mein aktuelles Buch zu promoten. Eine Riesenchance. Super! Viele

Zuschauer, lockere Atmosphäre, drei Redeblöcke – läuft. Ich war begeistert.

Aber: Aufstehen um halb fünf, mitten in der Nacht. Hemd bügeln. Läuft nicht. Autor liegt eher noch.

Der Vorteil beim Frühstücksfernsehen ist, dass man als Auswärtiger von der Produktionsfirma eine Nacht im Hotel spendiert bekommt, und zwar *vor* dem jeweiligen Auftritt, nicht danach. Wegen der Horror-Aufstehzeit eben. Also stieg ich am Tag vor der Aufzeichnung in den Zug und fuhr nach Berlin. Ich kam am frühen Abend an. Während ich durch die Lobby schlenderte, fiel mein Blick auf einen Bereich links von der Rezeption: die Hotelbar! Aber Hefeteilchen bis nachts um zwei? In meinem Fall eher kontraproduktiv. Also lieber direkt aufs Zimmer, ab ins Bett und Fernseher an.

Und siehe da, da waren sie wieder. Die typischen Eigenheiten des deutschen Fernsehens, die wir als Zuschauer jeden Tag über uns ergehen lassen wollen.

Kennen Sie zum Beispiel das »Sehen Sie gleich«-Phänomen? Wird vorwiegend von Privatsendern praktiziert und lässt sich folgendermaßen erklären: Sie schalten eine Sendung ein, beispielsweise auf meinem Lieblingssender RTL2. Ein Sender, den ich ja schon aus beruflichen Gründen regelmäßig gucken muss, da er mich unglaublich inspiriert. Ich darf das also ganz offiziell. Man sieht also den Beginn der Fernsehsendung, zum Beispiel *Die Geissens*. Die ersten Zuschauer fragen sich, warum die denn Geissens heißen, in der Sendung aber immer nur »Geiss« genannt werden. Eine unglückliche grammatikalische Problemstellung, und das ausgerechnet auf RTL2.

Der erste Satz erklingt: »Sehen Sie gleich bei *Die Geissens*«. Nun hat ein Ruhrpottler wie ich mit diesem Satz zunächst mal keine Probleme, da ja auch in Gelsenkirchen gern mal »die Tochter bei die Mutter ihre Schwester geht«. Was wir aber gleich, also später, bei *Die Geissens* sehen sollen, sehen wir plötzlich schon jetzt. Wie blöd ist das denn? Mir wird doch gerade gesagt, dass ich das, was ich jetzt zu sehen bekomme, erst gleich sehe.

Der Sinn dahinter? Sie als Fernsehzuschauer sollen von Anfang an mit den bescheuertsten Szenen der Sendung dazu animiert werden, auch die achte Werbepause zu erdulden und die Geissens bei die ihren Alltag zuzusehen.

Ich kam mit einer Packung steinharter Erdnüsse von der Minibar zurück und sah nun das, was ich gleich sehen würde. Carmen rief Robert. Robert tippte sich an die Stirn. Shanaia rief Carmen, und Carmen tippte sich an die Stirn. Dann rief Robert Carmen, und der Oppa flog vom Baum. Lustiger als Zimmermann. »Sehen Sie gleich« hatte Erfolg gehabt, ich blieb dran. Das *musste* ich sehen. Und der Bauwagen von Peter Lustig war jetzt 'ne Yacht in Monaco.

Eine weitere schöne Eigenheit des deutschen Fernsehens ist das unglaublich feine Gespür für den richtigen Moment, um in die Werbung zu gehen. Nach *Die Geissens* schaltete ich nämlich auf den Sender Kabel Eins Classics, auf dem den ganzen Tag über Bud-Spencer-Filme und Hollywoodschinken von Anno Zwieback über die Mattscheibe flimmern. Es lief gerade irgendein Horrorfilm, in dem Killertomaten einen fliegenden Hai ... Ach, ich weiß doch auch nicht, was das soll!

Auf jeden Fall kam doch tatsächlich eine Szene, in der es spannend wurde. Ein Mann bog um die Ecke und zerstückelte einen Passanten mit einem Mixer. Tja. Kann passieren. Die Kamera zeigte eine Nahaufnahme. Sah ein bisschen aus wie Erdnüsse aus der Minibar. Die Kamera fuhr noch näher auf die blutüberströmte Leiche. Und was passiert nun? Harter Cut, und Dr. Oetker pries seine neue Puddingsuppe an. Wir waren in der Werbung. In diesem Moment wünschte ich mir, dass noch während der Splatterszene der Hinweis eingeblendet würde: »Gleich bei die Puddingsuppe ...«

Hm. Ich war ein wenig ratlos, wie ich da so in meinem Hotelzimmer lag. Ob ich doch noch die Hotelbar mitnehmen sollte? Ich war unschlüssig. Um halb fünf Uhr morgens aufstehen, das war übel. Obwohl, ein Bierchen? Eigentlich machbar.

Ich zappte erst einmal weiter und landete auf Tagesschau24. Ein Mördersender, auch ohne Zimmermann. Hier laufen doch tatsächlich alte *Tagesschau*-Ausgaben aus den vergangenen 346 Jahren. Ich hatte genau zur richtigen Zeit eingeschaltet. Denn auf dem Bildschirm erschien eine Uhr. Noch fünf Sekunden, vier, drei, zwei, eins ... Dann folgte der bekannteste Satz des kompletten deutschen Fernsehens ever! Kein Satz ist häufiger gefallen als dieser: »Hier ist das erste deutsche Fernsehen mit der Tagesschau.«

Klingt so ähnlich wie »Lasset uns den Herrn preisen«. Eine Nation geht in sich. Wenn dieser Satz fällt, wird's endlich ruhig in der Bude.

Auch bei mir wurde es ruhig. Ich war todmüde. Musste an der komischen Luft im Zug liegen. Die Erdnüsse waren leer, doch Dagmar Berghoff in ihrem sexy Prilblumenkostüm hielt mich trotz der Föhnwelle wach. Für diese rattenscharfe Zauberfee würde ich sogar die Rakers sitzen lassen, dachte ich und fand wieder einmal, dass Routine doch die schönste Form der Gewohnheit ist.

Das deutsche Fernsehen ist voll von geregelten Abläufen, die sich auch in Jahrtausenden nicht ändern werden. Ein bisschen Konstanz braucht also nicht nur der Mensch am Bodensee, sondern auch der Fernsehzuschauer. Ganz wichtig im Jahreskalender eines jeden TV-Zuschauers ist der Start ins neue Jahr mit dem *Traumschiff*. Pünktlich am 1. Januar sticht seit der Geburt der meisten Zuschauer 1904 die schwimmende Sterbestation in See und unterhält uns auf brachial hohem Niveau mit Schmalz, Salz und Wasser. Und weil das so schön ist, klingt das Jahr am ersten Weihnachtsfeiertag mit ebendiesem Komakutter wieder aus. Milliarden Zuschauer wissen also ganz genau, wann das Jahr rum ist und wann es beginnt. Und weil die Sender auf Nummer sicher gehen wollen, senden sie an Weihnachten *Sissi* und *Ben Hur* direkt hinterher. Jedes Jahr, immer wieder, mit dem gleichen Ende, und jedes Jahr irgendwie noch uncooler. Na ja, wer's mag. Herzlich willkommen! Die Privatsender setzen inzwischen zu Weihnachten auf *Titanic*, weil das schon fünf Stunden des Abends zusendet, und für die übliche Sommerpause gibt's die Asterix-Filme, die man aber auch schon 306-mal gesehen hat.

Nur eine Sendung hat man häufiger gesehen. Sie ist allerdings auch nicht ganz so lang. *Dinner for One* mit Miss Sophie. Zufälligerweise lief das gerade jetzt auf einem der Dritten.

Während der Butler immer besoffener wurde, reifte in mir der Entschluss, dem deutschen Fernsehen zu entfliehen und mein Glück doch noch an der Hotelbar zu versuchen.

An Hotelbars findet man noch das, was im deutschen Fernsehen leider kaum noch praktiziert wird: Talkshows ohne Politiker. Unbekannte Menschen, die alle irgendwo herkommen und über die verrücktesten Themen was zu erzählen haben. Quasselrunden sind eine Marotte aus den Neunzigerjahren, heute finden sie nur noch live im Hotel statt.

Talkshows von heute tragen dagegen die Überschrift »Polittalk« und bestehen ausschließlich aus Gangs. Genau genommen WolfGangs. Wolfgang Bosbach, Wolfgang Kubicki und hier und da auch Wolfgang Schäuble, der unseren Talkladies bei einem Glas Wasser die Weltlage schildert. Und wie gern hätte ich sie alle zurück. Meine Frisurengötter der guten alten Zeit: Meiser, Schäfer, Christen, Ricky und die ganzen anderen Prolls am Nachmittag. Nein, halt! Schon wieder ein unglücklicher Satzbau. Das wäre unfair meinen Helden gegenüber. Die Formulierung muss so lauten: Meiser, Schäfer, Christen und Ricky, kommt bitte zurück, und bringt all eure Proleten mit, die immer so unterhaltsam brüllend erklärten, warum sie mit siebzehn zum achten Mal Mutter wurden und keinen Bock auf Maloche hatten.

Ich fuhr mit dem Aufzug runter an die Bar. Ein Pilschen in Ehren … na ja, half hoffentlich beim Einschlafen. Ich müsste morgen früh ja fit sein, damit ich mit den gut gelaunten Moderatoren mithalten konnte. Während die Liftkabine nach unten surrte und mir James Blunt mit Fahrstuhlmusik die Laune merklich versaute, dachte ich an eine weitere typisch deutsche Eigenheit, die einem sonntags morgens im Fernsehen begegnet.

Bei mir sieht das folgendermaßen aus: Ich sitze in Pyjamabuchse vor der Glotze. Der Plan heißt mit vierzig aber nicht mehr »*Sehen Sie gleich bei die Sendung mit der Maus*«. Dafür bin ich zu alt. Stattdessen: *Doppelpass*. Klick! Eingeschaltet. Dummerweise hat mein TV die Einstellung, dass das Erste immer als Startsender erscheint. Wegen Börne und Berghoff, äh Rakers. Das Problem am Sonntagmorgen in der ARD hat aber denselben Namen wie die Show, bei der ich dann gezwungenermaßen lande: *Immer wieder sonntags* mit dem Profi-Bläser Stefan Mross. Ich begrüße ihn kurz: »Hallo, Stefan, du altes Blasrohr.«

Aber noch bevor ich den *Doppelpass* auf Sport 1 irgendwo zwischen Sendernummer 20 und 30 finden kann, haben mich die Amigos um den Finger gewickelt. Ich bleibe hängen. Singen die so zeitverzögert ihr Playback, oder hat mein Tonkanal eine viersekündige Verschiebung zum Bild? Ich muss das demnächst mal prüfen. Das Publikum klatscht sich mit Regenschirmen im Arm die Haut von den Handflächen.

An der Hotelbar in Berlin war es mittlerweile 23 Uhr. Und während ich gedanklich noch immer auf meiner Liege im ZDF-Fernsehgarten lag, erzählte mir ein Professor für Medienwissenschaften, dass er morgen ebenfalls Gast im Frühstücksfernsehen sei und über das Phänomen Unterschichten-TV und dessen emotionale Wirkung auf Minderjährige sprechen werde. Ich bestellte mir den ersten Schnaps. Hoffentlich zog mir der sofort die Schuhe aus, damit ich schlafen gehen konnte.

Der Professor berichtete vom aktuellen Trend, dass jede Szene, die der Fernsehzuschauer sieht, mit der passenden Stimmungsmelodie akustisch unterlegt wird. Zur Not auch mit James Blunt.

Beispiel: Sehen wir den Fernsehkoch Rach, wie er grinsend in ein Restaurant marschiert, hören wir coole Musik. So cool, wie Rach halt sein soll. Ist er dann erst einmal in der versifften Küche angekommen, werden dramatische Klassikklänge eingespielt. Dem Fernsehzuschauer wird direkt klargemacht, wie er sich zu fühlen hat. Und legt sich bei *Schwiegertochter gesucht* eine Darstellerin auf die Klappe, erklingt traurige Klaviermusik, bei der ich als Fernsehzuschauer nicht laut loslachen darf. Eine Methode, die uns nur noch zu gleichgepolten Betrachtern macht.

Die Bar hatte Wodka-Lemon im Angebot, und die Happy Hour dauerte bis ein Uhr nachts. Na ja, einer würde schon gehen. Bis halb fünf hätte ich ja noch ein paar Stunden Schlaf ...

Ein paar Stunden später in der Maske. Und zwar im wahrsten Sinne des Wortes. Denn ich sah aus wie ein Zombie. Drei Wodka-Lemon, fünf Pils – und neben mir ein ausgeschlafener und munterer Professor, dem die Maskenbildnerin gerade den Zwirbelschnäuzer mit Haarspray bearbeitete. Mein Kopf kippte zur Seite. Ich war todmüde.

»Sie müssen den Kopf schon etwas gerader halten, sonst krieg ich die HD-Schminke nicht sauber drauf.«

Ach ja, hatte ich ganz vergessen. Meine Knittervisage lief ja heute sogar in HD. Meine Frau würde sich bestimmt freuen, mich so zu sehen.

Die furchtbar gut gelaunte und hellwache Produktionsassistentin übernahm das Regiment. »So, dat wär et dann. Wenn Se jetz ma in Studio gehen? Unser lustiger Moderator nimmt Se dann in Empfang.«

Ich kam ins Studio. Alle bis zum letzten Kabelträger machten ein Gesicht wie Freibier am Ballermann. Es war eine Stimmung wie beim Polterabend in Meißen. Alle waren bester Dinge. Wir waren ja immerhin live. Ich war allerdings weniger live und viel mehr dead und hockte mich in eine Ecke.

Der Medienprofessor, der mit mir gemeinsam auf das Sofa sollte, beschwerte sich über die zunehmende Unprofessionalität unter den Gästen deutscher TV-Formate. Viele Normalbürger, die man heutzutage vor die Kamera ziehe, seien auf ihren Auftritt und ihre Wirkung im Fernsehen gar nicht vorbereitet.

»So, noch dreißig Sekunden für Twilfer mit Buch. Kommen Se bitte hier rüber.«

Ach du Kacke. Ich hatte das Buch im Hotel liegen lassen.

Der Professor fläzte sich auf das Sofa und ich mich in die Sofaritze daneben. Der Moderator legte los.

»So, ihr lieben Frühaufsteher, gute Laune am Montag! Hier ist Hajo Bieber mit dem Besten am guten Morgen. Bevor wir gleich wieder unsere beliebte Gute-Laune-Tasse verlosen, möchte ich die Gäste der Sendung begrüßen. Medienprofessor Dr. Hammbichel und Kai Twilfer, der ein Buch über den deutschen Alltagswahnsinn geschrieben hat.«

Ich musste gähnen. Es war wie ein Reflex, den ich nicht

unterdrücken konnte. Einfach so klappte mein Mund auf, und dann ... *gähn*. Live, vor Milliarden Zuschauern. Ja, schlechter Zeitpunkt, war mir klar. Ohne Buch hatte ich wenigstens eine Hand frei, um sie mir vor den Mund zu halten.

Der Professor legte los und erzählte irgendwas über unkonzentrierte Politiker in Talkshows. Mann, war das heiß in diesem Studio. Mir war irgendwie komisch zumute. Der Wodka-Lemon und das Pilschen meldeten sich zu Wort. Beknackte Mischung, trotz Happy Hour. Und erst um viertel vor vier ins Bett. War zu spät gewesen, ich sah es ein.

Der Medienmann kam zum Thema Ekel-TV. Wann durfte ich endlich mal was zu meinem Buch sagen? Ah, jetzt. Der Moderator schwenkte inhaltlich rüber und stellte mich vor.

»So, Herr Twilfer. Sie haben also ein neues Buch am Start mit dem Titel ...«

Ich kann mich von diesem Moment an nicht mehr an alles erinnern. Ich weiß nur noch, dass ich, bevor ich im Studio und live vor Milliarden Zuschauern auf der Couch einschlief, dem Tonassi ein Ansteckmikro für 550 Euro vollreiherte.

Die Livesendung wurde im Anschluss daran spontan etwas umgebaut, und der Medienprofessor durfte an meiner Stelle noch zwanzig Minuten länger über das Phänomen Ekel-TV berichten. Über mein Buch wurde nach meiner Kloflucht kein Wort mehr verloren. Aber es lag ja auch im Hotel.

Seitdem ist nun einige Zeit vergangen, und ich frage mich, wann sich RTL endlich mal wegen des Dschungelcamps bei mir meldet. Das kommt erst spät am Abend, und Kotzen vor der Kamera ist seitdem auch kein Problem mehr für mich.

★ Die deutscheste Fernsehmacke von allen ★
Tatort gucken

Hier das Rezept für eine perfekte Folge!

Zwei Kommissare kommen zum Tatort. Der Forensiker ist immer schon vorher da. Scheint wohl den schnelleren Dienstwagen zu haben.

Die Kommissare sind charakterlich weiter voneinander entfernt als Donald Trump und der Papst. Mindestens einer von beiden ist entweder Heimkind, Alkoholiker, Psychopath oder BVB-Fan. Oft auch alles zusammen.

Das Milieu und die Geschichte müssen einen sozialkritischen Hintergrund haben. Totschlag einer Kassiererin durch einen unzufriedenen Kunden in Castrop-Rauxel wäre zu wenig. Besser wäre jemand aus dem Adel, der als psychopathischer BVB-Fan unter Alkoholeinfluss ein Heimkind umschubst. Aber wichtig: Er muss zumindest trauriger Flüchtling, schnupfengeplagter Atom-Lobbyist oder schwule Bundeskanzlerin sein. Das wäre für den *Tatort* sozialkritisch genug.

Die Leiche muss in der Pathologie komplett nackt gezeigt werden. Warum, weiß keiner, aber die erotische Komponente gehört unbedingt dazu. Die Kommissare fahren einen Dienstwagen, der von der Größe des Hubraumes her sonst dem Scheich von Uschnupur vorbehalten wäre, Sponsoring sei Dank. Am Schreibtisch wird im *Tatort* ohnehin kaum noch gearbeitet. Hat der Kommissar eine kurze Frage an einen Verdächtigen, fährt er lieber eine Stunde durch den

Münchner Feierabendverkehr zu ihm nach Hause. Telefone? Braucht kein Mensch.

Der Verdächtige sitzt immer wartend zu Hause und ist der Polizei gegenüber natürlich äußerst unfreundlich und unkooperativ. Während der neunzig Minuten Film sind beide Kommissare permanent unterschiedlicher Meinung. Warum die Vögel nicht einfach mal kollegial zusammenarbeiten? Damit es krawalliger wird, natürlich.

Die Verdächtigen werden meist nach Aussehen besetzt. Die sogenannte Doofmannfresse ist immer der erste Verdächtige, da er am unsympathischsten wirkt. Dann werden noch 235 weitere infrage kommende Personen aus der High Society in die Handlung eingebaut. Am Ende ist es dann der unscheinbare Nachhilfelehrer, der nur zehn Sekunden im Bild war. Motiv: Totschlag aus Frust über eine Heimniederlage des BVB. Er war halt Findelkind. Sozialer geht's nicht.

Zum Schluss hält der Kommissar ein zwanzigminütiges Plädoyer, warum es nur dieser eine Verdächtige sein konnte. Wie im echten Leben. Der Täter hört aufmerksam zu und gesteht vor Ort. Immer. Meist passend zur Sendezeit gegen Ende der neunzig Minuten. Ist es ein actionreicher *Tatort*, bei dem der Zuschauer noch nicht eingeschlafen ist, sieht das Produktionsbudget noch eine Verfolgungsjagd auf einem Hochhausdach vor. Mercedes und die Schornsteinfegerinnung machen den zusätzlichen Drehtag möglich.

Am Ende stehen alle an der Wurstbude, die in Toplage am Rheinufer eines schmuddeligen Gewerbegebiets platziert wurde, und essen Fritten.

Er fuhr Ford und kam nie wieder

Kleine Macken, sogar am Auto

Ums Auto kommt man als Deutscher nicht so richtig herum. Zugegeben, ich auch nicht. Man will und muss ja schließlich mobil bleiben. Zwar fahre ich, wie erwähnt, gern mal mit der Bahn, jedoch kann mir dieses Comedy-Unternehmen nicht immer das bieten, was ein gutes deutsches Auto zu bieten hat.

Zum Beispiel einen Duftbaum am Innenspiegel. Die Bahn hat ja nicht mal Innenspiegel, in denen man kurz vor Ankunft noch schnell prüfen kann, welche Kräuterreste man von seinem Ei-Kresse-Brötchen aus dem Bord-Bistro zwischen den Zähnen hängen hat. So ein Duftbaum ist wirklich eine tolle Erfindung. Autos haben nämlich die Angewohnheit, dass sie mit der Zeit zu müffeln anfangen. Gut, das ist in der Bahn nach fünf Stunden Fahrt bei Vollbesetzung und ausgefallener Klimaanlage nicht anders. Im Auto ist man aber unter sich, und da hat es gefälligst zu duften wie im Fliederhain von Mutti.

Der Gestank im Wageninneren kann was mit den Füllungen der Sitze, der Jahreszeit und natürlich auch was mit dem Fahrer zu tun haben. Das Auto von meinem Freund Mario verfügt zum Beispiel über die unglückliche Kombination von alten Ledersitzen und kaputten Fensteröffnern. Im Hochsommer eine brisante Mischung, die er als fahrbare Sauna verkauft. Warum auch nicht? Zwölf Stunden im Stau von

Wildeshausen nach Garmisch, da sammelt sich schon was an Körpersäften an. Mario nimmt daher nach Ankunft gern den Gartenschlauch und spritzt das Wageninnere damit aus.

Mit Duftbaum ist so ein Saunaerlebnis aber noch wesentlich schöner. Kirsche-Prosecco, Soja-Waldmeister oder Lavendel aus der Provinz. Tausende Duftnoten lassen den deutschen Autofahrer vergessen, dass er in einem Hundert-Euro-Golf von 1987 sitzt und nicht in einer nagelneuen S-Klasse.

Ich hab mir vor Kurzem auch wieder mal einen Neuen gekauft. Also, einen nagelneuen Gebrauchten, so wie es viele Deutsche tun. Ein Gebrauchtwagen, frei von jeglicher Garantie. Nur eines ist hundertpro sicher: dass man sich jahrelang über die typischen Macken eines alten PKWs ärgern darf. Auch Autos haben schließlich Marotten. Und nun stand er vor meiner Garage. Mein neuer Schlitten. Ein alter Ford Granada irgendwo aus den tiefsten Achtzigern von einem alten Oppa aus der Garage geschossen. Ein Traum in Waldgrün und kultig im Quadrat. Wie sich das gehört.

Das Problem war nur, dass dem Granada noch das gewisse Etwas fehlte, der gewisse Kai-Touch, der ihn erst so richtig zu meinem Auto werden ließ. Der Wagen war halt noch zu sehr Vorbesitzer.

Ich frage also meinen Autofreund Mario, ob er mir an jenem Samstagmittag nicht helfen könne, mein Baby etwas Kai-typischer umzumodeln. Kurze Rede, langer Gin. Mario kam pünktlich mit zwei Stunden Verspätung bei mir an. Zwei Stunden waren in seinem Fall das, was bei anderen die berühmten fünf Minuten sind. Also alles im grünen Bereich. Trotzdem war es ärgerlich, da wir nun weniger Zeit für die Wagenpflege hatten. Als Deutscher braucht man am heiligen Samstag neben der *Sportschau* und dem Supermarktbesuch schließlich ausreichend Zeit für seinen fahrbaren Liebling. Und mein Baby brauchte das volle Programm. Felgenspray für die Radkappen. Lederpflege für die Stoffsitze. Insektenentferner für den Innenraum.

Mario ist übrigens einer meiner Freunde, die wichtige Dinge mit weniger Worten auf den Punkt bringen können als Schwarzenegger in *Terminator 2*.

»Sag ma, wo kommst du denn jetzt wieder her?«, begrüßte ich ihn, als er auf den Hof spazierte.

»Tanken!«

»Wie, tanken? Du hast 'ne Tanke bei dir in der Straße und kriegst 45 Liter in den Kadett. Das ist doch in fünf Minuten erledigt.«

»Billigtanke.«

Ich konnte mir schon denken, was als Nächstes kam.

»Lass mich raten. Haben die wieder runtergesetzt?«

»Yo! Wuppertal-Ronsdorf.«

Mario, der alte Fuchs, hatte mal wieder zugeschlagen. Dank diverser Apps auf seinem Smartphone weiß er jederzeit, wann und wo er in Holland Kaffee, in Polen Kippen und in der deutschen Provinz Benzin günstiger bekommt als im Rest der Welt. Und wenn der Sprit um 11.34 Uhr und zwanzig Sekunden irgendwo in diesem Sonnensystem nur einen Cent billiger ist als auf dem Mars, haut Mario ab zum Tanken.

Ich fragte weiter. »Du willst mir jetzt aber nicht erklären, dass du für ein Cent Ersparnis pro Liter bis nach Ronsdorf gegondelt bist?«

»Yo!«

»Kein Wunder, dass du zu spät bist.«

Mario hatte eine nachvollziehbare Begründung und wurde plötzlich richtig gesprächig. »Fünfter Gang, zwanzig Minuten, aber eine Stunde auf 'ne freie Säule gewartet. Ganz Wuppertal war tanken.«

»Ja, ganz Wuppertal und der bescheuerte Mario, der dafür extra aus Gelsenkirchen anreist.«

Ich überschlug das gerade mal kaufmännisch im Kopf: Benzin in Wuppertal ein Cent billiger als in Gelsenkirchen. Tankvolumen sechs Liter, da Mario erst am Tag zuvor Billigtanken war. Irgendwo hinter Lünen. Macht sechs Cent Ersparnis. Fahrtkosten nach Wuppertal, bei einer Kilometerpauschale von dreißig Cent pro Kilometer: grob gerechnet fünfzehn Euro. Plus eine Stunde Wartezeit auf 'ne Säule. Marios Schwarzarbeiter-Stundenlohn als Fliesenleger: zwanzig Euro. Zwanzig, fünfzehn, drei im Sinn ... Macht fünfunddreißig Euro verschenktes Geld für sechs Cent Ersparnis. Top-Deal!

Ich war immer noch angesäuert, dass wir aufgrund der typisch deutschen Marotte, fürs Billigtanken meilenweit zu fahren, nun nicht pünktlich zum Frisieren meines schönen ollen Granadas gekommen waren.

Frisieren ist übrigens nicht wörtlich zu nehmen, da es mir nicht um das Schnellermachen der alten Lady ging, sondern nur um das Saubermachen. Ich habe nämlich den Tick, dass aus einem neuen Gebrauchten alles raus muss, was vom Vorbesitzer zu oft angefasst wurde. Okay, der Lack kann bleiben, auch wenn mal einer dran geleckt haben könnte. Aber zum Beispiel alte duftende Hutablagen, auf denen sich ein Wackeldackel jahrelang seine Halsmuskeln ruiniert hat. Die müssen ebenso raus wie Sonnenblenden, an denen schon Griffspuren und Nagellackreste erkennbar sind. Bescheuert? Ja, ich bin voll Ihrer Meinung. Aber so kommt man wenigstens ans Basteln. Und wenn dann alles fertig ist, dann geht's in die Waschstraße. Dort folgt die erste Ölung des Neugebrauchtwagens mit Heißwachs.

Waschstraßen. Herrlichchchchch! Ein zentraler Hort deutscher Marotten. Waschanlagen vereinen nämlich gleich mehrere Komponenten deutscher Ticks an einem Ort.

Zum einen kann der Deutsche hier samstags das machen,

was er sonst nur in Supermärkten und an Wildwasserbahnen in Freizeitparks darf: Schlange stehen – und im Auto sogar im Sitzen. Zum anderen wird in Waschanlagen die ausgesprochen deutsche Sauberkeits- und Ordnungsliebe aufs Höchste befriedigt. Anders als im Puff während der Happy Hour gibt's hier oft vierundzwanzig Stunden Gratissaugen. Und dann wird auch am Waschplatz Liebe geschenkt. Und zwar der Frau, die einem im Leben am wichtigsten ist, der Kühlerfigur. Mit Chrompolitur. Der Deutsche liebt sein Auto halt. Zugegeben: ich auch. Deswegen musste auch der ganze Oppa-Kram aus meinem Granada raus.

Mario begann damit, die Rücksitzbank herauszuschrauben, während ich mich mit Mach3 bemühte, die alten Aufkleber von der Heckpartie zu schälen. Rasierklinge, Prilwasser, Salzsäure. Die Dinger mussten runter, da gab's kein Pardon. Warum wurden die überhaupt aufgeklebt? Ich weiß es nicht. Aber irgendeine unsichtbare Macht treibt den Bundesbürger dazu, seine Karre permanent mit irgendwelchen Autoaufklebern zuzukleistern, um ungefragt irgendwelche Botschaften an die Welt weiterzugeben. Damit sind nicht mal die inzwischen tolerierten *meisterJäger-*, *Böhse Onkelz-* und *Liebe Tanten*-Sticker gemeint. Nein, es geht nämlich noch schlimmer. Viel, viel schlimmer. Denn was habe ich davon, wenn vor mir im Zehn-Kilometer-Stau ein zitronengelber Fiat Panda steht, auf dessen Heckklappe *Hetz mich nicht!* zu lesen ist. Der deutsche Autofahrer liebt es, die Kalauer, die ihn durchs Leben bringen, auf sein Auto zu pappen. Erst wenn das Auto mit Botschaften vollgeklebt ist, geht's weiter zum Tätowierer.

Ich hatte den letzten *I like Cuxhaven*-Aufkleber endlich von der Heckscheibe meines Geschosses runtergepellt, als Mario mit dem Automatik-Schalthebel in der Hand aus dem Wagen kletterte.

»Mario, der etwa auch?«, fragte ich entsetzt.

»Yo! Alles angefasst.«

Ich wusste, dass es schwer werden würde, einen nagelneuen Automatikhebel von 1985 zu finden, der in mein altes Möhrchen passte, aber okay.

Nachdem wir nun fünfundneunzig Prozent des Wagens auseinandergeschraubt, zusammengebaut, ausgebaut und eingebaut und danach wieder von vorn begonnen hatten, kam Mario eine Woche später auf die glänzende Idee, das Auto einfach mal zu fahren. Ich Blödschkopp. Da wäre ich allein nicht draufgekommen. Eine gute Idee vom Mann der wenigen Worte. Ich lud Mario also direkt auf die Probefahrt ein.

Schnell ein Paar Sitzschoner aus plüschigem Bison-Imitat über die neuen Vordersitze gezogen, und auch der kuschelige Fellüberzug über dem Lenkrad durfte nicht fehlen. Endlich sah der Granada wie ein knallhartes Sportfahrzeug aus. Der Oppa-Style war Vergangenheit. Auf den Fellüberzug der Sitze legte ich noch eine Massagematte aus Holzkugeln, und schon konnte es sportlich-entspannt losgehen zur Jungfernfahrt mit Mario. Ich am Steuer, der Duftbaum Salami-

Holunder am Spiegel, die Rücksitzbank im Sperrmüll. Aber egal, hinten saß ja ohnehin keiner.

Nun ist es ja so, dass nicht nur die Aufkleber auf den Heckscheiben und -klappen deutscher Wagen erkennen lassen, dass im jeweiligen Gefährt ein mitunter leicht reizbarer Zeitgenosse sitzt. Sie wissen immer dann, dass Sie lieber den Mindestabstand einhalten, wenn Sie auf der Rückseite Ihres Vordermanns lesen: *Fehlende PS werden durch Wahnsinn ersetzt!* Oder: *Fahren Sie mir ruhig auf, ich kann das Geld gebrauchen.* Oder: *Tourette, du Ars***och!*

Aber auch die Fahrweise vieler Verkehrsteilnehmer hierzulande lässt erahnen, dass der Wettkampfgedanke im Straßenverkehr sehr ausgeprägt ist. Es gilt das Motto: Wer bremst, verliert. Auch so 'ne Macke. Auch so 'ne Autoaufkleber.

Als Beispiel sei nur der hundertzwanzig Meter lange LKW erwähnt, der während der Granada-Jungfernfahrt auf der rechten Fahrbahn neben uns fuhr und mich mit meinem Oldie nicht vom Beschleunigungsstreifen auf die Autobahn rüberziehen lassen wollte. Eine mehr als typische Marotte im Straßenverkehr.

Fährt ein LKW auf eine Autobahn auf, ziehen alle Brummis schlagartig auf die linke Spur, um das Feld für ihn zu räumen. Es wird lustig hin- und hergeblinkt, weil man doch unter Kollegen ist, so *Auf Achse* und so. Man ist ein Team, spielt in derselben Mannschaft. Es ist also egal, dass ich mit meinem Lamborghini-Raketenauto aus der Raumfahrtforschung gerade mit 420 Sachen von hinten auf der Überholspur angeeiert komme. Der LKW zieht links rüber, und die Spur ist zu, denn es kommt ja von rechts ein armer Kollege auf die A40, und der hat immer Vorfahrt.

Will ich aber mit meinem klapprigen Granada auf die Bahn auffahren, geht beim LKW-Fahrer der Alarm im Führerhaus los, und ein Neonlicht mit der Aufschrift »FEIND!«

fängt an, wild zu blinken. In diesem Moment blockiert bei jedem weltweit produzierten LKW automatisch per Werkseinstellung die Lenkung, das Gas bleibt konstant, und ein imaginärer LKW-Gollum übernimmt die Gewalt über das Fahrzeug. Kein LKW-Fahrer kann nun Platz machen und mich entspannt auffahren lassen. Die Schuld liegt also nicht bei den sympathischen Fahrern im Achselshirt, sondern an den Monster-Trucks, die diese immense PKW-Gefahr erkennen und nicht anders können, als durchzuziehen.

So auch diesmal, als ich mit der Höchstgeschwindigkeit von hundertzwanzig Stundenkilometern auf die Autobahn auffuhr, Mario auf dem Beifahrersitz. Der LKW links neben uns hielt mit knapp 119 km/h dagegen. Ich setzte mich daher dickköpfig vor den LKW mit holländischen Blumen, wurde jedoch nur fünfhundert Meter weiter von ihm über den Standstreifen hinweg überholt – und abgehängt. Eine verblühte Primel war das Letzte, das ich – neben dem Victory-Zeichen des Fahrers – vom Brummi sah.

Es gibt in der Deutschen Straßenverkehrsordnung Dinge, die zwar irgendwann mal gut gemeint waren, aber keinerlei Anwendung im Alltag finden. Wie zum Beispiel das sogenannte Reißverschlussverfahren. Kennen wir alle, macht aber kein Mensch. Es soll regeln, dass bei der Verengung von zwei auf einen Fahrstreifen der Wagen der weiterführenden Spur jeweils ein Fahrzeug vor sich einscheren lässt. Vor sich. Das kommt von Vorsicht. Man wird also im Wettkampf Straßenverkehr aufgefordert, auch mal zu geben, statt nur zu nehmen. So weit, so gut, aber das Ganze ist eine komplizierte Kiste.

Viele verwechseln das Reißverschlussverfahren nämlich mit dem Klettverschlussverfahren und kleben so dicht an der Stoßstange des Vordermannes, dass das Einscheren nur mithilfe von freundlichen Worten und Gesten möglich ist, um nicht auch noch in den Morgenstunden auf eine Weiterfahrt zu hoffen.

Als wir auf der Probefahrt in eine Baustelle gerieten, öffnete der sonst so wortkarge Mario daher das Fenster. Er bat unseren Nachbarn auf der Nebenspur ganz höflich: »Mach deinen Scheißjaguar weg, sonst hol ich das Betäubungsgewehr!«

Die ältere Dame mit Puckbrille und Zobeljäckchen ließ uns aber nicht in unsere gesetzlich zugesicherte Lücke und zockelte die nächsten zwanzig Kilometer in der einspurigen Baustelle mit vierzig Sachen vor uns her. Wie gesagt, ich bin zum Glück von der gaaaaanz ruhigen Sorte im Straßenverkehr.

Wir fuhren weiter und passierten mehrere Autobahnbrücken. Kann mir jemand mal erklären, warum der Deutsche so gern auf Autobahnbrücken steht und wildfremden Menschen zuwinkt? Und zwar nix Kinder. Nein, Erwachsene! Reife Menschen, die sich sonst im Straßenverkehr um Parkplätze prügeln und einem die Vorfahrt nehmen, sind hier auf Autobahnbrücken plötzlich so was von nett. Aber komischerweise wird nur von dort oben gewinkt. Oder haben Sie schon mal eine Familie mit drei Kindern erlebt, die an der roten Fußgängerampel vor Karstadt mit den Armen wedelt? Nein, dieses urdeutsche Phänomen gibt es nur auf Autobahnbrücken. Und ich Depp winke auch noch zurück und denke mir dann stundenlang: Woher kannte ich den jetzt noch mal?

Aber zugegeben, auch ich habe in Bezug auf Autobahnen einen Tick. Wenn ich auf der linken Spur einer dreispurigen Autobahn fahre und sehe, dass gegenüber seit dreißig Kilometern Stau ist, hole ich schnell ein Pappschild aus dem Handschuhfach und halte es an mein Fenster. Auf dem Schild steht: *Man muss auch mal zur Ruhe kommen.* Ich liebe diese Nummer einfach.

Was einem auf Autobahnen und auch in Innenstädten immer häufiger auffällt, ist der größer werdende Sparzwang der Automobilhersteller. Dass inzwischen serienmäßig an Reserverädern, Autoradios und Duftbäumen gespart wird, mag einem beim Autokauf ja noch einleuchten. Aber dass in Deutschland mittlerweile nur noch Autos fahren, die keinen Blinker mehr haben, ist schon besorgniserregend. Egal, wo man ist, auf der Autobahn beim Spurwechsel, in der Innenstadt an der Ampelkreuzung oder besoffen von der Kneipe nach Hause. Keiner zeigt mehr an, wohin er eigentlich fahren will. Alle gurken irgendwie, irgendwo, irgendwann in der Gegend herum. Es mag daran liegen, dass viele Fahrer den Mittelfinger zum Blinkersetzen nicht mehr nutzen können, weil dieser gerade … Lassen wir das.

Zurück zur Jungfernfahrt im Granada. Mario wollte auch mal ans Steuer, also tauschten wir an der Autobahntanke die Plätze. Der Diesel kostete dort 4,98 Euro der Liter. Uninteressant für Mario, daher ging's schnell wieder auf die Straße. Mein Freund erklärte mir, dass man ein neues Auto am besten in einem Kreisverkehr testen könne. Nur dort habe man die Möglichkeit, das Lenkverhalten ausgiebig zu prüfen, und gleichzeitig immer Vorfahrt.

Wir fuhren also nach Altenessen. Hier gab es den geilsten und kompliziertesten Kreisverkehr, den der Trottel Mario sich für dieses Manöver hätte aussuchen können. Schnell wurde uns klar, dass wir den deutschen Sonntagsfahrer aber auch am Samstag einkalkulieren müssten.

Und damit nahm das Schicksal seinen Lauf.

Mario war nämlich mit voller Wucht über eine rote Ampel geschossen, die den Eingang des Kreisverkehrs zierte. Auch so eine umständliche deutsche Eigenheit: Erst einen Kreisverkehr bauen, um Unfälle zu vermeiden und den Verkehrsfluss zu beschleunigen, und dann der deutschen Regelwut verfallen und den Kreisverkehr mit dreiundzwanzig Ampeln bestücken.

Nun ja. Mario hielt ganz offenbar nicht viel von den bunten Lichtern. Denn er bretterte über die Ampel und auf die rechte Spur des Kreisels. Der Jaguar, der gerade ganz gemütlich um die Kurve bog, hatte nicht den Hauch einer Chance und knallte ungebremst auf uns drauf.

Die Frontpartie des Jaguars war ebenso Schrott wie der Wackelelvis auf meinem Armaturenbrett. Die Dame mit der Puckbrille, die ebenfalls in Altenessen abgefahren war, war gar nicht erbaut über das Wiedersehen mit uns. Aber immerhin: Mein Wutausbruch gegenüber dem mal wieder sprachlosen Mario brachte uns zwei Dutzend Schaulustige und drei YouTube-Videos mit 36 Klicks ein. Nicht schlecht.

Das Endergebnis? Mario fuhr zwei Monate Straßenbahn ohne Reißverschlussprobleme, und mein Granada brachte noch zwölfhundert Euro beim Schrotthändler. Wegen der ganzen neuen Teile, die wir eingebaut hatten, und weil er doch noch so schön sauber war.

★ **Die 10 besten Autoaufkleber und das** ★
passende Modell, die keiner im
Stau vor sich sehen möchte

Platz 10: *Tanzt, ihr Weiber, der König hat gute Laune.*
(passt auf eine zu Tode getunte Mercedes E-Klasse)

Platz 9: *Die Vornamen eurer dicken Kinder interessieren mich nicht.*
(oft an einem Audi A7 mit getönten Scheiben)

Platz 8: *Frau am Steuer – nur in der Regel bin ich voll.*
(am Renault Twingo mit Katzenspurenaufklebern auf der Motorhaube)

Platz 7: *Brustvergrößerung durch Handauflegen 1 Euro. Infos beim Fahrer.*
(meist an Handwerker-Minibus, Fachbetrieb für Wohnungsauflösungen)

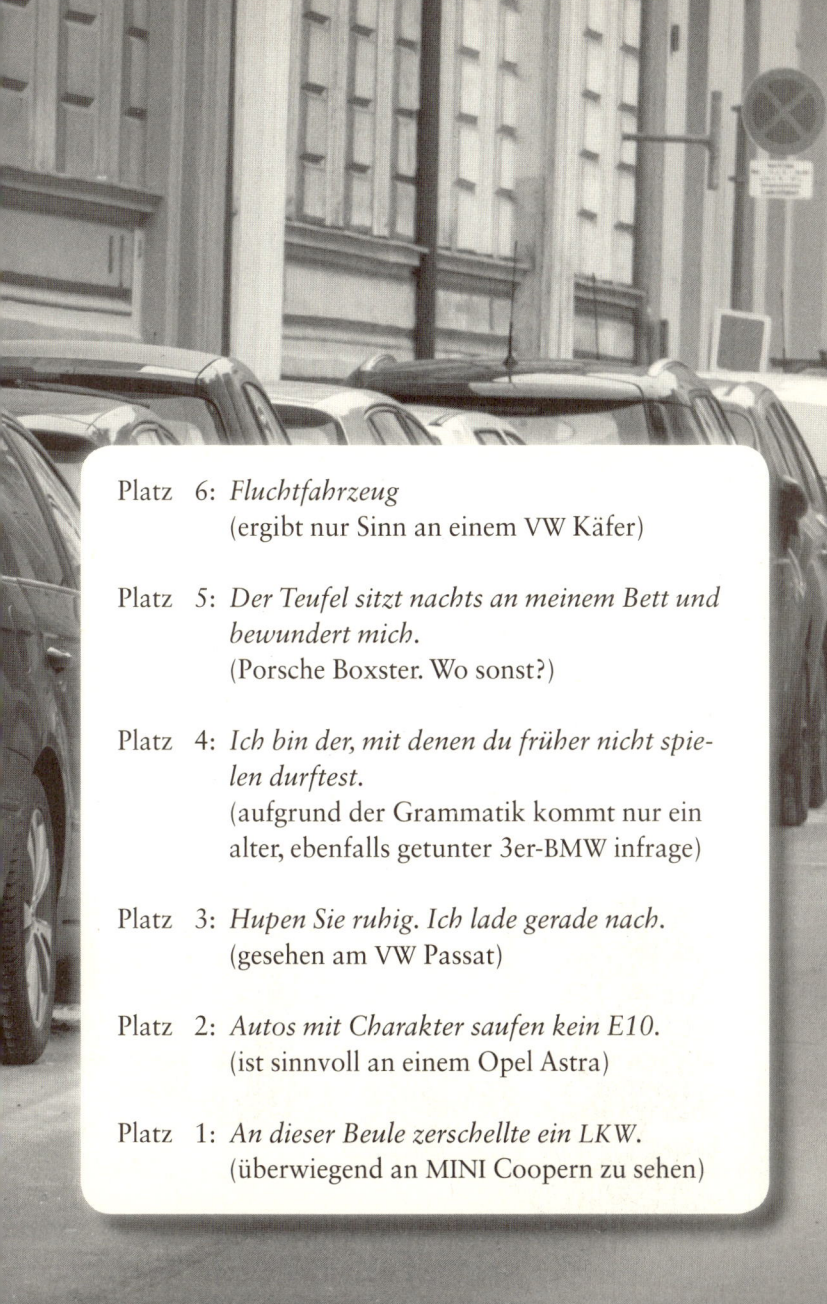

Platz 6: *Fluchtfahrzeug*
(ergibt nur Sinn an einem VW Käfer)

Platz 5: *Der Teufel sitzt nachts an meinem Bett und bewundert mich.*
(Porsche Boxster. Wo sonst?)

Platz 4: *Ich bin der, mit denen du früher nicht spielen durftest.*
(aufgrund der Grammatik kommt nur ein alter, ebenfalls getunter 3er-BMW infrage)

Platz 3: *Hupen Sie ruhig. Ich lade gerade nach.*
(gesehen am VW Passat)

Platz 2: *Autos mit Charakter saufen kein E10.*
(ist sinnvoll an einem Opel Astra)

Platz 1: *An dieser Beule zerschellte ein LKW.*
(überwiegend an MINI Coopern zu sehen)

Pool Position

Die schönsten deutschen Urlaubsmarotten

Die Deutschen verreisen ja für ihr Leben gern. So gern, dass sie als einziges Land auf der Welt ein Wort für die Sehnsucht nach fernen Ländern haben: Fernweh.

Es ist noch gar nicht so lange her, dass es auch mich mal wieder packte. Also dieses innere Drängen, mal wieder ein bisschen Pause zu machen. Kein Buch zu schreiben, sondern wieder eines zu lesen. Urlaub! Einfach mal raus aus der Bude, um auf andere Gedanken zu kommen. Weg in ein Land, in dem man beim Zappen im Fernsehen rassige Wetterfeen und Gameshowmoderatoren mit gegelten schwarzen Haaren in Armani-Anzügen sieht. Und keine Schwiegertöchter aus der Freak-Show von Essen-Vogelheim. Mein Traumurlaub: mit dem Auto nach Italien. So wie früher, als Oppa zusammen mit Omma im Opel Rekord nach Rimini zockelte.

Der Deutsche macht das gern. Wegfahren. Das Problem ist nur, dass er neben seinen wichtigsten Habseligkeiten, also Tchibo Gold-Mokka, *Bild am Sonntag* und Spreewaldgurken, auch gern seine Macken, Ticks und Marotten mit ans Urlaubsziel schleppt. Das kann mitunter zu Problemen führen, wie mir in Bezug auf meinen Kurzurlaub bald schon klar wurde.

Die erste Marotte, die der autoreisende Urlauber auf deutschen Straßen partout nicht ablegen möchte, ist die Abfahrtzeit. Das Problem: Sie ist immer gleich. Es ist nicht erklärbar, warum alle Deutschen unmittelbar vor dem ersten Ferientag, Freitagnachmittag um 14.00 Uhr, ihre Reise über

Deutschlands Autobahnen antreten müssen. Komische Vögel, allesamt, und ich mittendrin. Äh, ich musste ja für dieses spätpubertäre Frühwerk Recherchearbeit betreiben ... Ansonsten wäre ich natürlich nie auf die Idee gekommen, mich nach nur sechzig Kilometern schon auf dem Kölner Ring in den ersten Stau zu stellen.

Der Deutsche liebt sein Staufahren aber. Zugegeben, ich auch. Nirgendwo sonst kann man den gesellschaftlichen Querschnitt so hautnah miterleben. Man sieht fluchende Autofahrer und gelangweilte Nasenbohrer. Schlafende Frauen auf dem Beifahrersitz, die ihren Kopf an die Scheibe lehnen, während ihnen ein Spuckefaden aus dem Mund läuft. Herrlich! Das ist Inspiration in Reinform, das ist Entertainment pur. Kinder bewerfen sich auf Rücksitzbänken mit Milchschnitten und Smartphones, und die Brummifahrer haben endlich mal Zeit für die jährliche Pediküre auf dem Lenkrad. Und während wir vom permanenten Auskuppeln schon einen Krampf im Fuß haben, erzählt uns der Verkehrsfunk irgendwas von Echtzeitmessung. Er erläutert uns also nicht nur, dass der dreißig Kilometer lange Stau exakt dreißig Kilometer lang ist, sondern sagt uns sogar voraus, dass wir erst morgen früh um vier von hier wegkommen. Tolle Sache, wie ich finde.

Wobei das mit der Echtzeitmessung trotzdem nicht so ganz hinhauen kann. Echtzeit ist ja die Zeit, die ich *tatsächlich* brauche, um durch den Stau zu kommen. Was aber ist, wenn mir im Stau der linke Vorderreifen platzt? Dann frage ich mich nicht nur, warum ich am Reserverad, sondern auch an der Verlängerung der ADAC-Mitgliedschaft gegeizt habe. Aus fünfzehn Minuten werden dann gern mal fünfzehn Stunden Echtzeit.

Als mir das vor Kurzem passierte, hatte ich auf jeden Fall echt Zeit, während ich zusammen mit meiner Frau in unseren orangefarbenen Armani-Warnwesten hinter der Leitplanke stand. Nach knapp einer Stunde kam endlich der gelbe Engel – und schoss an uns vorbei. Erst als er an uns vorbei war, sah ich, dass es nur ein DHL-Sprinter auf der Überholspur war, der wohl jemandem ein vergoldetes Reserverad brachte.

Aber der Deutsche liebt seinen ADAC trotzdem abgöttisch. Neben der Deutschen Bahn, Westlotto und dem Deutschen Bundestag ist es das vertrauensvollste Unternehmen, dem die Deutschen gern und dankbar ihr Geld schenken. Alle, die nachts in Altötting schon mal mit dem Wagen liegen geblieben sind, weil der Tankanzeiger kaputt war, und sich vorher gewundert hatten, welch große Reichweite so ein Fiat Punto doch hat, sind dem ADAC bis zum Lebensende dankbar. Und auch bei uns war nach nur drei Stunden das kaputte Rad ausgetauscht, und meine Frau und ich machten uns endlich auf den Weg zum Gardasee in Bella Italia.

Ich wollte unbedingt stilecht reisen und bestand daher auf karierte kurze Hosen, Bauchtäschchen und weiße Tennissocken in Trekking-Sandalen, um im Urlaub nicht versehentlich für einen rassigen Italiener gehalten zu werden. Meine Frau wollte deswegen peinlich berührt sofort vom sympathischen ADAC-Mitarbeiter abgeschleppt werden und lieber wieder nach Hause. Ich zog mein Ding aber durch, und die Sandalen blieben an. Irgendwann muss ich mich mal durchsetzen.

Ich reichte ihr aus dem Sixpack eine Flasche Selbstbräuner. Es gibt nämlich zwei Sorten deutsche Pauschalurlauber: die, die schneeweiß im Urlaubsland ankommen und nach einem Tag aussehen wie der Cola-Weihnachtsmann nach drei Stunden in der FKK-Sauna, und die, die bereits vor Reiseantritt fleißig vorgebräunt haben. Der Deutsche plant ja gern, daher werden alle Dinge, die den Urlaub betreffen, *vorher* erledigt. Nur der Urlaub selbst nicht. Auch so 'ne Macke. Wir Deutschen schlafen vor dem frühen Flug in den Urlaub vor, packen Wochen vorher Probe, betreiben mit neununddreißig Impfungen Gesundheitsvorsorge und bräunen natürlich auch vor.

Meine Frau hielt das Lenkrad. Ich schmierte mir unterdessen den Selbstbräuner auf die Arme und ins Gesicht. Sie schüttelte den Kopf, ich meine Lockenpracht und ließ das animalische Brusthaar blitzen. Jetz ick ware eine echte Italiano. Latino Twilfer. Der Urlaub konnte kommen.

Ich hatte mich bei der Wahl des Hotels eigentlich nur von zwei Aspekten leiten lassen, die mir wichtig erschienen:
a) Ist alles Wellness-all-inclusive-Cluburlaub-mäßig?
b) Hat das Zimmer einen Flatscreen und einen Wasserkocher?

Fürs Badewasser natürlich. Der Deutsche hat's schließlich gern gemütlich. Denn was nützt mir der schönste Urlaub, wenn ich abends nicht die Rakers und davor Beckmann in der *Sportschau* gucken kann? Beide ohne schwarze Haare, aber hey, ein bisschen Heimat darf doch auch im Ausland sein.

Es muss irgendwann am sehr frühen Samstagmorgen gewesen sein, als wir an der Clubanlage am Gardasee ankamen. Es war noch dunkel. Ein Reisebus aus Altötting machte ebenfalls gerade Station vor dem Hotel und spuckte Dutzende von stockbesoffenen Urbayern aus. Da alle ihr Bayerntrikot anhatten, ging ich zunächst davon aus, dass heute Champions League sei und die Mannschaft schnellstens zu ihren Wasserkochern wollte.

Der Reisebus parkte quer über vier Parkbuchten. Eine davon war meine. MEINE, verflucht noch mal. Ich hatte Platz 4 schließlich für eine Woche teuer gekauft. Er gehörte mir. Ich war stolzer Besitzer eines kleinen Stücks Italien, und dieser Trachtenseppl von Busfahrer parkte quer auf meinem Grund und Boden. Meine Frau pennte braungebrannt auf dem Beifahrersitz, und ich schnappte mir den Hartholz-Öhi.

»Sach ma, hasse im Dunkeln die Streifen nich gesehen?

Dat is die Strafraumlinie. Da hast du nix drauf zu suchen, sonst gibbet gleich Platzverweis! Parkplatz 4 habe ich kostenpflichtig im Internet erworben, nachdem ich vierzehn Euro pro Tag per Direktüberweisung in dieses Stück Land investiert habe.«

Wenn ich mich tierisch aufrege, kann ich nur Proll oder extrem sachlich. Heute war sachlich getarnter Proll dran, deutscher Urlauber halt.

Der Öhi stand vom Fahrersitz auf, schob nach der langen Fahrt erst einmal seine Murmeln in Richtung Süden und kam dann aus dem Bus. Gut, im Sitzen und dazu im Dunkeln hatte ich nicht so gut erkennen können, dass er mindestens 3,16 Meter groß war. Und dass er sich so sehr aufregte, damit war ebenfalls nicht zu rechnen gewesen.

»Na, du i gschib, mir san, Herrgott, löws, da in Fress hau, konsch mi, kannst, die Sakra, patsch!«

Ich verstand kein Wort seiner Sprache. Mann, dachte ich mir. Da biste gerade erst in Italien angekommen, und schon haste Ärger mit den Ausländern.

Zehn Minuten später. Die vierzehn Koffer meiner Frau waren nicht gerade leicht. Vor allem war es ein echter Kraftakt, sie den weiten Weg von einem Nebenparkplatz des Hotels (fast im Nachbarort), auf dem sich die Buchten 68 bis 92 befanden, in die Lobby zu schleppen. Eine Ziege, die ebenfalls auf dem Nebenparkplatz logierte, bemitleidete mich beim Grasen mit großen Augen.

Meine Frau war inzwischen auf dem Zimmer verschwunden. Mir kam die Mörderidee schlechthin. Da war bestimmt noch keiner drauf gekommen. Es war inzwischen vier Uhr morgens, und ich hatte den glorreichen Einfall, für den kommenden Tag schon mal zwei Liegen am Pool zu reservieren. Kein Deutscher wird jemals diese grandiose Idee gehabt haben, mitten in der Nacht die Liege für den kommenden Tag zu reservieren. Mit einem Handtuch versteht sich. Ich war ein Genie! Patentverdächtig. Also Koffer auf, zwei Schalke04-Lappen raus und ab zum Pool.

Wie es sich für deutsche Urlauber gehört, hatten wir alles von zu Hause mitgenommen, was man im Urlaub so braucht: Kopfkissen, Handtücher, Brennholz, Gartenmöbel und für meine Frau noch einen leeren Koffer. Wegen Schuhen und Gürteln, die es in unserem Kleiderschrank einmal besser haben sollten als in diesen muffigen kleinen Boutiquen in Italien.

Als ich am Pool ankam und auf die Liegen guckte, stellte ich fest, dass Borussia Mönchengladbach, Fortuna Düsseldorf, Rot-Weiß Essen und Eintracht Braunschweig bereits dieselbe Idee gehabt hatten wie ich mit meinen beiden verwaschenen Schalke-Frottees aus der Eurofighter-Zeit. Nur war den anderen der Einfall wohl schon etwas früher gekommen. Für Schalke war in dieser Liga einfach kein Platz. Ich suchte weiter und kam mit dem VfL Bochum ins Gespräch.

»Hätten Sie auch gern einen Platz ganz vorn?«

Wir waren bereits in der 6. Liga angekommen, also der Liegenreihe, die kurz vor dem Serviceausgang der Hotelküche lag. Die Bayern hatten, wie üblich, vorn reserviert und zehn Liegen nebeneinander bekommen. Mir platzte fast der Kragen. Neben dem VfL auf den hinteren Plätzen liegen? Undenkbar. Ich wollte in die erste Liga. Es bestand Handlungsbedarf.

Der Riesen-Ötzi mit Restdurchblutung kam in diesem Moment vom Parkplatz und steckte sich am Poolrand eine Zigarette an. Er zuckelte erneut an Murmeln und Holzfällerhemd herum und beobachtete uns grinsend, wie wir verzweifelt versuchten, einen Spitzenplatz in der Poolliga zu ergattern. Mann, dachte ich mir, während ich den Oberförster aus dem Augenwinkel musterte, wenn es einmal eine Werbekampagne für Antibabypillen gibt, der Busfahrer wäre mein Posterkind Nummer eins!

Der Bochumer hingegen schien den Tränen nahe, da auch er eine Frau hatte, die morgens gern neben Borussia Dortmund oder zumindest Erzgebirge Aue gelegen hätte. Aber auf einer hinteren Liege neben einem Handtuch von Hoffenheim ein Schattendasein zu fristen, das konnte einem schon den ganzen Urlaub versauen.

Ich bot Ata eine Zigarette an. Ich nenne ihn einfach mal Ata, weil, ach Gott, die älteren Fußballfans unter den Lesern werden es schon wissen.

»Ata, komm, qualm eine mit. Ich rauche zwar nicht, aber der Busfahrer, der seine Kippen hier liegen gelassen hat, heute auch nicht mehr.«

Ich nahm die Zigarette in den Mund, ohne sie anzuzünden, und saß mit Ata gedankenverloren auf einer reservierten Liege der deutschen Nationalmannschaft.

»Ich hab dat hier so wat von satt«, erzählte Ata mir niedergeschlagen.

»Ich fahr nur noch wegen meine Olle und die Sabrina hier nach Italien. Die Kleene baut Sandburgen, und meine Frau hängt an de Bar mit so In-Getränke. Aperol-Spritz, 43er mit Kamelmilch und wat et da sonst noch so gibt. Wenn et in Deutschland 'ne neuen Gesöfftrend gibt, meine Olle hat den eingeschleppt wie andere 'ne Pockenepidemie.«

Der Edelweißpeter kam indes noch mal zurück und suchte seine Kippen. Ata schmiss die inzwischen leere Packung auf eine Bayernliege.

»Hörns ma, desch habsch im goschn, gebs da liag in de desi moa. Mia san mia!«

Jetzt reichte es uns so langsam. Bochum und Schalke, wir mussten zusammenhalten. Ich schaute Ata an, Ata schaute mich an. In Stereo standen wir auf, gingen zur Bayern-München-Abteilung und hoben die direkt am Becken stehenden Liegen an. Die Handtücher rutschten in trauter Eintracht

Frankfurt in den Pool und gingen unter wie Mario Götze nach einem Absacker mit Pep Guardiola. Endlich war Platz am Pool.

Als nach dem Frühstück die ersten Hotelurlauber an den Pool kamen, lagen Ata und ich bereits nebeneinander auf einer gemütlichen Liege. Und zwar in der Notfallambulanz unweit des Gardasees. Die Gletscherzunge aus Altötting hatte uns hart erwischt. Atas Gesicht war roter als der Mannschaftsbus von Bayern München, und auch ich hatte mit meiner geschwollenen Lippe keinen Bock mehr auf Zigarettchenlutschen. Meine Frau lag unterdessen zusammen mit drei Sizilianern auf einem flauschigen Saunalaken der italienischen Nationalmannschaft in der ersten Reihe am Pool und mühte sich, braun zu werden.

Zwei Stunden später stießen wir dazu. Nachdem Ata mit Frau, Tochter und Strandtasche sowie Kulturbeutel unter dem Arm zum Sandburgenbauen an den Strand verschwunden war, rückte ich mein All-inclusive-Armbändchen zurecht und kühlte meine Lippe an einem schönen Glas Eierlikör-Fanta. Das In-Getränk der Siebziger hieß übrigens früher »Frauenglück«.

Meine Gattin lächelte zufrieden.

Es war schließlich Urlaub, und da ist ja alles anders als zu Hause.

★ **An welchen Sätzen Sie erkennen können,** ★
dass Sie mit anderen Deutschen Urlaub machen

Platz 10: Is it a Hunter-Schnitzel with Pilze like by Omma?

Platz 9: Sörry, in the DDÖR ünsere förste Wremdschprachö wör Ruschiss.

Platz 8: Make me quiet a paar mirror eggs more. In the holiday I beat gern mal on the shit.

Platz 7: My English is under all pig, aber it is noch kein master from the heaven gefallen.

Platz 6: It is jacket wie trouser, ob he is me green oder not. I kann not him outstanding.

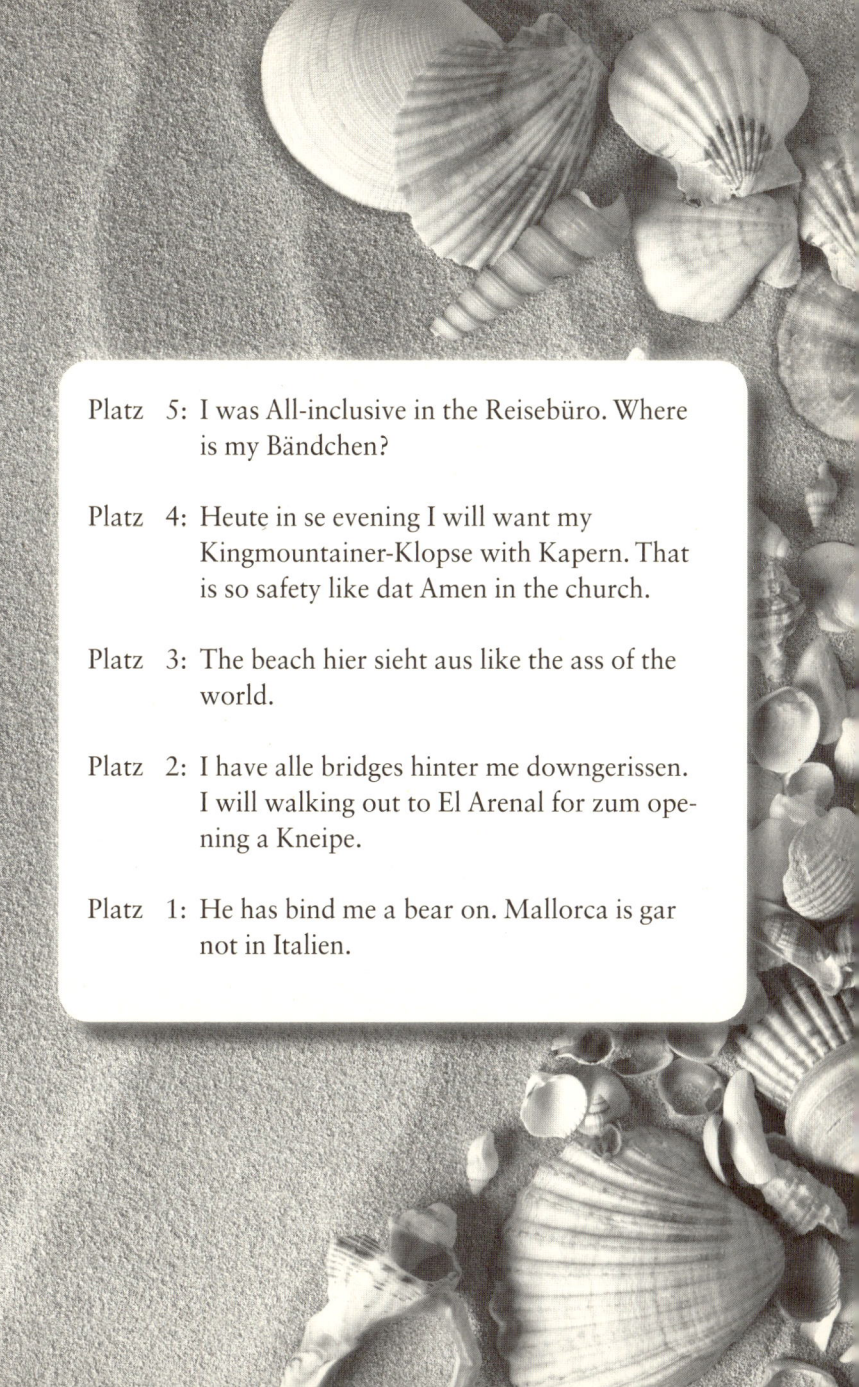

Platz 5: I was All-inclusive in the Reisebüro. Where is my Bändchen?

Platz 4: Heute in se evening I will want my Kingmountainer-Klopse with Kapern. That is so safety like dat Amen in the church.

Platz 3: The beach hier sieht aus like the ass of the world.

Platz 2: I have alle bridges hinter me downgerissen. I will walking out to El Arenal for zum opening a Kneipe.

Platz 1: He has bind me a bear on. Mallorca is gar not in Italien.

Dies ist ein Garagentor, nur ein Doofer parkt davor

Die Deutschen lieben Hinweisschilder

In Deutschland ist es ja so: All das, was nicht ausdrücklich erlaubt ist, ist erst einmal verboten. In anderen Ländern dagegen ist all das, was nicht ausdrücklich verboten ist, erst einmal erlaubt. Irgendwie lässiger und ungezwungener. Aber wenn das bei uns auch so zuginge, wäre der Deutsche um einen Tick ärmer. Es geht um die Eigenheit, dass der Bundesbürger alles mit Verbots- und Hinweisschildern kennzeichnen und zutapezieren muss. Garageneinfahrten, Garagenausfahrten, Garagentore, Garagenwände. Überall in Deutschland hängen Schilder, die unser Miteinander halbwegs erträglich gestalten sollen.

So weit, so gut. In meiner Kindheit war das aber noch anders. Wenn der Hausmeister früher einen Hals bekam, weil wir Blagen unsere Fahrräder quer vor dem Kellereingang parkten, dann ging das Fenster in der Ersten auf, und ein Unrasierter im Unterhemd grölte nach unten: »Die Kellertür ist nich für zum Anlehnen von die Fahrräders gebaut, Freunde! Wech damit, sonst hat der Arsch gleich Kirmes!«

Das war ein Befehl, den man als Kind im Stammhirn genauso verankert hatte wie den Bademeister-Klassiker: »Geh nich so nah mit die Pommes an den Beckenrand!«

Der Beckenrand im Schwimmbad war für uns Kinder mit Speiseresten im Gesicht also genauso tabu wie später der Beckenrand der ersten Freundin. Verbote wurden damals klar und deutlich artikuliert und auf den Punkt gebracht. Ganz ohne Blechschild. Heutzutage ist leider alles anders. Der Deutsche, der im Zeitalter von SMS und E-Mail verlernt hat, von Angesicht zu Angesicht zu kommunizieren, druckt jeden Hinweismist auf ein Schild. Blech, Papier, Plastik, egal. Wo immer du auch gehst und stehst: Hinweis-, Verbots- und Infoschilder.

Selbst im tiefsten Wald steht an jedem Baum: *Brandgefahr!* Was soll das, liebe Paragrafenreiter und selbst ernannte Weltverbesserer? Natürlich herrscht in einem Wald Brandgefahr. Aber meist erst dann, wenn sich ein Vollhonk dort eine Zigarette angezündet und den Stummel dann weggeschmissen hat. Ein Schild am Waldeingang *Feuer wird teuer!* wäre doch viel eindeutiger und würde nicht den ganzen Wald verschandeln.

Außerdem herrscht eigentlich überall Brandgefahr. In meiner Bude auch, wenn meine Frau mal wieder den berühmten Teelichterbeutel von Ikea geschossen hat. Trotzdem hänge ich kein Schild über die Kommode im Flur: *Rauchen, Feuer und offenes Licht verboten!*

Wie Sie am Begriff »offenes Licht« bereits erkennen, bemüht sich der Deutsche zudem, seine Verbotsschilder mit Begriffspaaren zu bedrucken, die keine Sau versteht. Was ist denn bitte schön dieses »offene Licht«, das auf Warnschildern in Tiefgaragen häufig erwähnt wird? Müsste ja das Gegenteil von geschlossenem Licht sein. Licht kann sich also öffnen und schließen. War mir neu. Interessant. Offenes Licht habe ich mal kennengelernt, als ich in eine kaputte Glühbirne gefasst habe (die noch in der Fassung steckte), während meine Frau gleichzeitig den Lichtschalter bediente. Gott, habe ich da vor Freude gestrahlt.

Sie sehen, der Deutsche weiß meist selbst nicht, was er alles verbietet und was er damit eigentlich bezwecken will.

Vor einigen Monaten war auch ich dem Wahn der deutschen Schildbürger wieder einmal gnadenlos ausgeliefert. Der Schildbürgerstreich, den ich an diesem Tag über mich ergehen lassen musste, hieß Neubeantragung meines Personalausweises im Bürgeramt.

Ich fuhr mit dem Auto zum Amt für Bürger und bog in den Innenhof. Normalerweise darf man dort nur auf dem kostenpflichtigen Parkplatz parken, der aber unverschämterweise dreißig Meter vom Haupteingang entfernt liegt. Wer soll solche Tagesmärsche bitte stemmen? Diesen Trip wollte ich mir nach der anstrengenden vierminütigen Autofahrt nicht auch noch zumuten, also bog ich in den Innenhof. Milliarden Parkplätze, alle mit Nummernschildern gekennzeichnet, lachten mich an. Aber kein Auto stand darauf. Ach ja, sorry, ich war ja in einem Amt. Da hat der ein oder andere auch mal frei. Hmm, da kann ich mich doch bestimmt kurz auf einen der freien Plätze stellen, dachte ich mir.

Also Handschuhfach auf, Schweizer Taschenmesser raus, Nummernschild an meiner Karre abgeschraubt und an dem komischen Pfosten am Stellplatz wieder angeschraubt. So, das war für die nächsten Stunden mein Parkplatz, ganz offiziell.

Ich holte die Harry-Potter-Gesamtausgabe aus dem Kofferraum, da ich mir sicher war, dass mein Aufenthalt in diesem Amt wie gewohnt etwas länger dauern würde. Und man will ja nicht an Langeweile sterben. Mit dem Bücherstapel unter dem Arm marschierte ich über den leeren Parkplatz. Das Einzige, was ich um mich herum sah, waren Barken, Schranken und Schilder, Schilder, Schilder. Besonders nett war die Aufschrift an einer Garage direkt neben dem Notausgang: *Dies ist ein Garagentor, nur ein Doofer parkt davor!*

Die Garage ist bestimmt die überirdische Grabstätte unseres ehemaligen Hausmeisters. Der mit die Fahrräders.

Das Schild an Garage 12 war auch nett: *Widerrechtlich*

geparkte Fahrzeuge werden zerlegt und die Teile bei eBay-Polen versteigert! Das hatte wohl Eindruck hinterlassen, denn der ganze Parkplatz war leer. Und ich parkte kostenlos. So musste das sein.

Ich kramte meinen alten Perso raus und sprang über ein künstlich angelegtes Rinnsal, das quer durch den Hof floss. Auch hier ein Verbotsschild: *Das Betreten der Teichanlage ist nicht gestattet.* Na, da hatte ich aber noch mal Glück gehabt. Was wäre gewesen, wenn ich mit beiden Beinen im Wasser dieser opulenten Fontänenlandschaft gestanden und nicht rechtzeitig gelesen hätte, dass ich vor dem Bürgeramt keine Kneipp-Bäder machen durfte? Lebenslang in den Gulag 5, mindestens. Schwein gehabt.

Ich betrat das Bürgeramt, das dank einer Baustelle ein wenig ungemütlich wirkte, durch den Notausgang und ging erst mal zum Getränkeautomaten. Harry Potter sollte mir die Wartezeit vertreiben, die Cola die Müdigkeit. Ich suchte Kohle in der Hose und dann den Münzschlitz. Auf dem Automaten stand ein großes Hinweisschild: *Aufbruch unnötig! Geldkassette wird mehrmals täglich geleert.* Ein schöner Satz, den ich mit der Cola im Hals und mit Potter auf dem Arm erst einmal sacken ließ.

Aufbruch unnötig? Interessante Aussage. Sicher ist es unnötig, einen Automaten aufzubrechen, da gab ich den Schildbürgern sogar recht. Die Welt wurde dadurch ja nicht besser. Es ist auch unnötig, in den Wald zu pinkeln, wenn man saugfähige Unterwäsche anhat. Trotzdem gibt es Menschen, die Bäume anpullern. Wenn's im Wald brennt, kann man auf diese Weise sogar das Feuer löschen. Auch ist es unnötig, sich mit dünnem Haar einen neuen Perso ausstellen zu lassen, wenn man auf dem Foto des alten Scheins noch volle Haarpracht hat. Trotzdem wurde ich dazu gezwungen.

Ich nahm einen Kuli aus der Tasche und schrieb auf das

Schild: *Aufbruch unnötig! Cola ist hier so teuer, dass ohnehin kaum einer Geld einwirft.*

Ich lief zwischen Gerüststangen durch das frisch gepinselte Treppenhaus. Im Haupttreppenhaus waren nicht nur die Aufzüge, sondern auch die Leute immer so voll, und hier im Nebentreppenhaus ging es einfach viel schneller in Richtung Zimmer K11, zuständig für die Nachnamen S und T. Ich muss bei fragmutti.de morgen mal gucken, wie man hellgelbe Lackfarbe aus einer neuen Jeans herausbekommt. Egal. Ich wollte nur schnellstens an meinen neuen Personalausweis kommen.

Baustellen sind ja, wie ich feststellen musste, ebenfalls extremst von der deutschen Schildermarotte infiziert. Dass Eltern für ihre Kinder haften, wissen wir alle, und wir haben den Umstand damals auch intensiv ausgenutzt. Am schlimmsten sind in diesem Land aber die Schilder, die an Autobahnbaustellen aufgestellt werden. Hier wird nämlich ganz scheinheilig mit miesen Tricks gearbeitet, die direkt an das Unterbewusstsein appellieren.

Fährt man auf eine Autobahnbaustelle zu, steigt bei den meisten Autofahrern der Adrenalinspiegel zunächst an. Zugegeben, bei mir auch. Was macht der deutsche Baustellenchefpsychiater also? Er stellt ein Beruhigungsschild auf, das suggerieren soll, dass all das, was einem in den nächsten fünfzehn Minuten den Nerv raubt, ja nur zu unserem Besten ist. Denn: *Wir bauen für SIE! (bis Oktober 2056).*

Mir bleibt also nichts anderes übrig, als mich unglaublich darüber zu freuen, dass mir dieses Schild klarmacht, dass der ganze Lärm, der Dreck, die Wartezeit, der Stau und der umgekippte Gefahrgutlaster inmitten der Baustelle nur zu meinem Besten sind. Denn man baut ja ausschließlich *für mich* die A978 zwischen Posemuckel und Weißnichtwo aus. Ich bin so happy. Dieses Schild hat mir den Tag gerettet. Danke, Teermaschine, du liebes stinkendes Monstrum!

Rollt man dann mit fünf Stundenkilometern weiter durch die Baustelle, wird die Beruhigungsformel auf die Spitze getrieben. Alle paar Meter sind nämlich weitere Schilder aufgebaut, auf denen nacheinander steht:
noch 37 Kilometer ...
noch 36 Kilometer ...
noch 35,5 Kilometer ...
noch 34 Kilometer ...
Es ist zum Beklopptwerden! Aber man freut sich trotzdem wie Bolle, dass man seinem Ziel Stück für Stück näher kommt. Das Adrenalin sinkt. Das Serotonin steigt. Und während man nach Luft ringt, dudelt im Autoradio *Atemlos*. All das schaffen ein paar blöde Blechschilder. Diese cleveren Baufirmen.

Der Fehler, der meist am Ende einer Autobahnbaustelle gemacht wird, ist das letzte Schild, durch das mein Adrenalinspiegel wieder sprungartig über Schiebedachniveau steigt. Das Hass-Schild aller deutschen Autofahrer schlechthin: *Vielen Dank für Ihr Verständnis!*

Kann mir mal irgendjemand sagen, warum kackfrech davon ausgegangen wird, dass ich auch nur ein Fünkchen Verständnis für den Zinnober aufbringe, verflucht noch mal? Nein! Ich habe kein Verständnis dafür, dass man zwar für mich *ganz allein* diese beknackte Autobahn baut, ich aber dabei zusehen muss, wie zwanzig Leute in orangefarbenen Overalls neben

der Teermaschine stehen und gewerkschaftlich geregelt Stullen essen. Warum steht auf vom Bund finanzierten Bauvorhaben nicht gleich *WIR SCHAFFEN DAS!* auf riesigen Blechschildern? Und zwar nicht nur vor, während und nach der Baustelle. Sondern alle fünf Meter.

Zurück im Bürgeramt. Der Harry Potter wurde langsam schwer. Mit der Wartenummer in der Hand folgte ich dem Hinweis am Eingang: *Bürotür, bitte leise eintreten!* Und trat mit meinen schallgedämmten Gummisohlen die Tür von Zimmer K11, Buchstabe S und T, ganz zärtlich auf.

Eine Dame mit dezentem *Magnum*-Schnäuzer blickte mich über ihre Lesebrille an. »Sind Sie die 234? Dann sind Sie aber Tisch 9. Das kann doch nicht so schwer sein, oder?«

Ich schaute auf das Ticket aus dem Wartemarkenautomaten. Ich war die 233, nicht die 234. Bei Mama bin ich noch heute die Nummer 1. Hier im Amt nur die 233. Also war ich am Tisch der Lady mit Kaffeefleck auf der Bluse doch richtig. Ich wollte der Bartdame gerade auf die gelben Formularbögen *Vor Inbetriebnahme des Mundwerks ist das Gehirn einzuschalten* schreiben und es an die Wand über ihrem PC hängen. Aber das ging nicht, weil da schon Dutzende andere ach so lustige Schilder hingen. Mein Favorit unter den Botschaften war in diesem Fall der Klassiker: *Wir sind hier bei der Arbeit, nicht auf der Flucht!*

Dieses Schild *muss* in einer deutschen Behörde erfunden worden sein.

Über Frauenschreibtischen, wie in diesem Fall, hängt auch gern: *Ich streite nie. Ich versuche nur zu erklären, warum ich recht habe.*

Schön ist außerdem: *Ich brauche keinen Mittelfinger, ich kann das mit den Augen.*

Der Dame mir gegenüber glaubte ich das aufs Wort.

Ich wollte gerade mit dem ersten Harry-Potter-Band anfangen, als die Flaum-Frau namens Claudette Brochniok auch schon loslegte.

»So, dann brauch ich mal den alten Perso, Biomet-Foto und die Ummeldebestätigung. Wie ich sehe, sind Sie ja vor Kurzem umgezogen.«

Mir fiel der Stein der Weisen aus der Hand. »Ummeldebestätigung? Was für 'ne Ummeldebestätigung? Hab ich noch gar nicht.«

Stolz hielt ich ihr mein ratlos guckendes biometrisches Passbild hin.

»Das ist nicht mein Problem. Wir sind ja hier nicht bei *Wünsch dir was*, sondern bei *So isses*. Also, dann müssen Sie sich erst mal ummelden. Das macht die Kollegin am Nebentisch.«

Ich guckte zur Dame nebenan. Eine junge hübsche Erscheinung mit Zöpfen, die gerade frischen Kaffee einschenkte. Ohne Damenbart. Okay, dachte ich mir, ist machbar. Dann kann die eventuell ja auch gleich den Perso mit mir klarmachen. Ich malte mit dem Kuli schnell ein paar zusätzliche Haare auf das neue Passbild, setzte mir zur Tarnung der mittlerweile eher lichten Haarpracht meine Kappe auf und marschierte zu ihrem Tisch.

»Ne! Ne! Ne! Herr Twiftler, so leicht geht das nicht! Sie müssen sich schon 'ne neue Wartemarke ziehen«, meckerte die Frau mit dem Suppenfilter im Gesicht.

Ich schaute noch mal kurz auf das Hinweisschild, das mit vergilbtem Tesafilm an ihrem Monitor hing: *Irgendjemand muss den Job ja machen!*

Dann wanderte ich zurück in den Wartebereich des Amtes. Ich zog erneut eine Nummer, 314. Es wurde die Nummer 265 aufgerufen. Das dauerte mir alles zu lange. Schließlich musste ich auch noch zum Versorgungsamt, wegen des kaputten Gasrohrs, das ich beim Kellerausschachten mit der Hilti erwischt hatte.

Ich verkaufte also einem Sechzehnjährigen im Wartebereich die Harry-Potter-Bücher und besorgte mir für die zehn erwirtschafteten Euro bei dem Typen, der immer im Treppenhaus sitzt, die Wartemarke mit der 268. Der Schwarzmarkt war hier zum Glück noch nicht per Schild verboten worden.

Dann ging alles sehr schnell.

»So, junge Frau«, sagte ich zu der Zopfbiene, als ich wieder das Büro betrat, »ich würde mich gern ummelden, neuen Perso beantragen, die Cola austrinken und dann zum Versorgungsamt. Ist das ohne Verbote, Hinweise und vierfache Durchschläge in zehn Minuten machbar?«

Die Dame hob den Blick und schaute mich kaugummikauend und überrascht an. »Ja, äh, bis auf die zehn Minuten ist dat machbar. Ich bin nämlich neu hier.«

Im Zeitlupentempo hob sie die dampfende Kaffeetasse an den Mund. Verflucht, sie war wirklich lahmarschig. Noch bevor das Steingut die Lippen erreichte, war der Kaffee kalt.

Die Dame bemühte sich in den darauffolgenden zwei Stunden, mit dem lackierten langen Fingernagel einen Buchstaben auf ihrer Tastatur zu finden. Glücklicherweise hatte sie sich wenigstens schon für einen Finger entschieden ... Ich wollte dringend Potter zurück. In der Kammer des Schreckens war ich ja bereits.

Na, und wer sagt's denn? Nach drei Stunden war es dann endlich geschafft. Das Amt schloss bald, und mein neuer Personalausweis war beantragt. Ich war so gerührt, dass ich erst einmal vor Freude Wasser lassen musste. Die Toiletten im Bürgeramt hatten zum Glück keinen Nummernautomaten. Typische Hinweisschilder gab's aber auch hier: *Verlassen Sie diesen Ort so, wie Sie ihn vorzufinden wünschen.*

Ich besorgte mir also Putzzeug, Tapetenrollen, Wandfarbe, Rigipswände und ... Aber das ist eine andere Geschichte.

Das Problem, das sich nach dem Toilettengang auf dem ehemals leeren Parkplatz im Innenhof ergab, war weitaus schlimmer. Der Parkplatz war nun nämlich nicht mehr ganz so leer. Mein Auto stand zwar immer noch fröhlich an der Stelle mit dem angetackerten Nummernschild, aber der Innenhof war komplett abgesperrt worden.

»Haben Sie denn die Schilder der Baufirma nicht gesehen?«, fragte mich ein Arbeiter, der gerade den letzten Bauzaun am Kranwagen vorbeischleppte. Das fahrende Ungetüm hatte mich zugeparkt und sein Ding bereits voll ausgefahren.

Ein Polizist, der schon auf mich gewartet hatte, wollte meinen Perso sehen. Leider erkannte er mich auf dem alten Ausweisfoto nicht, und ich musste mit zur Wache, wo ich aufgrund meiner brandaktuellen Ummeldebestätigung einen vorläufigen Personalausweis ausgehändigt bekam. Innerhalb von fünfzehn Minuten. Ging fast so schnell wie die Anzeige wegen Falschparkens.

Meinen Wagen konnte ich nach Beendigung der Bauarbeiten nach knapp vierzehn Tagen übrigens wieder aus dem Innenhof des Bürgeramtes abholen. Bis dahin hätte ich alle Harry-Potter-Bände zweimal lesen können. Und dem blöden Doofmann, der seit einer Woche täglich sein Auto bei uns im Hof wäscht, habe ich direkt mal ein Schild auf das Garagentor genagelt: *Für Autofahrer, die nur Singen und Klatschen in der Schule hatten – das Waschen von Autos im Hof ist strengstens untersagt!*

★ **Lustige Hinweisschilder mit kleiner Macke** ★

Am Friedhofstor:
Heute wegen Betriebsausflug geschlossen!

Vor einer Waschanlage:
Wir polieren Ihr bestes Stück und saugen es kostenfrei aus!

Vor einem Ausflugslokal:
Wir haben kein WLAN. Unterhaltet euch!

An einem Behindertenparkplatz:
Doofheit ist keine Behinderung!

An der Klo-Rinne in einer Herrentoilette:
Die Schiffer werden gebeten, das Ruder über der Fahrrinne zu halten!

In den Kabinen der Damentoilette:
Nach Rücksprache mit diversen Ärzten wurde uns versichert, dass man sich an der Klobürste keinen Bruch heben kann.

Shitstorm

Unser Tick mit dem Internet

Deutsche lieben es, alles zu kommentieren. Zugegeben, ich auch. Vor allem im Internet hat der Deutsche inzwischen zu jedem Pups eine gute oder schlechte Meinung. Und die muss schließlich irgendwie raus.

Sie werden sich während der Lektüre eines Buches sicher schon mal die Frage gestellt haben, was ein Autor eigentlich den ganzen Tag über treibt und was ihm beruflich wichtig ist. Nun, es kann Ihnen geholfen werden.

Die häufigste Frage, die man mir als Autor in Bezug auf meine Bücher stellt, ist: Kann man davon überhaupt leben? Eine typisch deutsche Angewohnheit, da der Deutsche scheinbar zu jedem Berufsbild eine Gehaltsvorstellung im Kopf hat. Freischaffender Künstler, Kutschenbauer oder Telefonzellenmonteur = arm = halb verhungert = nicht mehr lebensfähig. Schönheitschirurg, Scheidungsanwalt oder Bundesligafußballer = unverzichtbar für dieses Land = gut frisiert = überlebensfähig.

Eines vorweg: Der Verwesungsprozess hat bei mir noch nicht eingesetzt. Meine Frau hat mir neulich während des Schlafens einen kleinen Spiegel unter die Nase gehalten. Und siehe da, er beschlug. Ich atme. Das, was sie für Leichenflecken gehalten hatte, waren zum Glück nur Muttermale, und die Körperkerntemperatur liegt auch heute noch bei konstanten siebenunddreißig Grad Celsius. Ja, ich lebe!

Und trotzdem schreibe ich Bücher.

Auch für einen Autor gibt es typische Fragen, die er sich selbst stellt. Das ist eben wie bei allen Jobs. Bei einem Stahlbetonbauer am Berliner Flughafen sind die Kernfragen wahrscheinlich: Können wir gießen, oder haben wir Frost? Für wen arbeite ich hier überhaupt? Bringt der Brandsachverständige heute wieder Bier zum Anstoßen mit?

In meinem Leben als Autor sind es eher diese Fragen: Wie viele Tickets sind für die Premierenlesung schon verkauft? Warum will der *Playboy* eigentlich nie ein Interview mit mir? Wie viele neue und vor allem positive Bewertungen hat mein letztes Buch im Internet bekommen?

Nun, die erste Frage lässt sich meist erst am Tag der Lesung exakt beantworten. Ich bin so ein Abendkassenautor. Die zweite Frage bereitet mir schon schlaflosere Nächte. Auch die *Bäckerblume* und die *Bravo* weigern sich schließlich schon seit Jahren, über meine Bücher zu berichten. Ich merke, die jugendliche Zielgruppe der Brötchenesser entgleitet mir immer mehr. Gut also, dass es das Internet gibt. Da findet man irgendwie immer statt. Ob man will oder nicht.

Ich saß wieder einmal am Schreibtisch, hatte mein Tagespensum von fünf DIN-A4-Seiten bereits geschrieben und, siehe da, noch etwas Zeit bis zur Wiederholung von *Alf* um 17.00 Uhr. Also konnte ich noch ein paar Sachen am PC erledigen. Coole Sache. Auf ins Internet.

Und was man da alles machen kann! Seinen Namen googeln, Rezensionen lesen oder schauen, auf welchem Verkaufsrang das aktuelle Buch gerade steht. Das gibt ein Autor aber offiziell nicht zu. Namen googeln und sich für den Erfolg seiner Bücher interessieren … Ts! Niemand tut so was, genauso wie die *Bild*-Zeitung lesen oder das Dschungelcamp schauen. Offiziell. Nur ich mache das eben und stehe auch dazu.

Nebenbei könnte ich auch noch schnell online die Sache mit der Popcornmaschine klären, die ich vor einigen Tagen geliefert bekommen hatte, die aber nicht richtig funktionierte. Sie poppte halt nicht ordentlich. Und das mögen Männer an ihren Geräten prinzipiell nicht.

Nun war es mir aber irgendwie zuwider, den Amazonen des Onlinehändlers aufwendig per Mail erklären zu müssen, warum mein Teil nicht mehr richtig poppte. Das ging die schließlich nichts an. Ich musste an die Quelle des Übels gelangen. Ich wollte einen Menschen aus Fleisch und Blut an die Strippe bekommen, im besten Fall denjenigen, der das Teil selbst zusammengeschraubt hatte. Diesen kleinen lieben Asiaten mit den geschundenen Fingern, den die Deutschen da erst einmal in Verdacht haben. Denjenigen, der sicher bestürzt darüber wäre, dass ich *Alf* ohne frisches Popcorn ansehen musste.

Ich ging also auf die Homepage des Herstellers und dachte: Auf der Seite des Onlinehändlers kann ich nachträglich ja noch eine Bewertung abgeben, wie souverän, problemlos und schnell man mir eine neue Popcornmaschine zugeschickt hat. Dafür sind Bewertungsportale und Social-Media-Gesichtsbücher schließlich da. Zum Verbreiten von Nettigkeiten und Informationen bezüglich des richtigen Öls, damit es auch schön poppt.

Der Deutsche bewertet nämlich saugern. Egal, ob fünfstufig einstellbarer Nagellacktrockner, Katy-Perry-Konzert in Legoland, die Rote Karte von Ribéry oder die Blässe der letzten *Tatort*-Leiche – alles muss im Netz ungefragt kommentiert werden. Und das Schöne ist: Es gibt immer einen Vogel, der noch ungefragter darauf reagiert ...

Ich surfte auf die Seite des Herstellers und klickte mich zum Kontakt durch. Dort stand: *Bitte sie sich bei Fragen zu wenden unserer Produkte an Servicehotline 0190-999435 ...* Na, super. Ich hatte aber keine simple Frage, sondern ein ernst zu nehmendes Problem, verdammte Hacke. Schließlich wurden alle *Alf*-Staffeln im kurzen Zeitraum hintereinander weggesendet. Da musste es schnell gehen mit dem frischen Popcorn.

Zudem sollte ich eine 145 Euro pro Minute teure 0190-Hotline wählen, nur um mir einen neuen Popcornautomaten im Wert von 19,99 Euro zu erbetteln? Recht unwirtschaftlich. Aber was soll's. Ein deutscher Verbraucher mit Stolz, Würde und Telefonanschluss lässt sich von Minutenpreisen nicht aus dem Konzept bringen. Raus mit der Kohle. Hier ging's ums Prinzip! Was nützte mir ein Popcornmaker ohne Poppfunktion? Ich war mir zudem sicher, dass sich der Hersteller auf Knien bei mir entschuldigen würde, weil die hochwertige indonesische Markenware ausnahmsweise einen Defekt hatte, und mir das Dreifache meiner Telefonkosten einen Tag später durch einen goldenen Reiter aus dem Orient bar an der Haustür zurückgeben würde. So weit die Theorie.

Ich wählte die 0190-Nummer und suchte zeitgleich die Kontaktadresse meiner Hausbank heraus, um zu fragen, wie groß mein Disporahmen sei, wenn die nächste Telefonrechnung käme.

Die Warteschleife mit Robbie Williams ertönte so laut, dass ich den Hörer einen Meter weit vom Ohr weghielt. »*Let meee-heee entertain you …!*« Klasse. Popcorn und Entertainment. Das war Hollywood, wie ich es liebte. Den Pappnasen werde ich es mal so richtig zeigen, dachte ich.

Doch nach fünf teuren Minuten ertönte immer noch die Warteschleifenmusik. Abba mit *Money, money, money*. Ich wurde unruhig. Mein Bankberater demnächst auch.

Dann endlich ging jemand dran. Er hörte sich so leise an, dass ich den Hörer von ein Meter außen nach ein Meter innen presste, um ihn zu verstehen.

»GudntachmenameisLakschmi, waschkannifüsitun?«

Herrje, ich war schon wieder in Indien gelandet. Ich

wollte dem Herrn am anderen Ende gerade antworten, als erneut eine Tonbandstimme eingespielt wurde: »*Zur Sicherung unserer Servicequalität werden einzelne Gespräche aufgezeichnet. Wenn Sie dies nicht wünschen, so weisen Sie unseren Mitarbeiter zu Beginn des Gesprächs darauf hin.*«

Und Musik! Wieder zehn Minuten. Diesmal Elvis mit *Viva Las Vegas*. Toll! Las Vegas, nur ohne Popcorn.

Aber dann ging es weiter. Es meldete sich ein anderer Mann. Er klang irgendwie mehr nach Süd-, nicht nach Nordindien.

»GudntachmenameisGukschmi, waschkannifüsitun?«

»Guten Tag, mein Name ist Twilfer, und ich möchte, dass Sie das hier nicht mitschneiden.«

»Sie habe Probleme mitte Schere von uns?«

»Herrgott, nein, ich habe eine Popcornmaschine, die nicht poppt. Keine Schere. Ich will nur nicht, dass Sie das hier mitschneiden.«

»Wir habe nix Scheren. Wir haben nur Popcornautomate und Crepemaker.«

Ich wurde zum amtlichen Wutbürger. »Ja doch! Ich möchte nicht, dass Sie das Telefonat hier mitschneiden. Keine Aufnahme, RECORD, verflucht noch mal!«

Ich wünschte mir Elvis zurück.

»Unsere Rekord is bei sweitausendfünfhunder Popcornautomate und tausendfünfhunder Crepemakers in eine Tag. QVC!«

»Ja, ja, ich habe aber einen Popcornmaker, der auf gut Deutsch im Arsch ist. Ich hätte gern einen neuen.«

»Ich nicht so gut verstehen. Deutscher Arsch? Warum wollen Sie neue? Is alte kaputt?«

Ich bat den sympathischen Mitarbeiter um einen Moment Geduld und öffnete die Bewertungsseite des Herstellers beim Onlinehändler. Meine Augen glühten bereits rötlich, und die kleinen Dampfwölkchen suchten sich wieder einmal den Weg aus meinem Oberstübchen.

Der Inder war indes geduldig. Bei 145 Euro pro Minute auch kein Wunder.

Es erschien die Startseite des Onlinehändlers. Vielleicht kennen Sie das: Die Onlinehändler speichern bei jedem Onlinekauf Ihre Bestellungen ab. Bestellungen, die Sie in den letzten einhundertzwanzig Jahren getätigt haben, um Sie dann bei jedem Öffnen der Seite daran zu erinnern: *Dieser Artikel könnte Sie auch interessieren.*

Hat man also irgendwann mal für die Schwägerin einen Krimi bestellt, werden einem ein Leben lang Messer, Klebeband und Mülltüten direkt auf der Startseite angeboten. Egal, ob man seine Schwiegermutter nun wirklich loswerden will oder nicht.

Ich bekam neben der vierten Staffel von *Alf* und der verdammten Popcornmaschine auch Katzenschokolade angeboten. Der dämliche Logarithmus musste die mit *Alf* und Popcorn in Verbindung gebracht haben.

So, da war sie endlich, die von mir bestellte Popcornmaschine. Bewertung abgeben!

»Hallo, sind Sie noch da?«

Ich ließ den Mann wieder an meiner Wut teilhaben. »Ich habe Ihre Maschine auf dem Bildschirm. Ihr Produkt ist mir nun wehrlos ausgeliefert. Ich sage das jetzt nur ein Mal, guter Mann. Entweder Sie schicken mir umgehend mit einer diamantbesetzten Kutsche und einem Fanfarenchor morgen früh um 7.00 Uhr eine neue Popcornmaschine neben meine Couch, oder ich gebe die unverschämteste, gehässigste und erfundenste Bewertung für Ihren Plastikdreck ab, die Sie im ganzen Internet finden können! Dagegen sieht ein amtlicher Shitstorm wie ein Jungtierregenwurmdurchfall aus. Haben Sie mich verstanden?«

Der Inder schob mich wieder in die Warteschleife. Whitney drohte mir *I will always love you.*

Ich hatte die Schnauze voll und klickte beim Onlinehändler meine Bücher an, an denen sich bereits Hunderte Wutbürger bewertungstechnisch abgearbeitet hatten, um die Welt an ihrer schlechten Laune teilhaben zu lassen. Ich fand, dass man die zahlreichen guten Bewertungen, die meine Bücher im Laufe der Zeit erhalten hatten, durchaus so stehen lassen konnte. Die bösartigen Einträge mussten aber unbedingt recycelt werden. Und welches Produkt bot sich dafür nun besser an als dieser dämliche Popcornautomat, der einfach nicht poppen wollte?

Ich kramte in den Ein- und Zwei-Sterne-Bewertungen zu meinen Büchern, um etwas Geeignetes zu finden, was vom Sinngehalt her auch zum Popcornautomaten passte. Ich sah doch gar nicht ein, für dieses Häufchen Plastikmüll eigene Worte zu vergeuden!

Hmm, dachte ich in diesem Moment. Gab es bei Shitstorms im Internet eigentlich ein Urheberrecht? Oder existierte so was wie das Recht am eigenen Verriss? War es gesetzeskonform, wenn ich den Popcornautomaten einen »hinterlistigen Nichtskönner« nannte? Oder befand ich mich da schon im Bereich der üblen Nachrede?

Egal, ich musste ohnehin viel Schlimmeres finden. Das war ich dem schweineteuren Callcenter-Mitarbeiter aus Hinterindien schuldig. Ich blätterte also durch die Top Fünf der Kackbewertungen von meinen Büchern. Und siehe da, ich wurde fündig.

Schade um die Bäume, die für dieses Buch gefällt werden mussten.

Mal abgesehen davon, dass meine Bücher in der Regel nicht so dick sind, dass dafür ganze Regenwälder gerodet werden müssen, passte es noch nicht so toll zur Popcornmaschine. Ich blätterte weiter.

Dieses Buch gehört in die Tonne. Aber zerrissen, damit es niemand wieder herausholen kann.

Das schien schon besser auf die Popcornmaschine anwendbar. Ich gab also meine Bewertung ab. Wie sagte schon der Imperator bei *Star Wars*? »Lass deinem Zorn freien Lauf.«

Ich war auf der dunklen Seite der Macht angekommen. Dunkler, als es mein Popcorn je werden würde. Und alles wegen einer popeligen kaputten Küchenmaschine. Das Imperium der Wutbürger hatte mich zum Bösen mutieren lassen. Was Onlinehändler aus braven, unbescholtenen Menschen nicht so alles machen konnten! Der Zeigefinger war mein Laserschwert, und ich begann den Kampf mit der Tastatur. Ich schrieb die erste Bewertung meines Lebens.

Keine Chance für die Liebe
Wir mochten uns von Anfang an. Dieses wilde Ding, das mir versprach, frisches Popcorn zu zaubern, wann immer ich es wollte. Sie versprach mir, immer für mich da zu sein, wenn ich Gefühle bekomme. Hunger zum Beispiel. Ich lernte sie über eine Anzeige im Internet kennen und lud sie zu mir nach Hause ein.

Keine zwei Tage später stand sie vor mir, dieses Luder. Sie roch so frisch. Zwei schöne Tüten hingen auch mit dran. Beide voll mit Mais für einen unvergesslichen Abend. Ich war so fasziniert von ihr. Ich schenkte ihr mein Vertrauen und meine Zeit, doch ich wurde bitter enttäuscht. Sie hinterging mich noch vor dem ersten Poppen, diese Lügnerin. Ich war auf eine Betrügerin hereingefallen. Und auf die Hintermänner, in deren Gewalt sie zuvor gewesen war. Ich mache ihr keinen Vorwurf, denn sie war ebenfalls nur benutzt worden.

Ich entschied mich, der Gerechtigkeit Genüge zu tun. Zuerst suchte ich für meine große Liebe ein neues Zuhause, in dem sie es einmal besser haben würde. Ebay-Kleinanzeigen und ein sympathischer Schrotthändler waren mir diesbezüglich eine gute Hilfe. Sie fand eine neue Heimat in einem Volkshochschul-Bastelkurs für gelangweilte Rentner.

Doch dann galten meine ganze Rache, mein Zorn, mein Hass den Hintermännern! Diese skrupellosen Gangster aus dem Morgenland, die das arme Ding zu mir geschifft hatten, um sie hier für mich arbeiten zu lassen.

Schleuser! Erpresser! Banditen!

Ich bestellte noch mal achthundert dieser armen Dinger. Und ließ sie an die Stiftung Warentest liefern, diesem Frauenhaus für misshandelte Elektrogeräte.

Was nun folgte, war die größte Genugtuung, die ich als Wutbürger durch das Auskotzen im Internet erreichen konnte. Note: ungenügend.

Nur einen Tag später saß ich zusammen mit meiner neuen Liebe, dem Fernseher, im Wohnzimmer und guckte *Doctor Snuggles* in Ultra-HD. 55 Zoll, Hintergrundbeleuchtung und integriertes WLAN. Diesmal gab's nichts zu bemängeln.

★ Die 10 kuriosesten Artikel, die man ★
online wirklich bestellen kann und die
garantiert kein Mensch benötigt

Platz 10: Warnwesten für Hühner. Wahrscheinlich, damit die Hennen bei einem Autounfall nicht im Kühlergrill landen.

Platz 9: eine Tasse in Toilettenform. Na ja, wem's schmeckt …

Platz 8: eine DVD mit Waschmaschinenimpressionen. Da geht's rund! Noch schöner als die Kaminfeuer-DVD oder die aufregendsten Testbilder der Welt.

Platz 7: Das Malbuch für Gangsta-Rapper. Malen nach Zahlen mit schönen Bildern von halbautomatischen Waffen.

Platz 6: Lutschbonbons mit Zwiebelgeschmack und Raumspray mit Salamiduft. Darf in keiner Studenten-WG fehlen.

Platz 5: Plüschkartoffeln im Tragebeutel. Ein Tipp vorweg: Man sollte sie sehr lange kochen.

Platz 4: Kaffeetassenhalter fürs Fahrrad. Wie oft habe ich mir beim Sushi-Zubereiten am Lenker schon gedacht, wie schön doch jetzt eine frische Tasse Kaffee wäre?

Platz 3: Kiwi-Transportbox. Wie sollte man ein Stück Obst auch sonst von A nach B bewegen?

Platz 2: Ersatzunterhosen im praktischen Spender. Für alle, die sich gern mal vor Lachen in die Hose machen.

Platz 1: Die Einhand-Schneeballschleuder für alle, denen beim Scrabble noch ein tolles Wort fehlt.

Über sieben Brücken musst du gehen

Eine Macke zu haben ist Trend

Eigentlich sollte man als Erwachsener nicht mehr jedem Trend hinterherlaufen. Aber man will sein wahres Alter ja nicht wahrhaben, und deswegen gehört ein bisschen Trendsettersein einfach dazu.

Im Prinzip mache ich also jeden Trend mit, den mir irgendein Vogel, die Industrie oder das allwissende Internet vorschreiben. Das Problem ist nur: Ich erkenne die Trends meist erst dreißig Jahre später als alle anderen.

Als ich meiner Frau neulich vom Flohmarkt freudestrahlend ein Tamagotchi-Ei mitbrachte, fragte sie, ob es eigentlich noch den Scheidungsanwalt an der Altstadtkirche gebe. Sie hat das Ding direkt in die Ecke geschmissen. Dabei hätte sie fast meine neue Spice-Girls-CD getroffen. Das Ei hatte noch mal kurz Hunger und verstarb dann. Ich kann meiner Frau einfach nicht verzeihen, dass sie so gnadenlos sein kann.

Der Deutsche liebt Trends, die gerade jetzt angesagt sind. Warum, ist schwer zu sagen, da Trends ja den Nachteil haben, dass sie unglaublich schnell aus den Weiten des Nichts kommen, brachial, hart und recht kurz wüten, um dann für alle Ewigkeit in der Vergessenheit zu verschwinden. Also ähnlich wie Tripper, Fruchtfliegen und die Spielvereinigung Unterhaching.

Trends sind für den deutschen Alltag ein bisschen das Salz

in der Suppe. Sie haben gern was mit Mode, also Kleidung, zu tun, setzen sich aber in allen Bereichen unseres Alltags leider viel zu oft durch. Mein Problem: Während des Schreibens dieser Zeilen muss ich befürchten, dass die aktuellen Trends, die ich hier schildere, während Ihrer Lektüre wahrscheinlich schon längst wieder vergessen sind. Trends sind meist schneller wieder verschwunden als ein Dortmund-Trikot in der Schalker Altkleidersammlung. Oder, liebe Männer, können Sie sich allen Ernstes noch an Thekenbekanntschaften mit blauem Lidschatten und Buffalo-Plateauschuhen erinnern? Aber man will ja irgendwie dazugehören und macht daher häufig Dinge, die man später bereut. Zwar frei von Alimenten, aber mit einem lebenslangen schlechten Gewissen, da vieles fototechnisch auch noch Jahrzehnte später beweissicher belegt werden kann.

Genau auf so was hatte ich auch mal Bock: Einmal im Leben jeden Trendscheiß mitmachen, der gerade so angesagt ist.

Im letzten Sommer hatte ich einen Termin im RTL-Bunker an der Kölner Messe. Ein Team wollte mit mir für *Punkt 12* einen kleinen Einspieler zu meinem neuen Buch drehen. Ich weiß nicht, inwiefern Sie die örtlichen Gegebenheiten in Köln bereits kennen. Wenn man mit dem Zug am Hauptbahnhof ankommt, spaziert man anschließend, will man in Richtung Sender kommen, über den Bahnhofsvorplatz und die berühmt gewordene Domplatte. Na, Prost Neujahr, dachte ich mir, das ist ja eigentlich schon Aufregung genug.

Was dann aber folgte, toppt alles, was man sich in Sachen Trends nur vorstellen kann. Man betritt nämlich die knapp sechzig Kilometer lange Hohenzollernbrücke, die mit dem Zug eigentlich immer recht schnell überquert ist, aber zu Fuß einfach kein Ende nehmen will. Ein langer Metallzaun trennt dort die Selbstmordwilligen, die sich nicht trauen, in den gechlorten Rhein zu springen, und die Zuggleise voneinander. Irgendwann muss einmal ein Mensch oder gar ein Pärchen hochverliebt auf die glorreiche Idee gekommen sein, ein Schloss an diesen unendlich langen Zaun zu hängen. Irgendeiner muss den Anfang gemacht haben. Und zwar nicht mit irgendeinem Keuschheitsgürtel.

Nein, viel romantischer: mit dem Zeichen ewiger Liebe. Dem Ehering von Abus sozusagen oder genauer: einem kleinen Vorhängeschloss mit den eingravierten Initialen der beiden Verliebten. Milliarden sogenannter Liebesschlösser sind es inzwischen geworden, die an dieser Brücke herumbaumeln. Sie sorgen dafür, dass die Frachtkähne bei der Fahrt unter der Brücke hindurch die Satellitenschüsseln einklappen müssen, da die Brücke inzwischen durchhängt wie ein Regalbrett mit Bandscheibenvorfall. Wer zum Himmel ist denn auf die Idee gekommen, sich hier in solch einer beknackten Form zu verewigen?

Unsereins hat früher wenigstens noch Spielplatzgerüste mit dem Messer kaputt geritzt oder Herzen in den Baumstamm gepuhlt. Wenn wir extrem verliebt waren, haben wir auch mal in totaler Selbstaufopferung eine Folge Pilcher am Sonntagabend mitgeguckt und so getan, als würden wir auch weinen. Das war Einsatz, das war ein Liebesbeweis. Aber was soll denn ein Schloss bezeugen, das man an eine verrostete Brücke hängt und dessen Schlüssel man dann in den Rhein wirft?

Vollkommen egal – ich wollte so etwas auch haben. Aber nicht irgendein Schloss. Das wäre ja langweilig. Nein, wenn ich überhaupt noch einen freien Platz an der Brücke finden würde, wollte ich das größte Schloss, das es gab. Das Liebesschloss, das mir auch in tausend Jahren, wenn die Bahn bereits den letzten ICE verschrottet haben würde, auf der Kölner Eisenbahnbrücke zeigen würde, dass ich einen Menschen einmal sehr gemocht und jeden dämlichen Trend in Deutschland mitgemacht hatte. Ich wollte endlich Trendsetter sein.

Im Hier und Jetzt. Ein Prinzessinnenschloss wäre von der Größe her okay gewesen. Neuschwanstein vielleicht oder diese aufblasbaren pinkfarbenen Märchenschlösser für den Pool. Irgendwas in die Richtung.

Ein simples Vorhängeschloss? Lachhaft.

Nachdem mir RTL verbot, live einen Aufruf zu starten, um eine Frau zu finden, die auch auf so einen trendigen Kram stand, fragte ich wieder meine Ehefrau. Nach der Tamagotchi-Nummer lehnte sie aber dankend ab. Ich hatte es geahnt.

Ich ging am nächsten Morgen erst einmal zur Altpapiertonne, um die vollgeschmierten Ausmalbücher meiner Frau wegzuschmeißen. Auch so ein komischer Trend, der sich seit einiger Zeit beharrlich hält. Erwachsene Wesen entdecken plötzlich Malbücher für sich. Also diese Dinger, die wir als Kind geschenkt bekamen und in denen wir dann als Schalker die Biene Maja mit blauweißen Streifen ausmalten. (Nur die Dortmunder Kinder machten es immer richtig.) Früher war das ja vielleicht ganz nett. Aber als Erwachsener? Wo meine Omma zum Zeitvertreib noch häkelnd im Sessel saß und echte Kerle wie Kojak oder Hans Rosenthal in der Flimmerkiste bewunderte, hocken Frauen, die im Alltag mit High Heels und Kostümjäckchen hinter der Sparkassentheke stehen, nun mit Malbüchern und gumminoppenbesetzten Socken im Schneidersitz vor der Glotze und füllen wirre Ornamente farbig aus, während bei VOX die Shopping-Queens neuste Modetrends vorführen.

Auf dem Rückweg von der Altpapiertonne kam mir mein Briefträger entgegen. Ich versuchte, ihn anzusprechen, was mir aber nicht sofort gelang. Freddie, unser Postbote, der für die heutige Zeit schon erstaunlich lang bei uns die Post austrug, hatte sich nämlich mit dem Pokémon-Go-Virus infiziert. Er warf die Sendungen quasi blind in die Schlitze der Kästen und starrte immer wieder auf sein Smartphone, um zu schauen, ob nicht irgendwo neben der Altpapiertonne ein Pokémon gerade Pipi musste. Es verging einige Zeit, bis ich schnallte, was los war. Also das mit den Pokémons. Bis dato ging ich davon aus, dass Freddie permanent Selfies von sich schoss, um auf Facebook zu zeigen, wie geil er aussieht, während er mir einen Mahnbescheid der GEZ in den Briefkasten steckte. Freddie ist nämlich so ein Trendsetter. Genauso ein Typ, der ich gern sein wollte.

»Danke, gut!«, begrüßte ich ihn, um auf mich aufmerksam zu machen.

»Moin Kai, wie geht's dir?«, wollte er wissen, ohne den Kopf vom Display zu heben.

Wir hatten beide einen kleinen Running Gag und wohl unbeabsichtigt einen Zweimann-Trend kreiert, der darin bestand, sich erst mit der Antwort zu begrüßen und dann die Frage zu stellen.

Ich erzählte Freddie von meiner Idee mit dem Schloss an der Brücke. Und siehe da, das befreite ihn von dem Zwang, auf sein Handy zu schauen. Denn auch er hatte eine Frau, die lieber zu Hause saß und den ganzen Tag Bollywood-Filmchen guckte, als einen auf Real-Romantik zu machen. Bollywood-Filmchen, das sind diese cineastischen Machwerke aus dem Land, in dem jährlich so viele Spielfilme gedreht werden wie sonst nirgends auf der Welt: Indien. Sie blockieren derzeit die deutschen DVD-Player mit ihrem nervtötenden Gedudel.

Ich mach's kurz. Freddie lachte sich tot.

»Mein Gott, is deine Olle aber unromantisch«, grinste er. »Aber ein Schloss an 'ne Brücke hängen? Wie kann man denn auch auf so 'n Kitschkram stehen? Und warum in aller Welt erzählst du dat ausgerechnet mir? Deinem Briefträger? Dem Menschen, der Klatsch und Tratsch in Nanosekundenbruchteilen einmal im ganzen Viertel verbreitet?«

Tja, da war was dran. Wie doof war ich eigentlich? Kein Mann dieser Welt erzählt einem anderen Mann irgendwas von Romantik. Trendscheiß hin oder her. Das ist ein absolutes No-Go, wie man total hip auf Neudeutsch sagen würde. Ja, Pech, dass ich ausgerechnet über meinen Briefträger gestolpert bin. Aber mittlerweile stolpere ich so oft in meinem Leben, dass Außenstehende schon denken, ich würde permanent vor Freude tanzen.

Aber wenn Kerle auch nix von Romantik halten, wir halten zusammen, wenn es sein muss.

Das Endergebnis: Eine Woche später standen Freddie und ich im Nieselregen auf der Hohenzollernbrücke in Köln. Wir kamen zwar nicht vom anderen Ufer, aber irgendwie waren wir beide nah am Wasser gebaut, daher war der Regen auf der Brücke für uns durchaus erträglich. Und wenn es schon keine Frau in unserem Dunstkreis gab, die Bock aufs Trendsetten hatte und stattdessen lieber Malbücher beschmierte oder Bollywood-Filmchen guckte, dann mussten wir Kerle eben persönlich an die Front und selbst aktiv werden. Echte Fründe ston zesamme.

Und wir erst. Ich hatte den kleinen Aktensafe der Vormieter aus der Wand in meinem Keller gestemmt und trug das Ding nun unter dem Arm. Die Tür des Tresors ließ sich ohnehin nicht mehr öffnen, aber ich ging nicht davon aus, dass sich außer Gelsenkirchener Luft noch irgendwas Wertvolles darin befand. Als Schloss, das man an die Hohenzollernbrücke ketten konnte, war der Tresor aber Champions League. Also packte ich den Edding aus und kritzelte meinen und Freddies Namen auf die obere Stahlseite des Safes. Und das Datum, wann er mir meine erste Rechnung in den Briefkasten geschmissen hatte. Echte Männerliebe halt.

Freddie warf einen Blick auf sein Smartphone und checkte noch schnell, ob auf der Domspitze ein King-Kong-Pokémon mit seinem Handy die weiße Frau jagte (war nicht der Fall). Dann gingen wir total romantisch in uns, um als Trendsetter der ersten Stunde den Millionen Deutschen zu huldigen, die es lieben, jeden modischen Kram sofort mitzumachen. Endlich gehörten wir dazu. Freddie mit jahrelanger Erfahrung und ich als Greenhorn hinterher. Meine trendige Outdoorjacke mit Nanoeffekt von Tchibo war zum Glück trocken. Von außen. Von innen pitschnass. Aber es waren Regentropfen, keine Freudentränen.

»Freddie, Prost.«

Ich holte zur Feier des Tages zwei Dosen Küppers Kölsch aus dem Rucksack, die ich im Bahnhofsshop für 5,50 Euro das Stück erworben hatte. Ohne Pfand.

»Kai, bist du bekloppt. Wer säuft denn noch Bier? Aperol is angesagt!«

Enttäuscht warf ich die warmen Dosen über die Brüstung in den Rhein. Okay, ich hätte vielleicht warten sollen, bis das Ausflugsschiff unter uns die Brücke passiert hatte. Aber egal. Freddie hatte mir im Nieselregen die Stimmung auf Bier gründlich versaut. Trendsetter schön und gut. Ich war ja bereit, allen Mist mitzumachen, um einmal im Leben dazuzugehören. Aber beim Frauentrendgetränk Aperol hörte der Spaß nun wirklich auf.

Wir ketteten den Safe an die einzige noch freie Stelle auf der Brücke und gingen dann Arm in Arm zurück zum Auto. Und das in Köln. Verdammte Hacke, was war nur aus mir geworden? Von nun an würde ich mit meinem Freund, dem lieben und treuen Postboten Freddie, für die Ewigkeit auf dieser Krupp-Stahl-Konstruktion verewigt sein.

Am Tag danach hatte ich frei. Kein Schreiben am neuen Buch, keine Termine in Sachen Lesung, keine Buchmesse, keine Europa League, kein Pfandflaschen-in-den-Automaten-Schieben. Einfach mal nichts tun. Ich war leer, genau wie

die Pfandflaschen, lag auf der Couch bei mir im Wohnzimmer und gönnte mir in stillem Protest gegens Trendsetten eine Bluna aus der originalen Flasche von 1979, die ich neben dem alten Safe im Keller gefunden hatte. Gott, schmeckte die geil.

Auf dem Tisch lagen ein paar Twix-Riegel, auf die ich mit dem Kuli *Raider of the Lost Ark* geschrieben hatte, untenrum trug ich eine Jogginghose aus Ballonseide aus dem Robert-Geiss-Gedächtnisshop. Und was soll ich sagen? Schon lange hatte ich mich nicht mehr so sauwohlgefühlt. Denn Trends, die kommen und gehen wie der Briefträger jeden Morgen, sind einfach nix für mich. Ich bin da von oben bis unten eher Old School.

Kurz nachdem RTL bei *Punkt 12* nicht über mein neues Buch, sondern aus aktuellem Anlass über einen verdächtigen Tresor berichtet hatte, den Unbekannte an den Signalmast auf der Hohenzollernbrücke gekettet hatten, schlief ich ein. Die Fernsehbilder vom Großeinsatz der trendigen Kölner Polizeielite wegen Terrorgefahr bekam ich demzufolge nicht mehr mit. Ich folgte dem größten, ältesten und beständigsten Trend der Menschheit: Ich pennte.

★ Woran Sie erkennen können, dass Sie ★ einen Trend verschlafen haben

Sie wissen nicht, dass man Bier sogar mit Tequila mischen kann, bauen sich aber für die nächste Kellerparty einen schönen Mettigel.

Sie halten Bruno Mars für den Erfinder des Schokoriegels und Fettes Brot für ungesund.

Sie haben nur ein Auto, ein Handy, einen Fernseher und eine Ehefrau.

Sie sind weder YouTuber, Nerd, Blogger, WhatsApper noch Pokémon-Jäger. Sie besitzen nicht einmal einen Kaffeevollautomaten.

Für Sie findet Flower-Power immer noch im Kleiderschrank und nicht im Garten statt.

Sie lesen ein lustiges Buch, ohne es anschließend im Internet niederzumachen.

Sie schenken Ihrer Gattin zu Weihnachten statt dem neuen iPhone eine Polaroidkamera.

Ihr Navigationssystem spricht nicht mit Ihnen, hat aber die Falk-Patentfaltung.

Wir werden das jetzt in Ruhe analysieren

Die Eigenheiten deutscher Politiker

Der Deutsche ist ja so ein komischer Politikvogel. Zugegeben, ich überhaupt nicht. Wozu auch? Als Lachbuchautor bin ich ja tagtäglich bemüht, mir peinliche Momente, Situationskomik und absurde Floskeln auszudenken. Also eigentlich genau wie ein Politiker. Da brauche ich nicht noch parteipolitische Inspiration obendrauf. Wir schaffen das, wir Autoren. Und zwar ganz ohne die Volksvertreter.

Nichtsdestotrotz stellt die deutsche Parteienlandschaft mit ihren diplomatischen Drittligaspielern einen Sumpf voll typisch deutscher Eigenheiten dar, die in diesem Buch natürlich nicht fehlen dürfen. Man wird ja fast neidisch, mit welcher Leichtigkeit Politiker und ihre weiblichen Pendants es schaffen, ständig Komik aus der Hüfte zu schießen, ohne es zu merken. Stets um Ernsthaftigkeit bemüht, zeigen sie uns, dem deutschen Volke, wie wenig man sie und ihre Arbeit ernst nehmen darf.

Insbesondere die amtlich patentierte Politikersprache ist dabei von höchstem Wert für jeden Lachbeauftragten wie mich. Vergleichbar mit diesem klassischen Behördendeutsch, das einem meist dann um die Ohren gehauen wird, wenn man ein Gesetzbuch aufschlägt. Doch dazu später mehr.

Mein Kumpel Tibor hatte mich nach Essen eingeladen. Ja, mein Kumpel heißt tatsächlich wie die hammerharte Comicfigur aus den Fünfzigerjahren. Fragen Sie doch seine Eltern, warum. Ich weiß es nicht, finde es aber immer noch angenehmer, als wenn ich ihn dauernd Prinz Eisenherz nennen müsste.

Tibor ist seit seiner Kindheit ein Hardcore-Hobby-Politiker. Zumindest hält er sich für einen. Mittlerweile zweiundvierzig Jahre alt, hat er in seinem Leben schon so ziemlich alles mitgenommen, was man als politikaffiner Jungnerd so mitnehmen konnte: Junge Union, Jusos, Grüne Jugend, Linksjugend, Jugendstrafanstalt. Und zwar genau in dieser Reihenfolge. Er ist also seit seiner Jugend, wie man so schön sagt, politisch interessiert, aber komischerweise nicht parteigebunden. Das ist vergleichbar mit mir in Sachen Sport. Ich war als Kind auch sportinteressiert und in allen möglichen Vereinen von Tischtennis, Fußball bis hin zu Hallenhalma, ohne dass aus mir je eine Sportskanone geworden ist. Genauso ist es bei Tibor in Sachen Parteien. Trotzdem hat er durch die Politik leicht einen wegbekommen. Also, sagen wir, er hat irreparable Sprachschäden erlitten, mit denen er mich bei jedem Telefonat beglückt. So auch an jenem Freitag, als Tibor mich anrief.

»Genosse Kai, ich beantrage hiermit freundlichst, dass du dich gleich mit mir zum Forum für politische Diskurse in die Grugahalle aufmachst.«

Häääh? Was war los? War das schon wieder einer seiner missionarischen Versuche, mich zu einem politikbegeisterten Bürger zu machen?

»Es werden kostenfreie Hopfengemische, handgepresste Fleischballen und eine rhythmische Kopierkapelle der Rollenden Steine feilgeboten.«

»Kostenfrei? Alles klar, Tibor, bin in fünf Minuten da.«

Ohne den Hauch einer Ahnung zu haben, was mich neben Pils und Klöppschen erwartete, fuhr ich zur Grugahalle nach Essen.

Der Parkplatz und der Bereich vor den Eingangstoren waren bereits voll von Menschen. Ein Riesenchaos. Alles hupte und parkte kreuz und quer. Die Polizei musste für Ordnung sorgen. Ein stämmiger Beamter machte einen auf Kanzleramtschef und wies mich mit zackigen Gesten ein. Dazu bellte er: »Die Fahrzeuge dürfen ausschließlich entlang der nicht lebenden Einfriedung abgeparkt werden!«

Das Beamtendeutsch fing bereits jetzt an, mich zu nerven. Ich konnte aber nicht anders, als freundlich zu hinterfragen und lehnte mich weit aus dem Fenster: »Meinen Sie die gestorbene Betonmauer oder den toten Maschendrahtzaun?«

Nach dem darauffolgenden Anschiss des Polizisten stellte ich meinen Wagen schließlich an der untoten Buchsbaumhecke ab, die bestimmt mal gelebt hatte, aber mittlerweile zombiehaft verkommen aussah.

Der ganze Parkplatz wirkte trotz fünf Euro überzogenem Abstellentgelt ganz schön verwahrlost und war voller Spontanvegetation, also Unkraut. Ich fragte mich, wem wir diese politisch korrekte, aber total verdrehte Ausdrucksweise eigentlich zu verdanken hatten. Andreas Brehme? Pietro Lombardi? Mickie Krause? Oder war es doch der gute alte Goethe gewesen?

Doch bevor mich das Thema Behördendeutsch so richtig aus der Bahn warf, stand ich mit einem lauwarmen Pils und einer Frikadelle samt eingespicktem Parteifähnchen vor einer großen Bühne in der Halle. Neben mir Tibor und oben ein Mann, der sich anschickte, eine Rede zu halten. Sein schultergepolsterter Anzug ließ ihn ein wenig aussehen wie eine Stoffpuppe, in die Sascha Grammel gleich von hinten seine Hand hineinschiebt, um die Leute zum Lachen zu bringen.

Dann gab Waldorfs Statler Gas. Es folgten, in eine sinnlose Rede verpackt, die zehn wichtigsten Floskeln, die jeder Politiker beherrschen muss, wenn er karrieretechnisch weiterkommen will als mein Kumpel Tibor.

Ich biss aus Versehen in die Parteiflagge und lauschte andächtig der Rede über Elternzeit im Rentenalter. Untertitel: Mutterschutz für Senioren.

Ich wählte kauend auf Platz 10: *Mit mir wird es das nicht geben!* Heißt im Politikerjargon so viel wie: Ich werde eh nicht gewählt und habe daher auch keinen Einfluss auf irgendwas. Mit mir wird es »das« also wirklich nicht geben. Ohne mich aber sehr wohl.

Ich trank einen Schluck Bier und hatte noch Hoffnung. Es folgte aber der neunte Platz der dämlichsten Politikerfloskeln: *Man muss die Menschen da draußen mitnehmen.*

Schon meine Mutter hat gesagt: »Geh nich mit fremde Onkels!« Mich nimmt also erst mal keiner mit. Und überhaupt, die Menschen *da draußen*? Was bedeutet das? Geht es also nur um die, die gerade Rüben ernten, um alle Dachdecker und sämtliche FKKler? Und alle, die drinnen hocken, sind den Politikern egal?

Ich guckte hoch zur Hallendecke. Sie war geschlossen. Wir waren also drinnen, ganz eindeutig. Meine Hoffnung in die Politik schwand. Die Frikadellen waren aber immerhin gut gewürzt.

Genau das ist jetzt die Aufgabe der Politik, meinte in diesem Moment der Mann auf der Bühne. Ein toller Satz, der deswegen auch auf Platz 8 kam. Ich stellte mir vor, wie der Sanitärfachmann mit einem kaputten Toilettenrohr knietief in meinem überfluteten Badezimmer stand und sagte: »Genau das ist jetzt die Aufgabe des Klempners!«

Der Möchtegern-Bundestagspräsident mit dem aerodynamischen Zweireiher fand weitere warme Worte: *Wir werden uns mit Nachdruck darum bemühen.*

Sie kennen sicher noch den Satz im Zeugnis: *Er hat sich stets bemüht.* Ist in der Politik nichts anderes und bedeutet so viel wie: Er hat mit zwei linken Händen alles gegeben und trotzdem nix hinbekommen. Ob mit Nachdruck oder ohne.

Auf Platz 6 kürte ich: *Es gibt noch zahlreiche offene Fragen.* Stimmt! Da hatte die Muppetfigur auf der Bühne endlich mal recht. Auch in meinem Leben gab es noch zahlreiche offene Fragen, die mir kein Politiker bislang schlüssig hatte beantworten können: Woher kommen Silberfische? Wie kommen weiße Pferde in das Marmeladenglas? Und warum verschwinden Socken in der Waschmaschine?

Die anderen haben ihre Hausaufgaben nicht gemacht. Ja, auch das ist richtig, war aber früher in der Schule nicht anders. Nur war es mir schon damals pupsegal, ob einer meiner Mitschüler die Hausaufgaben gemacht hatte oder nicht. Warum sollte mich das mit über vierzig Jahren im politischen Alltag plötzlich interessieren? Viel wichtiger war doch immer die Frage: Wer lässt mich seine Hausaufgaben abschreiben, wenn ich sie nicht selbst gemacht habe?

Dann sagte der Zweireiher plötzlich: *Diese Entscheidung ist alternativlos.* Platz 4 – ohne Zweifel. Genaugenommen gibt es nur zwei Entscheidungen im Leben, die absolut alternativlos sind. Und beide haben nichts mit politischen Absichten zu tun. Die eine ist die Frage nach dem richtigen Fußballverein, olé, olé. Die andere ist Sache des Sensenmannes und liegt ganz eindeutig nicht in unserer Hand.

Ich sah aus der Entfernung, dass die Schlange am Bierstand länger wurde. Die Kühlung schien also wieder zu funktionieren.

Ich holte mir ein neues Glas Bier, während Platz 3 verkündet wurde.

Es warten große Herausforderungen in diesen spannenden Zeiten. Kurz und knapp übersetzt: Volk, stellt euch auf ungemütliche Tage ein. Mehr Steuern, mehr kaputte Straßen, mehr warmes Bier.

Tibor stand die ganze Zeit über andächtig lauschend neben mir, nickte heftig mit dem Kopf und kommentierte jeden Satz des Bühnengonzos mit den Worten: »Da stimme ich vollumfänglich zu!«

Wir kamen nun zu den vorderen beiden Platzierungen.

Nach bestem Wissen und Gewissen, sagte der Anzugmann. Eine, wenn nicht sogar fast die schönste Politikerfloskel.

Wenn der Sohn meines Schwagers die Porzellansammlung als Torwandersatz nutzt, dann geschieht das bei einem Dreijährigen ebenfalls nach bestem Wissen und Gewissen.

Dann kam er. Platz 1. Ich wartete auf die Fanfaren und die Engelschöre. Stattdessen gab es nur eine schäbige Rückkopplung beim Mikrofon, und es fiepste einmal laut. Dann sagte der Zweireiher: *Wir werden das jetzt in Ruhe analysieren.*

Was so viel heißt wie: Ich habe keine Ahnung, wie ich das gesunkene Schiff wieder heben kann, aber wir schinden jetzt erst einmal ordentlich Zeit, um zu gucken, ob ich mich währenddessen nicht still und heimlich vom Acker machen kann. In der Privatwirtschaft wird demnächst bestimmt was frei.

Auch ich musste diesen Ausflug in die Politik erst einmal in Ruhe analysieren und machte mich vom Acker. Ich dankte Tibor nach der achten Frikadelle für den erkenntnisreichen Einblick in seine abstruse Politikwelt und ging zurück zu meinem Wagen. Doch als ich an meinem absolut korrekt abgeparkten Personenkraftwagen vorstellig wurde, traute ich meinen Sehorganen nicht.

Irgendein Honk war wohl in dem Durcheinander zu

schnell über den Parkplatz geschossen und hatte neben drei anderen auch meine Karre auf Höhe der Fahrertür touchiert. Während mir der Polizist von vorhin emotionslos einen Unfallbericht in die Hand drückte, gab der Parkplatzchef seine Beobachtungen fachmännisch wieder: »Die Situation war folgende, junger Mann. Das Fahrzeug des Unfallverursachers fuhr mit überhöhter Geschwindigkeit und ohne die Betätigung des Fahrtrichtungsanzeigers entlang des Straßenbegleitgrüns auf dieser ebenerdigen Kraftwagenabstellfläche unmittelbar auf Ihr Fahrzeug zu. Nachdem der Verkehrsteilnehmer ein Konvolut Naturbaustoffe ...«

Ich übersetze simultan: einen Haufen Schotter.

»... tangiert hatte, kündigte das besagte Fahrzeug die Bodenhaftung rapide und erdete kurze Zeit später entlang der beschädigten Fahrzeuge, darunter Ihrem. Der durch das Aufsetzen auf die Naturbaustoffe mitgerissene einachsige Dreiseitenkipper ...«

Er meinte wohl Schubkarre.

»... sorgte dann für die Deformationen an Ihrem Personenkraftwagen. Pech gehabt.«

Ich schaute den Parkplatzonkel traurig an. Wie konnte es mit einem Menschen nur so weit kommen? Mit der Zunge pulte ich mir Fleischreste aus dem Backenzahn. Irgendwie hatte ich immer noch Kohldampf.

Nachdem die Polizei meine Adresse bekommen hatte und nun wusste, wohin sie den vierzigseitigen Unfallbericht schicken konnte, flüchtete ich in eine gemütliche Imbissbude und bestellte dort ein paniertes Borstentierstück nach Art des fahrenden Volkes an Erdäpfelstäbchen.

Das Zigeunerschnitzel mit Pommes rettete mir den total versauten Tag. Muss morgen mal gucken, wie ich den Zahnstocher mit der kleinen Parteiflagge wieder aus dem Magen bekomme. Die Politik habe ich seitdem jedenfalls gefressen.

★ Noch mehr Politikerkauderwelsch? ★
Aber gern doch.

Es folgt die wohl legendärste Rede der deutschen Politik, gehalten von Edmund Stoiber am 21. Januar 2002 anlässlich des Ausbaus der Transrapidstrecke zwischen dem Hauptbahnhof und dem Flughafen in München.

»*Wenn Sie vom Hauptbahnhof in München ... mit zehn Minuten, ohne, dass Sie am Flughafen noch einchecken müssen, dann starten Sie im Grunde genommen am Flughafen ... am ... am Hauptbahnhof in München starten Sie Ihren Flug. Zehn Minuten. Schauen Sie sich mal die großen Flughäfen an, wenn Sie in Heathrow in London oder sonst wo, meine sehr ... äh, Charles de Gaulle in Frankreich oder in ... in ... in Rom. Wenn Sie sich mal die Entfernungen anschauen, wenn Sie Frankfurt sich ansehen, dann werden Sie feststellen, dass zehn Minuten Sie jederzeit locker in Frankfurt brauchen, um Ihr Gate zu finden. Wenn Sie vom Flug ... vom ... vom Hauptbahnhof starten – Sie steigen in den Hauptbahnhof ein, Sie fahren mit dem Transrapid in zehn Minuten an den Flughafen in ... an den Flughafen Franz Josef Strauß. Dann starten Sie praktisch hier am Hauptbahnhof in München. Das bedeutet natürlich, dass der Hauptbahnhof im Grunde genommen näher an Bayern ... an die bayerischen Städte heranwächst, weil das ja klar ist, weil auf dem Hauptbahnhof viele Linien aus Bayern zusammenlaufen.*«

Jetzt kommt der Eiermann

Wer ein Hobby hat, braucht keine Macke mehr

Der Deutsche pflegt seine Hobbys wie andere Nationen ihre Kinder. Zugegeben, ich auch. Jeder Mensch braucht schließlich eine Beschäftigung, die nicht zwangsläufig dem Broterwerb dient. Wer sein Hobby, zum Beispiel Geschichten schreiben, zum Beruf macht, hat seine Macke zwar professionalisiert. Verschwunden ist sie damit allerdings noch lange nicht. Eher im Gegenteil. Aber irgendeine spleenige Freizeitbeschäftigung gehört zum Leben auch einfach dazu. Ich möchte an dieser Stelle zwischen Sportlern, Bastlern, Nichtstuern, Freaks und natürlich den Sammlern unterscheiden. Über achtzig Prozent der Deutschen sammeln irgendetwas.

Hobbysportler besitzen meist die Premium-Flatrate in drei verschiedenen Fitnessstudios, joggen sonntags morgens um vier Uhr durch den Novemberhagel oder machen Basejumping vom Küchentisch. Das fordert einen, gibt Kraft und macht vor allem die Birne frei. Ist nicht so ganz meins, aber sicher eine schöne Art der Freizeitbeschäftigung.

Das Bastlervölkchen in diesem Land baut hingegen im Gartenteich die Gorch Fock im Maßstab 1:1 nach, faltet Telefonbuchseiten zu opulenten Papierblumensträußen oder opfert seine Freizeit für das sogenannte Guerilla-Stricken. Noch nie gehört? Na, da haben Sie aber was verpasst. Guerilla-Stricken hat nämlich mit dem klassischen Sockenstricken von Omma nichts zu tun. Beim Guerilla-Stricken sammeln sich meist Dutzende Muttis im öffentlichen Raum und stricken Umhüllungen für alles, was ihnen vor die Nadeln kommt. Da werden Laternenmasten, öffentlich abgestellte Fahrräder, Briefkästen, Ampeln und Prostituierte einfach mal zugestrickt, damit es hübscher aussieht. Ein Segen also, dass Christo nicht stricken kann, sonst wäre der Bundestag schon längst in Wolle eingewickelt.

Die Nichtstuer sind weitaus weniger produktiv als die Bastler. Ihre Freizeitbeschäftigungen sind Fernsehen, Rumhängen, Telefonieren, Surfen im Internet und Füße kratzen. Gut, dass ich mit so was nichts zu tun habe, räusper.

Spannend wird es bei den Freaks und den Sammlern. Die Königsdisziplin sind hierbei die Sammlerfreaks. Das sind all die Menschen, die Dinge ohne Sinn und Verstand horten. Es gibt zum Beispiel Menschen, die Kotztüten aus Flugzeugen sammeln, angeschwemmtes Strandgut oder Glasaugen. In den Glasaugen vieler ist Sammeln also auf den ersten Blick ein ähnlich sinnloses Hobby wie zum Beispiel Kuhfladen-Bingo. Spielt ein befreundeter Nichtstuer von mir gern mal zur Zerstreuung. Dabei wird ein Kuhacker in Quadranten aufgeteilt. Lässt sich recht preisgünstig mit ein bisschen Flatterband erledigen. Dann werden Wetten abgegeben, in welchem Quadranten die Kuh ... Also, Sie wissen schon. Kuhfladen-Bingo eben. Mein Gott, wer sonst nichts zu tun hat.

Das Freaksammeln ist also ähnlich kurios wie Kuhfladen-Bingo. Es gibt Menschen, die sammeln Kunst von Affen, Kuckuckskinder oder Punkte in Flensburg. Und dann gibt es eben noch die Sammler, die das, was sie sammeln, sogar nutzen können. So wie ich mit meiner Comicsammlung.

Auf die Spitze treibt es aber mein alter Kumpel Stefan. In der Schulzeit hat bei ihm die Sammelleidenschaft mit Fußballbildern begonnen. Nachdem Stefan dann mehrere Millionen Euro in sein WM-Album 1990 investiert hatte, um es endlich vollständig zu bekommen, war er erst einmal jahrelang pleite. Obdachlosigkeit, Alkohol, Beschaffungskriminalität, Peter Zwegat. Das ganze Elend nur für ein fehlendes Bild von Lothar Matthäus. Schlimmes Schicksal. Erst Anfang des Jahrtausends kam Stefan wieder auf die Beine. Und was macht der Vollpfosten als Erstes? Investiert sein frisches Geld in eine neue Sammlung. Diesmal Überraschungseier-Figuren. Diesen Sammeltick hat er bis heute.

Wir saßen neulich bei ihm in seinem Mausoleum. Nannte sich früher mal Wohnung, ist aber nur noch ein heiliges Schullandheim für Happy Hippos, Schlümpfe und irgendwelche Zwerge. Ich war von den Socken.

»Ja, Kai, da guckste, wa? Dat is die Geldanlage der Zukunft. Nix Aktien, Rolex und den ganzen Humbug. Das Glück dieser Erde liegt in Ü-Eier-Figuren!«

Nachdem mir Stefan mittels Chartanalysen zeigte, wie sich die Tageskurse seiner Figuren in den letzten Jahren verändert hatten, hielt ich ihn vollends für bescheuert.

»Guck ma, Kai, hier zum Beispiel. Der FKK-Schlumpf beim Stabhochsprung, der bringt derzeit 2,26 Euro auf dem Sammlermarkt. Der stand letztes Jahr noch bei 2,20 Euro. Wenn du das mal hochrechnest, dann ist der in sechshundert Jahren 24 Euro mehr wert. Rechne das mal auf den Anschaffungspreis hoch. Das ist Wahnsinn!«

Ja, da musste ich Stefan recht geben. Eine Wahnsinnsrendite für einen nackten blauen Zipfelmützenmann aus Plastik. Da macht das Hobby Sammeln umso mehr Spaß. Und wenn ich nicht selbst ein bisschen bekloppt in diesem Punkt gewesen wäre, ich hätte mich wohl nicht so leicht zu einem Nachmittag der besonderen Art überreden lassen.

Die Ausgangssituation war folgende: Vor einigen Jahren entschied sich ein schlauer Kopf dazu, das berühmt-berüchtigte *YPS*-Comicheft neu aufzulegen. Gleichzeitig entschied sich ein anderer Schlaubi, die neue Sammelreihe Dolle Dinos in die Läden beziehungsweise in die Eier zu bringen. Das Heft, mit der üblichen Beilage in Form eines sogenannten Gimmicks, und die komischen Dinos, verpackt in einem Schokoei. Kurz und gut, ich war dem Retrotrend mal wieder verfallen und heiß auf die Urzeitkrebse im ersten *YPS*-Heft seit Jahren, während Stefan zuvor stundenlang gegoogelt hatte, welcher real-Markt in der Umgebung die feinste Gemüsewaage hatte. Warum bei Ü-Eier-Figuren eine gute und filigrane Waage das Wichtigste ist? Dazu später mehr.

Wir machten uns also auf den Weg zu besagtem real-Markt bei uns an der Ecke. Im Hausflur von Stefan trafen wir zuvor Heike und Ingo, die unterwegs nach San Diego zum Cosplay-Jahrestreffen waren. Zehn Tage, zwei Mille ohne Flug. Auch so ein Hobby in Deutschland, für das man eigentlich eine staatliche Sondererlaubnis, zumindest aber einen Waffenschein benötigen müsste. Cosplayer sind Menschen, die in ihrem Alltag häufig mit der Krawatte hinter dem Schreibtisch einer Versicherungsagentur sitzen und in ihrer Freizeit zu Manga-Mädchen, Klingonen oder Batman mutieren, in voller Montur und schwerstbewaffnet. Das große Jahrestreffen ist dann quasi das Mekka der weltweiten Cosplayer. Ingo, oder sagen wir: Freddie Krüger, hielt mir zur Begrüßung seine Krallenhand hin, und auch Heike machte als Catwoman im Latexoutfit im Hausflur einer Bruchbude in Gelsenkirchen einen schlanken Fuß. Auch die beiden waren durch ihr Hobby knietief im Dispo, lachten das Leben aber mit großer Freude aus. Wenn ich gewusst hätte, welche Strapazen im Folgenden auf mich zukommen würden, nur um mir ein simples Comicheft zu kaufen, ich wäre nicht zusammen mit Stefan in Richtung Schokoladenabteilung gefahren, sondern hätte mich als Superman verkleidet unter die nächste Boeing in Richtung USA gehängt. Doch die Urzeitkrebse waren einfach zu verlockend.

Zehn Minuten später kamen wir bei real an. Stefan schnappte sich zwei Einkaufswagen der Marke Schwerlastabteilung. Sie wissen schon, diese Einkaufswagen mit flachem Holzboden, auf denen sonst eher Geldschränke, Elefantenherden oder alte Gussheizungen zur Kasse geschoben werden.

»Äh, sach ma, Stefan, ich dachte, du willst dir hier nur ein paar Ü-Eier holen.«

»Kai, so ganz haste das Prinzip noch nicht verstanden, oder? In jedem *siebten* Ei ist eine Figur. Der Frauenarztdino ist sogar noch seltener, weil der in einigen Ländern nicht erlaubt ist. So, und deswegen starten wir mal mit achtundfünfzig.«

Ich dachte an die Urzeitkrebse aus dem Comicheft. Ob da auch ein kleiner Psychologenkrebs dabei wäre, der Stefan kostengünstig behandeln würde?

»Du willst jetzt tatsächlich achtundfünfzig Schokoeier kaufen? Wer soll die denn alle essen?«

»Kai, die Schokolade kriegt der Bauer für zum Verfüttern. Achtundfünfzig Paletten, nicht achtundfünfzig Eier. Von nix kommt nix. Denk an meine Chartanalyse. Die Eier sind schwer am Kommen.«

Ich besorgte mir ebenfalls zwei Einkaufswagen und hielt unauffällig Ausschau nach der Zeitschriftenabteilung. Wir marschierten allerdings schnurstracks in die Lebensmittelabteilung. Die Dinos waren nun erst einmal wichtiger als die Urzeitkrebse. Zumindest wenn es nach Stefan ging.

»Du, Stefan, wenn du da rumräumst, kann ich ja mal eben kurz da drüben nach …«

»Ja, ne, ne, mein Freund. Mitgegangen, mitgehangen. Also, äh, gefangen. Ich wieg dat doch nicht alles allein ab.«

»Wie, wiegen? Was willste denn da wiegen?!«

»Na, die Eier haben unterschiedliche Gewichte. Eier, die 'ne Figur drin haben, wiegen in der Regel zwischen 22,45 und 22,89 Gramm. Das haben führende Eierexperten im Netz herausgefunden. Dat verkleinert den Ausschuss und spart Geld.«

Ich musste an meine Kindheit denken, als das *YPS*-Heft noch wie von Ommas Geisterhand jede Woche bei mir ins Kinderzimmer geflogen war.

Kurze Zeit später: Stefan und ich standen mit vier Mega-Einkaufswagen, vollgepackt mit Überraschungseier-Paletten, an der Obst- und Gemüsewaage in der Lebensmittelabteilung und legten jedes Ei einzeln auf die Waage, um zu sehen, ob darin so ein Scheißdino oder doch nur ein Plastikbagger steckte, der nichts wert war.

Stefans Augen strahlten. Ein echter Sammler, den bringt halt nichts aus der Ruhe. Nicht mal die Dame, die mit einem Strauß Suppengrün nun neben uns stand.

»Sagen Sie mal, sind die Schokoeier alle für Ihre Blagen? Haben Sie außer Kindermachen sonst kein Hobby?«

Der dicke Stefan drehte nicht einmal den Kopf zu der Dame hin.

»Meine Eier wiegen ist mein Hobby.«

Ich reichte ihm Nachschub an. Die Waage kam an ihre Belastungsgrenze und zeigte irgendwelche komischen Werte an. Lag der Wert außerhalb der Grenzwerte, landete das halb zermatschte Ei neben der Waage auf dem Boden. Der Abteilungsleiter fand unsere Aktion überraschenderweise nicht so cool.

»Äh, mein Herr, das ist eine Obst- und Gemüsewaage. Und Campingstühle im Markt aufzubauen wird auch nicht so gern gesehen.«

»Ja, sicher is dat 'ne Obstwaage. Mit 'ner LKW-Waage würde ich jetzt auch nicht weiterkommen.«

Stefan räumte, packte, wog und räumte, packte und wog. Ich sicherte indes die Eierchargen, die mindestens 22,45 Gramm brachten.

Die Suppengrün-Frau wurde langsam sauer.

Sie drohte mit dem Büschel. »Ich sach Sie eines. Normal is dat nicht! Ich will getz ma langsam meinen Stengel wiegen. Ihre Eier sind schließlich nicht der Mittelpunkt des Universums.«

Ich beruhigte die knallrote Frau etwas und bot ihr an, doch noch mal nach richtigen Eiern zu gucken, die an dem Tag ebenfalls im Angebot waren.

Stefan hatte sich die Arbeit inzwischen etwas erleichtert und den ganzen Pappaufsteller mit Schokoeiern direkt an die Waage geschoben. Ich saß auf der Kante des Einkaufswagens und stellte das 3.478ste kontrollierte Ei wieder in eine Palette. Das Suppenkraut war zum Glück weitergezogen, und ich in Gedanken beim *YPS*-Gimmick Nr. 547, dem Totschläger für alte Schulfreunde. Ich riss mich aber zusammen, da Stefan nun seinen Campingstuhl zusammenklappte und nach Ei 12.364 mit mir endlich weiterzog. Die Waage hatte ohnehin inzwischen den Geist aufgegeben.

»Okay, Stefan, dann lass uns noch eben die Urzeitkrebse besorgen, und dann raus hier.«

»Wie, raus? Biste daneben? Ich hab meine Eier doch noch gar nicht schockgefroren.«

»Was hast du nicht?« Ich wurde stutzig.

»Die Ü-Eier der ersten Kontrolle müssen nach dem Wiegen für zwanzig Minuten in der Tiefkühltheke schockgefroren werden. Nur wenn die Schokolade knochenhart ist, lässt sich am Geräusch beim Schütteln erkennen, ob da ein Dino oder nur Mumpitz drin ist.«

Nur wenige Minuten später: Fünfundsiebzig Fertigpizzen lagen auf dem Boden vor den riesigen gläsernen Tiefkühltruhen in der Lebensmittelabteilung. In den Truhen selbst befanden sich dafür nun zahlreiche Paletten Schokoeier und auch Stefan, der zitternd die Zeit nutzte, um vorzuschütteln. Immer wenn ein Ei, das beim Wiegen nicht durchgefallen war, richtig klang, gab er es mir nach draußen.

Der Abteilungsleiter hatte auf Anraten der Suppengrün-Lady inzwischen einen Notarzt gerufen, der sich bei Stefan aber weniger um die ersten Erfrierungen, sondern mehr um seinen Dachschaden kümmern sollte. Ein Einsatz der Polizei wegen Sachbeschädigung von siebenundzwanzig angetauten Schweinshaxen und einer kaputten Gemüsewaage konnte nur abgewendet werden, weil Stefan dem Abteilungsleiter sein WM-Album 1990 als Schmiermittel zusagte. Der Abteilungsleiter hatte das Album zwar schon, aber es fehlten ihm Olaf Thon und natürlich Lothar Matthäus.

Wir schoben die 487 Schokoeier, die nicht durch den Gewichts- und Frostcheck gefallen waren, zur Kasse. Ich hielt stolz mein *YPS*-Heft mit den Urzeitkrebsen in der Hand. Und Stefan entdeckte im Quengelbereich der Kasse eine neue Sammelserie in Wundertüten: Pornostars der Achtziger als handliche Hartgummifiguren.

Die Chartanalyse für Sammler an diesem Einkaufstag war ausbaufähig. Kosten für die Eier: 443 Euro. Ausbeute: sieben Dolle Dinos, davon sechs doppelt.

Hinzu kam eine Tüte Urzeitkrebse für den kleinen Kai, die meine Frau aber versehentlich für Suppenwürze hielt und tags drauf in einer Bouillon verrührte. Sie kocht halt sehr gern. Ist ja auch ein schönes Hobby.

★ Die verrücktesten Hobbys überhaupt ★

Die kuriosesten Sammlungen
Chipstüten, Deosprays, Reptilieneier, Sand, Schulartikel, Handschellen, Eislöffel, Briketts, Zuckerwürfel, Pizza-Kartons, Weihrauch, Buchsbäume, Nägel, Mumien und Leichenwagen. Ach ja, die größte Schuhsammlung mit sechzehntausend Paar gehört selbstverständlich einer Frau. Die größte Penis-Sammlung »steht« oder »hängt« auf Island.

Für Gelegenheitssportler
Kirschkernweitspucken, Handy-, Handtaschen- oder Gummistiefelweitwurf, Bobbycar- oder Bürostuhlrennen

Für Extremsportler
Frauentragen, Kürbisweitwurf, Sumpffußball und Extrembügeln an den ungewöhnlichsten Orten

Hobbys, mit denen man wunderbar die Familie nerven kann
Dia-Abende, schlechte Witze erzählen, Zaubertricks vorführen, vegan kochen, Karaoke singen, Indoorgolf im Wohnzimmer, Reptilien züchten oder Luftgitarre spielen

Schingderassa, bumderassa!

Die schöne Seuche Karneval

Es gibt neben Weihnachten, Bayern München und Heino nur ein Ding, das in Deutschland stärker polarisiert: die schöne Seuche Karneval! Entweder man hasst ihn oder man liebt ihn. Voll von Gebräuchen, Eigenheiten und Regeln ist er ein Paradebeispiel deutschen Marottentums, dem ich mich bis vor einigen Jahren ganz gut widersetzen konnte.

Okay, als Kind haste natürlich keine Chance. Da hat Mutti das Sagen. Kaufhof, dritte Etage links, Karnevalsabteilung, geschminkte Verkäufer, komische Musik, alles bunt und die Wahl zwischen Cowboy, Indianer und Darth Vader. Coole Kostüme, oder? Ja, fand ich auch. Ich musste als Clown gehen. Fand Mutti noch cooler. Ich nehme mal an, dieses Trauma ist ausschlaggebend dafür, dass sich bei mir bis heute eine gewisse Skepsis gegenüber dem Brauchtum Karneval gehalten hat.

Auch wenn ich Glück im Unglück hatte. Als ich nämlich drei Tage nach dem Kaufhof-Besuch sah, dass einige Jungs in der Grundschule von ihren Müttern als Biene Maja verkleidet auf die Straße geschickt worden waren, pfiff ich auf John Wayne und fühlte mich in meinem Kostüm schon wesentlich besser. Mutti hatte alles richtig gemacht.

Trotzdem wird in fast ganz Deutschland jedes Kind vom Tage seiner Geburt an den Umstand gewöhnt, dass es in diesem Land nur existieren kann, wenn es sich regelmäßig verkleidet. Raus aus seiner Haut, hinein in die eines anderen

Wesens. So die Grundidee. Und da ein einziger Rosenmontag im Jahr natürlich zu wenig ist, wurde eiligst der 11.11. als genormter Startschuss für eine ganze Session ins Leben gerufen. Stunk-, Prunk- und Dungsitzungen, bis der verkleidete Arzt kommt. Moment. Stopp! Wir dürfen Halloween nicht vergessen. Ist zwar keine deutsche, sondern eine irische Marotte, die wir aus den Staaten eingeschleppt haben, aber egal. Her damit! Da machen wir dann zusätzlich noch einen auf Horror und verkleiden uns noch mal. Als gehäutete Merkel zum Beispiel.

Na ja, und nach der Karnevalskindheit folgten dann in meinem Leben die etwas unruhigen Studentenzeiten, in denen man am Morgen nach den Partys ohnehin wie ein Zombie aussah, und zwar ganz ohne sich zu verkleiden.

Nachdem mich *Helau!* und *Alaaf!* dann erst einmal eine Zeit lang in Ruhe gelassen hatten, suchte mich der deutsche Karneval erst im Alter von knapp dreißig Jahren mit all seinen Gepflogenheiten wieder brutalst heim. Und, wie konnte es auch anders sein, es hatte mit dem Rheinland und mit Köln zu tun.

Der Karneval im Ruhrgebiet ist nämlich ein bisschen so, als fahren Sie mit angezogenem Bremshebel Moped, um sich wie auf einer Harley-Davidson zu fühlen. Die Grundidee geil, aber die Umsetzung etwas behäbig. Kamelle, die beim Kauen an Rheinkies erinnern, und Rosenmontagszüge mit zwei LKWs, die von Kartoffel-Willi handbemalt wurden, ließen im Ruhrpott jedenfalls nie richtiges Karnevalsfeeling aufkommen. Daher, wenn Karneval, dann Düsseldorf oder Köln. Beides zugleich geht natürlich nicht, das weiß man als rivalitätserprobter Schalker oder Dortmunder selbstverständlich. Ich wurde auf jeden Fall in Richtung Köln geschleift.

Und alles nur wegen Henriette, dieser bildhübschen ehemaligen Studienkollegin, die als gebürtige Kölnerin zwar nach einem Semester Japanologie auf Germanistik umgesattelt hatte, nach ihrem Studienabschluss aber im Ruhrpott hängen geblieben war. Bis auf die Karnevalszeit. Da galten andere Regeln. Da war ihre alte Heimat Köln für sie der Nabel der Welt.

Ich traf Henriette durch Zufall nach einigen Jahren wieder. Ich hatte mit dem Taxi einen Kurzstreckenflug von meiner Haustür zum Bahnhof gebucht, und hinter dem Steuer saß: Henriette.

Obwohl sie rein äußerlich zu Gottes erster Garnitur zählt, hatte sie es karrieretechnisch nicht weiter geschafft, als sie Kamelle spucken konnte. Sie fuhr halt Taxi, um sich etwas Geld für die Führerscheinprüfung dazuzuverdienen. Doch das schien ihr nichts auszumachen, denn sie wirkte mehr als lebensfroh. Das lag vielleicht auch daran, dass sie ihren kölschen Humor nicht verloren hatte, und den Dialekt erst recht nicht. Insofern verstand ich von den ersten zehn Sätzen, die wir im Auto sprachen, nur Fragmente: »Jeck, Session, Kostüm. Mitfeiern, nächste Woche, Köln-Innenstadt, Alaaf!« Dazu der fragende Blick in meine Richtung.

Ich saß mit meiner kleinen Aktentasche auf dem Arm wie Willi Winzig nach der Betriebsprüfung neben ihr. »Äh, Jette, hab ich das jetzt richtig verstanden? Ich soll mit dir in Köln auf eine Karnevalssitzung? So mit Schingderassa, bumderassa und Verkleiden?«

Mir wurde heiß und kalt. Und das hatte weniger was mit dem Schuss Henriette oder der kaputten Klimaautomatik zu tun, sondern mehr mit dem Gedanken, dass ich erneut als Monsterclown in die Karnevalshölle gezogen werden könnte.

Es vergingen keine zwei Tage, und ich fand mich, wie damals als Kind, erneut in der Umkleidekabine eines Kaufhauses wieder. Aber nix Kaufhof, Schingderassa, bumderassa. Nein, ich stand in einem riesigen Laden nur für Karnevalsbedarf mitten in der Kölner City. Achtzig Etagen, Millionen Quadratmeter, alle voll mit Kostümen und Krimskrams sowie Lautsprechern vom letzten AC/DC-Konzert, aus denen dröhnte, was leider kein Ruhrpottler versteht. Da sangen kölsche Barden irgendwas vom Dom, den man besser in Kölle belassen sollte. Na ja, so ein bisschen kam man da schon in Laune, das musste ich zugeben.

Zumindest bis zu dem Zeitpunkt, als Henriette als scharfe Bikerbraut erschien und mir eine Verkäuferin vorbeischickte, die ungefragt den Vorhang meiner Umkleide aufzog. Ich stand ihr in einem Cowboykostüm gegenüber. Das Problem war nur, dass ich erst bis zu Oberteil und Hut gekommen war und untenrum nur meine MacGyver-Shorts trug, die ich mal in so einem Retroshop geschossen hatte. Henriette lachte sich tot. Die Verkäuferin fand das Kostüm »superjeil«.

Nachdem ich mich noch durch die Winnetou-Gedächtnisabteilung gekramt und auch jedes Trendkostüm einmal angezogen hatte, landeten wir bei einem imposanten Römer mit aufgemaltem Sixpackbauch. Donald Trump stand mir einfach nicht, und als Homer Simpson ging ich ja schon den Rest des Jahres über.

Wir waren fast am Ziel. Römer Twilfer und Henriette, die scharfe Bikerbraut. Ein cooles Karnevalspaar. Doch dann entdeckte Jette kurz vor der Kasse Ernie und Bert im Angebot. Und nur zehn Minuten später bezahlte ich als Bert, während Henriette kichernd einen auf Ernie machte. Wenn es wenigstens Cindy und Bert gewesen wären, dachte ich später.

Wir traten auf die Straße, und ich stellte fest, dass ich seit dem Tag, als ich mal einem befreundeten Straßenmusiker an der Bongo aushalf, nie wieder so bescheuert in einer Fußgängerzone ausgesehen hatte. Und das in Köln, wo man ja bunte Vögel durchaus gewohnt ist.

Ich guckte mit einem Beutel Konfetti in der Hand Jette an.

»Du, ich möchte jetzt gern so schnell wie möglich zur Halle. Ich habe den Eindruck, wir fallen hier ein bisschen auf. Gib mir schon mal das Ticket.«

Ernie grinste sich einen und erklärte mir dann, dass das eine sehr lustige Bemerkung war. Von wegen Eintrittskarte und so. Wie sich nämlich herausstellte, hatte Henriette gar keine Tickets für die Karnevalssitzung in der Stadtteilhalle besorgt. Die Gründe waren klar: a) Sie fuhr Taxi, hatte also keine Kohle für so was. Und b) war die Veranstaltung ohnehin schon Jahre vorher ausverkauft. Ich ergänzte außerdem noch c), dass die zwei Vollgrobis im Sesamstraßenlook dort wohl ohnehin nicht reingelassen hätten. Zumindest durch den Haupteingang.

Beim Hintereingang waren wir uns nicht so sicher, und so kamen wir auf die beknackte Idee, uns über, sagen wir: Umwege Zutritt zur jecken Halle zu verschaffen. Als Ernie und Bert, diese beiden wilden Draufgänger aus dem Kinderfernsehen.

Wir versuchten es erst einmal auf dem korrekten Weg. Henriette schnappte sich den Türsteher am Blaueingang, machte ihm schöne Augen, indem sie an Ernies Kuhstall spielte, die Hüfte lässig kreisen ließ und dem fleischigen Kleiderschrank ein Bützchen verpasste. Geile Idee! Und was soll ich Ihnen sagen? Der Türsteher war schwul. So ein Mist. Alle Versuche von Ernie für die Katz. Obwohl der sich ebenfalls seit Jahren treu mit Bert, also einem Kerl, ein Bett teilte.

Mir wurde langsam heiß unter meiner Bert-Maske.

Mein Vorschlag, vielleicht einfach an den Rhein zu gehen, um dort die Liebesschlösser zu zählen oder eine eigene kleine Karnevalssitzung ins Leben zu rufen, passten natürlich nicht zur forschen Jette. Sie war Köln, sie war ein Urgestein und somit gab es für sie nur ein Ziel: die Halle, und zwar von innen. Sich als Tanzmariechen unter die anderen Mädels am Hintereingang zu mischen klappte auch nicht. Ich bekam nämlich das Bein nicht so hoch.

Uns gingen die Optionen aus.

Und dann kam Ernie-Jette auf die Idee mit der hohen Mauer, von der aus man über ein Fenster im Obergeschoss der Halle in die Verwaltungsräume gelangen konnte. Ich schaute an meinem ungelenken Bert-Kostüm hinunter, in dem sogar die MacGyver-Shorts juckten. Hätte ich mal den Spiderman-Schlüpper angezogen! Denn eine Klettertour in die Stadtteilhalle hatte eigentlich nicht auf meiner Wunschliste gestanden. Aber was macht man nicht alles für Frauen, nur um sie zu beeindrucken und zufriedenzustellen? MacGyver schlotterte zwar, war aber tapfer genug. Es war immerhin Karneval, und da ist ja jede Sauerei bis aufs Dom-Anpinkeln erlaubt, dachte ich. Ich war froh, dass wir nicht auch noch auf den Rosenmontagszug mussten, auf dem mich Millionen anderer mit meinem peinlichen Bert-Kostüm gesehen hätten.

Obwohl der klassische Rosenmontagszug die Hauptschlagader der deutschen Marotte Karneval ist, geht der typische Rosenmontagsbesucher entweder als Mama, Papa oder Extrem-Bonbonsammler. Am schlimmsten sind die Letztgenannten. Insbesondere wenn sie gleichzeitig auch noch Mama oder Papa sind und sich für Toffeedrops mit anderen Eltern blutig schlagen.

Die echten Profis sind natürlich vorbereitet. Bereits Wochen vor Karneval wird in der ganzen Bude nach einem alten Schirm gesucht, den man dann auf links drehen kann, um die Leckmuscheln professionell einzusammeln. Mühsames Bücken und Aufheben der Bonbons entfällt somit und wäre einem deutschen Jäger und Sammler, der »wat für lau kriecht«, auch viel zu mühselig. Also werden die geklauten Sonnenschirme aus der italienischen Eisdiele einfach zweckentfremdet und als Mega-Parabolantenne so eingesetzt, dass kein

Jeck auf dem Karnevalswagen anders kann, als in den Trichter hineinzuwerfen. Höchstmögliche Ausbeute. So liebt es der deutsche Hamster. Stehste als armer Bert daneben, haste verloren. Mamas und Papas sind nämlich, anders als die Kinder, meist nur in Jogginghose kostümiert und somit sportlich unterwegs, um die Kamelle zu erhaschen. Und während die lieben Kleinen zwischen den Zwillingsreifen der Vierzigtonner verschwinden, zählt Papa fleißig Klümpchen.

Jette hatte es mithilfe von neun aufeinandergestapelten Kölschfässern bereits geschafft, auf die Mauer zu klettern, die uns den Weg in die lustige Sesamstraße eröffnen sollte. Sie zog wie eine Bekloppte an meinem Arm – bis er abriss. Jetzt hatte Bert nur einen gelben Arm und einen anderen im irren Hawaiihemdmuster, das ich drunter trug. Dazu kam eine leicht verrutschte Kopfmaske.

»Mann, Jette, hör auf zu ziehen! Ich seh doch nix.«

Ich versuchte ein weiteres meiner beiden Beine auf das Kölschfass zu hieven, rutschte aber andauernd ab. Irgendwann gelang es mir dann, mich mit einer Hand an der Mauer festzuklammern. Ich spürte, wie auch der andere Arm von Bert langsam abriss. Scheißfernostware, fluchte ich im Stillen.

Endlich war auch das zweite Bein oben, und ich lag auf der Mauer, auf der Lauer, wie 'ne kleine Wanze. Meine Bert-Beine baumelten von der Mauer herunter, eines in Richtung Straße, das andere in Richtung Innenhof. Jette lachte sich tot. Es war aber kein Kichern, sondern dieses dreckige Lachen von Frauen, die sich köstlich über die Tollpatschigkeit eines Männertiers amüsieren.

Ich verfluchte den Karneval schon wieder und musste an meine glückliche Kindheit im Kaufhof im Jahre 1982 denken. Da war Karneval trotz des Clown-Kostüms noch weniger erniedrigend gewesen.

Jette hatte sich bereits auf der Mauer balancierend auf

den Weg zum Fenster gemacht, das man mit etwas Geschick recht bequem erreichen konnte. Also zumindest wenn man schlank, sportlich und nicht mit einem kaputten Kostüm ausgestattet war, bei dem sich auch das Unterteil so langsam in Luft auflöste. Mein Bert-Kopf hatte sich inzwischen einmal um hundertachtzig Grad gedreht und grinste freundlich die Straße an. Ich sah hingegen nichts mehr.

»Jette? Jette? Mann, dreh mir mal den Kopf, ich seh immer noch nix.«

Ich hielt mich immer noch krampfhaft an der schmalen Mauer fest und versuchte, mich aufzurichten. Und siehe da: Zack, stand ich plötzlich auch auf der Mauer. Beide Hände von mir gestreckt, blind, aber immerhin schwindelfrei. Ich konnte mir nun langsam den Bert-Kopf zurechtdrehen und sah durch die Augenöffnungen gerade noch, wie Jette durch das Fenster in den Verwaltungsraum der Karnevalshalle kletterte. Ich versuchte, ihr so schnell wie möglich zu folgen.

Ach, übrigens, mal 'ne ganz andere Frage. Kennen Sie eigentlich sogenannten Natodraht? Das ist dieser Stacheldraht der Marke Extremkacke. Wenn man da einmal drinhängt, hat man verloren. Als Ernie, als Bert und sogar als MacGyver. Keine Chance. Das Zeug hält einen fest. Und wenn man nicht noch vor Ort im *Saw*-Stil zerstückelt werden möchte, sollte man tunlichst stillhalten.

Die Feuerwehr Köln war eigentlich recht begeistert, an diesem Tag endlich mal keine Schnapsleichen aus dem Rhein fischen zu müssen. Einen Sesamstraßen-Bert mit einer geplatzten Konfettitüte auf dem Kopf aus einem Büschel Stacheldraht zu flexen war hingegen mal etwas wirklich Außergewöhnliches.

Na ja, man hilft halt, wo man kann, dachte ich mir. Schließlich soll an Karneval jeder seinen Spaß haben. Und Brauchtümer mit ihren passenden Marotten gehören zu Deutschland einfach mit dazu.

Die Schnittwunden hielten circa zwei Wochen. Diesmal waren es richtige Macken, keine Special Effects. Und Jette? Ja, die hatte wohl eine »superjeile Zick« in der Halle. Lag auch an Ralf, den sie beim Engtanz kennenlernte. Er ging übrigens als Tiffy.

★ Bastelideen für Karnevalskostüme ★

Chewbacca

Die alte, leicht bräunlich gewordene Fußmatte aus dem Badezimmer zurechtschneiden und mit Hundehaaren aus der Sofaritze bekleben. Als Kopfteil eine alte Fellmütze aus russischen Armeebeständen aufsetzen. Gucklöcher nicht vergessen!

Hippie

Ommas Blumentapete vorsichtig von der Wand schälen und zu einer Schlaghose umarbeiten. Mamas zitronengelbe Seidenbettwäsche für eine kecke Bluse in Fetzen schneiden. Aus Oppas Mahagoni-Schachspiel bunten Holzschmuck schnitzen und vom Inder eine Rose ins Haar stecken. Fertig!

Cowboy
Vom nächsten USA-Trip eine Smith-&-Wesson-Schnellkaliber mitbringen. Die Kelly-Bag Ihrer Frau zu ordentlichen Leder-Chaps umarbeiten. Den Cowboyhut mit Stücken aus der speckigen Ledercouch nähen. Zum Schluss dem Bernhardiner der Nachbarn Zaumzeug anlegen und losreiten. *Yippie ya yeah.*

Clown
Mamas Schminkköfferchen vergewaltigen. Die passenden bunten Klamotten finden Sie in Muttis Kleiderschrank unter W wie »Wird mir bestimmt irgendwann mal wieder passen«.

Obelix
Täglich einen Vorratseimer Chips, Cola intravenös und zehn Wochen lang den Zaubertrank aus Hopfen und Malz genießen. Sieht täuschend echt aus.

Flötentöne

Ho! Ho! Ho! Die lustigsten Weihnachtsmarotten

Weihnachten ist die schönste Zeit des Jahres. Wenn nur die Vorweihnachtszeit nicht wäre.

Das Praktische an der Weihnachtszeit ist ja, dass man genau weiß, wann sie beginnt. Sogar ohne Kalender. Weihnachten startet in Deutschland nämlich nicht am 24. Dezember, am ersten Weihnachtsfeiertag oder mit der Adventszeit. Nein, falsch. Weihnachten beginnt pünktlich am ersten September eines jeden Jahres. Immer! Pünktlich zur Auslieferung der Schokoweihnachtsmänner in den Discountern erfolgt bei achtundzwanzig Grad im Schatten der Startschuss. Kurze Zeit später kommen von Metallica bis Rammstein dann alle mit ihren Weihnachts-CDs um die Ecke, und alle Welt singt den ganzen Tag *Last Christmas* von George Michael inklusive Glöckchengebimmel. Ich liebe es.

Meine Frau kommt dann meist mit einer Europalette voll Lebkuchennikoläusen, Marzipanoblaten und was weiß ich noch alles in die Küche gefahren. Fragen meinerseits bringen da nicht viel.

»Äh, Schatz, warum holst du denn schon im September den ganzen Weihnachtskram?«

»Ja, weil dat jetzt noch schön frisch ist. Kurz vor de Feiertage kriegste doch nur noch den harten Rest. Ich hab keinen Bock, mir am zweiten Feiertag 'ne neue Krone machen zu lassen.«

»Stimmt, Schatz. Die drei Könige würden ihre wohl auch nicht hergeben.«

Eine bestechende Logik, das mit dem frühzeitigen Kaufen, vor allem, wenn der Kram dann bis Heiligabend bei uns im Schrank rumgammelt und die Lebkuchen unterm Baum wie eine Mischung aus Silikon und Holzwolle schmecken.

Wer mit dem ganzen Süßkramzinnober nichts am Hut hat, für den offenbart sich nur kurze Zeit später, dass Weihnachten bereits im Gange ist, ohne dass die Nation es bemerkt hat. Pünktlich zur Umstellung auf Winterzeit, wenn es draußen schon um Viertel nach Mittag dunkel wird, beginnt der Deutsche nämlich, auf den Dachboden zu kriechen.

»Liebling, guck noch mal genauer! Hinter den alten Kaninchenställen muss noch so ein Leuchtstern von meiner Mutter liegen. Der kommt ins Klofenster.«

Bundesweit beginnt in deutschen Stuben dann die bunte Adventskirmes und bildet einen fließenden Übergang zu den zahlreichen farbenfrohen Weihnachtsmärkten, die die Republik in den nächsten Wochen überschwemmen. Und spätestens wenn im Ruhrgebiet mehr Autos mit gelben als mit weißen Kennzeichen auf den Parkplätzen der Innenstädte stehen, weiß man: Die holländische Weihnachtsmarktinvasion hat begonnen.

Schade finde ich nur, dass Weihnachtsmärkte in Deutschland einander meistens sehr ähneln. Die Reihenfolge der Buden, insbesondere der Ruhrpott-Weihnachtsmärkte, sieht in der Regel so aus: Fressbude, Promotionstand Tequila, Glühweinstand, Karussell, Fressbude, Cocktailstand, Glühweinstand, Karussell, Werbestand Heiligabend Scheunenparty, Udos Bratwursthimmel ...

Aber wir lieben sie halt, unsere besinnlichen Märkte mit Glühwein aus dem Tetrapak und Maronen von Nachbars

Kastanienbaum, und deswegen gehen wir jedes Jahr wieder hin.

Auch ich werde dann gern mal besinnlich und unterwerfe mich dem Diktat deutscher Weihnachtsmarotten. Ich mache das wirklich gern, auch wenn meine Frau nachhelfen muss. Sie hat mich diesbezüglich aber voll im Griff.

Das fängt ja schon im Sommer bei Gluthitze an. Am liebsten im Freibad. Und jedes Jahr mit dem gleichen Satz: »Du, sollen wir dieses Jahr mal so richtig schön Weihnachten feiern?«

»Äh, feiern wir nicht eigentlich jedes Jahr Weihnachten schön? Oder haben wir schon mal hier auf dem Laken gelegen und uns gedacht, dieses Jahr feiern wir mal ein abgefucktes Anti-Weihnachten?«

Meine Frau guckt dann immer so verträumt, und ich weiß, dass das Weihnachtsgeld flöten ist.

»Ja, ne, ich meine, so mit allem Drum und Dran. Nicht nur Baum, Geschenke und so. Auch mal die Details, so wie die Amis.«

Ich muss zugeben, dass uns die Amerikaner mit ihrem Weihnachtswahn noch dreimal in die Tasche stecken, aber so ganz weit entfernt vom Ultra-Weihnachten sind wir in Deutschland auch nicht mehr. Meiner Frau und beleuchteten Rentieren auf Einfamilienhausvordächern sei Dank.

Hat man dann den Sommer und die Freibäder hinter sich gelassen und Weihnachten schon wieder aus dem Kopf verdrängt, beginnt es bei vielen spätestens im Oktober wieder zu jucken. Die Lebkuchentürme stehen bereits seit über einem Monat bei uns in der Küche, und meine Frau erinnert sich an die zahlreichen Kisten auf dem Speicher. Es werden jedes Jahr mehr.

Ist dann die ganze Bude mit Lichterketten, Adventskalendern, norwegischen Wollsocken und tanzenden Weihnachtsmännern zugepflastert, entscheidet sich meine Frau meist für ein Weihnachtsfest bei ihren Eltern. Super! Und dafür lasse ich mir die ganze Bude verunstalten. Für drei Tage Weihnachten, Heiligabend inklu, den ich nicht mal zu Hause verbringen darf.

Es ist das Weihnachtsfest 2006, das mir besonders in Erinnerung geblieben ist. Meine Frau war auch in jenem Jahr der Ansicht, dass man Weihnachten mal wieder bei den Eltern feiern könne. So weit, so gut. Problematisch wird es, wenn meine Schwiegereltern ebenfalls auf die glorreiche Idee kommen, den Heiligabend outzusourcen, und wir das Fest der Liebe mit alle Mann beim norddeutschen Onkel Bertram verbringen, den ich bisher nie getroffen hatte. Ich frage mich immer noch, warum das Schicksal wollte, dass ich besagten Onkel Bertram je kennenlerne. Denn ein Fest war die Begegnung sicher nicht.

Ich wusste bis dato nur, dass Onkel Bertram ein etwas konservativer und verschrobener Zeitgenosse ist und zudem auf Loriot steht. Was ihn mir immerhin sympathisch werden ließ. Mir graute zwar vor einem Weihnachtsfest wie bei den Hoppenstedts, aber ich ließ es mir nicht anmerken, als wir gemeinsam im Weihnachtsstau 2006 auf der Autobahn standen. Wir reisten extra einen Tag früher an, da Onkel Bertram angeblich noch ein Schmankerl, also eine kleine Überraschung für uns vorbereitet hatte.

Wir waren noch nicht ganz in dem Kuhdorf bei Brunsbüttel angekommen und wohlgemerkt noch nicht aus dem Auto gestiegen, da empfing uns auch schon recht knapp norddeutsch mein angeheirateter Onkel Bertram mit einer Axt in der Hand. »Moin, moin, Kinners. Jetz is erst mal Hacke angesagt.«

Ich war mir sicher, dass er nicht hackedicht meinte, sondern das Hacke etwas mit der Axt zu tun hatte, die er dicht am Autolack vorbeiwirbelte. Man begrüßte sich kurz durch die offene Scheibe, denn Onkel Bertrams Aufsitzmäher blockierte die Seitentüren.

»Und du Vogel bist also der Bestellerautor. Haben solche überhaupt Schmalz inne Muckis?«

»Äh, Bestsellerautor, nicht Besteller. Ja, ich könnte die Autotür mit eigener Muskelkraft öffnen, wenn du nicht mit deinem Rasenmäher davorstündest, Onkel Bertram.«

Bertram machte immer noch keine Anstalten, wegzufahren. »Okay, Kinners, wir hacken uns getz erst mal 'n Baum. Nur dann is' Weihnachten auch so, wie sich das gehört, nee. Schließlich wollen ja alle Deutschen zu Weihnachten gern mal selbst einen Baum fällen.«

Ich guckte mich um. Aber außer ein paar Windrädern und einem weit entfernten Leuchtturm konnte ich ehrlich gesagt nichts entdecken, was man hätte umholzen können.

»Sacht mal, Kinners, wie ihr da hinten auf der Rücksitzbank am Gaffen seid, das is ja bisschen wie bei Loriot, nee.«

Deutsche Marotte Goldedition: Sieht in Deutschland irgendwas sehr lustig aus, folgt meist der typische Ausspruch, dass das ein bisschen wie bei Loriot sei. Zickezacke, Hühnerkacke.

Meine Schwiegermutter fragte indes nach einem amtlichen Weihnachtsmarkt in der Nähe, und mein Schwiegervater erwähnte, dass er morgen, am Heiligabend, noch die Geschenke besorgen müsse. Ach Gott, die typischste aller deutschen Weihnachtsmacken war also ebenfalls nicht ausgelassen worden. Geschenke am Heiligabend kaufen. Supergeil!

Keine fünfzehn Minuten später hingen wir auch schon alle zusammen mit Onkel Bertram auf seinem Aufsitzmäher, der dank dem zusätzlichen Gewicht von meiner Frau und mir nur noch auf zwei Reifen durch Norddeutschland tuckerte. Alarm für Cobra 11, wir kommen!

Während mein Schwiegervater mit seiner Frau die klassische Weihnachtsfrage (Raclette oder Fondue?) ausdiskutierte, erreichten wir nach gut dreißigminütiger Fahrt endlich den ersten Nadelbaum Norddeutschlands, der hier irgendwann von einem kanadischen Bustouristen eingepflanzt worden sein musste.

Onkel Bertram schwang sofort seine Keule und begann, den Stamm mit roher Gewalt in Bodenhöhe kaputtzuschlagen.

Das Problem war nur, dass der Kackbaum in der begrünten Mitte eines Kreisverkehrs stand und es definitiv zu viele Zeugen für diese Aktion gab. Aber Onkel Bertram war das so was von egal. Im Hinblick auf einen schönen Baum am morgigen Heiligabend holzte er härter als Hans-Peter Briegel in seinen besten Zeiten.

Hoffentlich müssen wir nicht gleich auch noch im Brunsbütteler Zoo eine Weihnachtsgans schießen, dachte ich im Hinblick auf den schweißgebadeten Onkel Bertram. Denn er holzte und holzte und holzte – bis der arme Baum irgendwann im Auto lag. Genau: im Auto, nicht auf dem Aufsitzrasenmäher. Genauer gesagt in dem Kombi, mit dem uns der Dorfpolizist zurück zu Onkel Toms, äh Bertrams Hütte fuhr.

Es war ebenjener Polizist, der uns erklärte, dass auch er sich gern mal einen wilden Baum schlägt.

Während wir so dahinfuhren, schaute ich mir den Krüppel mit fünf Zweigen an. So wild sah der Baum gar nicht aus. Doch die Uhren schienen in diesem Dorf anders zu ticken. Also schob ich mir einen der fünf Zweige aus dem Gesicht, während meine Frau eine Visage zog, die mich sehr stark an die Momente erinnerte, wenn ich mal wieder unseren Hochzeitstag vergessen hatte. Meine Schwiegereltern saßen zusammen mit dem Baum im Laderaum des Kombis, und Bertram spielte an den Knöpfen für das Blaulicht herum.

»So, Fiet, alter Bulle, und getz gib mal Gummi, wir müssen das Ding ja auch noch schmücken. Dann hol ich dir morgen auch den kaputten Rasenmäher wieder aus den Kreisverkehr raus.«

Meine Schwiegereltern hatten die Diskussion über Fondue oder Raclette zugunsten von Kartoffelsalat mit Brühwürstchen beendet, und die Weihnachtsgans blieb im Zoo.

Einen Tag später, am Heiligabend dann, ging der Wahnsinn in die nächste Runde. Mein Schwiegervater war mal eben ins dreihundertfünfzig Kilometer entfernte Essen gegondelt, da dort die Auswahl an Weihnachtsgeschenken am Heiligabend einfach größer war als im Dorfkern mit Apotheke und Spar-Markt. Außerdem lief er in Essen nicht Gefahr, auf meine Schwiegermutter zu treffen, die eventuell im selben Laden nach einer Kleinigkeit für ihn suchte. Onkel Bertram war indes damit beschäftigt, herauszufinden, wann die Christmette begann. Erst nach zwei Stunden bemerkte er, dass der Ort, in dem er wohnte, so klein war, dass es dort keine eigene Kirchengemeinde gab. Meine Frau buk nach den Malen am ersten September und am ersten Advent vorsichtshalber noch ein drittes Mal Plätzchen, da die von Onkel Bertram bereits hart geworden waren. Die Plätzchen vom ersten September, wahrscheinlich 1985.

Und ich? Ich kümmerte mich um die restlichen Weihnachtsklischees, die in keinem deutschen Haushalt zu diesem Anlass fehlen dürfen. Wollte ich das? Nein, aber ich musste, denn Weihnachten ist schließlich das Fest der Liebe, und da hatte ich mich zusammenzureißen, egal, wie gern ich *Drei Nüsse für Aschenbrödel* auf SuperRTL geguckt hätte. *Der Kleine Lord* um 3.40 Uhr in der Nacht war immerhin noch im Rahmen des Möglichen.

Ich kroch also auf dem Dielenboden von Onkel Bertrams Hotzenplotzhütte herum und bemühte mich, die Weihnachtskrippe richtig zu bestücken. Okay, das Baby kam schon mal in das Vogelnest. Daneben standen meistens die Eltern. Ich nahm den aus weißem Gips gefertigten Farbigen mit dem Geschenk in der Hand wieder weg. Konnte meiner Meinung nach nicht der Erzeuger des Kleinen sein. Ah, da, der sah nach Josef aus. Ich stellte Jupp daneben. Maria war klar, weil nur eine Frau im Schuhkarton lag. Dann wurde es wieder schwierig. Wo gehörten der Esel, der Schäfer, die Heiligen Drei Könige, der Bürgermeister von Bethlehem und Fozzie-Bär hin?

Fozzie Bär? Fozzie Bär? Musste wohl versehentlich in unseren Schuhkarton mit den Krippenfiguren geraten sein. Onkel Bertram besaß so was ja nicht, konnte dafür aber Kartoffelsalat. Zumindest besser als Kirchen googeln.

Als Nächstes war der Krüppelbaum an der Reihe. Mit den neumodischen LED-Lichterketten war es noch schwieriger als mit der Krippe. Der Deutsche hat heutzutage nämlich nicht mehr nur eine hundert Meter lange Kette, die er zehnmal um den Baum und dreimal durch die Wohnung spannt. Nein, ein Weihnachtsfreund, der was auf sich hält, hat heutzutage ein Lichternetz. Man bringt es laut thailändischer Bedienungsanleitung folgendermaßen an: *Gehen ön Leiter, mit Wurf. Netz in Stellung Sprung greif schmeißen. Danach Stecker in Öse B halb Wurf rönstecken.*

Alles klar. Ich kletterte also auf die mir vorhandene Leiter, sprich das Dach der Krippe, und warf das Netz in einer Ausholbewegung über den ganzen Kreisverkehrbaum. Die norddeutsche Fischereiindustrie wäre stolz auf mich gewesen.

Dann machte es *rumms*. Ich sah nach unten. Mist. Der blöde Bretterstall war unter meinem Fliegengewicht zusammengekracht.

Welchen Scheißstatiker hatten die damals in Bethlehem eigentlich gehabt? Die in sich zusammengefallene Krippe sah aus wie ein Erdbeben am Euphrat. Die Figuren waren nur noch Brösel. Nur Fozzie Bär lachte mich auf Maria liegend glücklich an. Dabei war die noch Jungfrau. Das Netz war irgendwo halb über dem Baum und dem Esstisch gelandet, und die Brühwürstchen leuchteten festlich, nachdem ich den Stecker *in Öse B reingetöngt* hatte. Der heilige Abend konnte also beginnen.

Onkel Bertram war sehr enttäuscht, dass der Weihnachtsgottesdienst ausfallen musste. Kirche an Weihnachten ist ja auch so eine typisch deutsche Marotte. 364 Tage lang nicht mal wissen, wie man Kirche überhaupt schreibt, aber an Heiligabend einen auf Don Camillo machen und mit der buckeligen Verwandtschaft in die Kirchenbank rennen!

Meine Schwiegereltern waren inzwischen zurück. Schwiegermutter hatte ein Geschenk dabei, auf dem ein kleiner Aufkleber mit der Aufschrift *Michael* pappte. Ist so ein Krawattenladen im Ruhrpott. Und Schwiegervattern hatte ein kleines verpacktes Geschenk mit dem Aufkleber *Douglas*. *Basic Instinct*? Schön, dachte ich mir, dann wird das ja sicher ein gemütlicher Filmabend bei Onkel Bertram.

Es kam allerdings anders. Immer noch untröstlich darüber, dass wir an Weihnachten nicht den Pfeifen der Orgel lauschen durften, fing die Pfeife Bertram an, in der Küchenschublade zwischen Küstennebel und Labskaus seine alte Panflöte zu suchen und leider auch zu finden.

Was darf an Heiligabend neben der üblichen Zofferei, wer denn in der Familie wen wie oft nicht besucht hat, nicht fehlen?

Richtig! Das gnadenlose Musizieren unter dem Baum,

der inzwischen vor Schreck drei seiner fünf Äste entnadelt hatte.

Onkel Bertram brachte uns also die Flötentöne bei und lag uns so lange mit *Santa Claus is coming to town* in den Ohren, bis meine Frau ihm das Ding abnahm und in den offenen Kamin schmiss. Mit den Worten: »Wurde gerade wieder etwas schattig hier«, machte sie Scooter mit seinen schönsten Weihnachtsmedleys an und übergab mir mein Geschenk. Aber selbst *Hyper! Hyper! Ho! Ho! Ho!* riss es nicht mehr raus. Man kann definitiv sagen, dass es bis dato mein schlimmstes Weihnachten nach dem Fest 1981 war, als ich statt des Matchbox-Parkhauses von meiner Omma einen Norwegerpulli geschenkt bekommen hatte.

Onkel Bertrams selbst gestopfte Bockwürstchen sorgten tags drauf dafür, dass ich nun jede Raststättentoilette der A1 einmal besucht habe. Ich hatte übrigens als Gemeinschaftsgeschenk von der ganzen Familie eine »Herrenhandtasche« bekommen. Eine Werkzeugkiste, gefüllt mit kubanischem Bier, einer tschechischen Zigarre, einem Zollstock, der komischerweise immer zwanzig Zentimeter anzeigte, und einer alten *Masters of the Universe*-Figur, die auf eBay mit über fünfzig Euro gehandelt wurde. So geht schenken, Leute!

Bei meiner Frau hatte ich mich etwas bekloppter angestellt. Ich hatte online einen Erlebnisgutschein für zwei Personen besorgt. Das große Wellnesswochenende hatte man unter dem Aktionscode C43G ordern können. Aber warum musste dieser beknackte Onlineshop die Baggertour durch das Elbsandsteingebirge auch mit C43H direkt daneben anpreisen? So was kann man doch leicht verwechseln! Meine Frau schlug sich aber wacker in dem Zehn-Tonnen-Ungetüm.

Weihnachten, immer wieder schön, solange man einfach mitspielt. Aber früher war mehr Lametta. Holleradudödeldi.

★ Bedienungsanleitung für Weihnachten ★

Für Großväter
Ja, der Erste Weltkrieg war hart. Aber die Geschichte mit dem geklauten Kartoffelsack, den ihr zu Fuß bis nach Ostpommern geschmuggelt habt, kennen wir schon von den vorangegangenen achtzig Weihnachten.

Für Großmütter
Wir haben schon zwanzig Krawatten mit Walt-Disney-Motiven. Wir besitzen zudem zehn gehäkelte Handwärmer und eine ganze Minibar voll Weinbrand. Bitte schenkt Tankgutscheine oder überweist direkt auf unser Tagesgeldkonto.

Für Onkel
Prinzipiell habt ihr natürlich immer recht. Falls jemand während des Essens widerspricht, wartet mit der Prügelei bitte, bis die Kinder im Bett sind.

Für Tanten
Supermärkte gibt es bereits seit dem 19. Jahrhundert. Wir benötigen für den Heiligabend daher kein selbst gemachtes Labskaus, keinen Krauteintopf und auch keine Himbeerbowle.

Für Väter
Schenkt euren Kindern Carrerabahnen, Kicker oder einen neuen Akkuschrauber. Nur solche Spielzeuge garantieren, dass Papa unter dem Baum auch mitspielen darf.

Drei-sieben palatinal

Der Deutsche und sein Essen

Deutschland ist ein Land der Gourmets und Feinschmecker. Glauben Sie nicht? Dann hören Sie sich das mal an. Schon der liebe Gott stellte, als er das Ruhrgebiet schuf, irgendwann fest: »Essen ist fertig!«

Auch ich habe, so wie Millionen anderer in diesem Land, keine Chance, dem wunderbaren Thema Essen zu entkommen. Mampfen und runterspülen müssen wir halt alle. Der eine mit Genuss, der andere ausschließlich zur Nahrungsaufnahme, um nicht zu verhungern. Problematisch wird es meist dann, wenn um das schöne Thema Essen ein mittelgroßes Geschiss gemacht wird. Da können rund um den Esstisch Spleens entstehen, die nicht mal Reiner Calmund beim Knäckebrotkauen kannte. Der Deutsche redet nämlich unglaublich gern über Essen, liest sehr viel darüber, schaut sich unzählige Kochsendungen im Fernsehen an und macht das Ganze manchmal sogar zur Weltanschauung. Nur kochen, das macht er eher selten selbst und seltener gut. Aber warum wurden schließlich Dr. Oetker geboren und die Mikrowelle erfunden?

Ich bin da, ehrlich gesagt, nicht anders. Essen klappt bisher ganz gut, Kochen weniger. Und weil ich, so wie alle anderen, nicht nur esse, um nicht zu verhungern, bekomme ich regelmäßig Post. Der eine oder andere kennt sie vielleicht auch, die berühmte Postkarte von seinem Zahnarzt. Der Wurzelsepp meines Vertrauens will mich mit der Abbildung eines böse dreinblickenden schwarzen und vermackten Zahnes dazu ermuntern, mal wieder zur Vorsorge zu kommen. Und da mich dieser abgebildete kleine Zahn mit Rambo-Stirnband und einer wie ein Maschinengewehr gehaltenen Zahnbürste in der Hand jedes Mal so einschüchtert, setze ich mich direkt ans Telefon und mache einen Termin.

Eine junge Stimme meldete sich neulich am anderen Ende der Leitung: »Guten Tag und herzlich willkommen in der Zahnarztpraxis Dr. Dr. Gröbers und Kollegen, Sie sprechen mit der teilzeitauszubildenden Praktikantin der Zahnarztpraxis Dr. Dr. Gröbers und Kollegen. Mein Name ist Schantall Pröllmann, was kann ich für Sie tun?«

Ich schaute auf die Uhr. Die ersten drei Minuten des Gespräches waren um.

»Guten Tag, Twilfer hier. Ich hätte gern einen Termin zur Prophylaxe!«

»Lachse?«

»Zahnvorsorge!«

»Haben Sie einen Termin?«

»Nein, deswegen rufe ich doch gerade an.«

»Der Herr Dr. Dr. Gröbers und Kollegen bohrt aber nur mit Termin.«

»Herrgott, dann geben Sie mir doch einen Termin.«

»Privat oder Kasse?«

Ich wurde unruhig. »Kasse.«

»Dann kann der Herr Dr. Dr. Gröbers und Kollegen Ihnen 2021 einen Termin im Dezember um 05.30 Uhr anbieten. Nur montags bis donnerstags nicht. Da ist er immer Ski laufen.«

Ich kratzte mit den Nägeln über meine Schreibtischplatte. »Sorry, aber 2021 bin ich schon mit meiner Verkäuferin an der Käsetheke verabredet. Ich hab noch mal nachgedacht. Bin doch privat.«

»Okay, können Sie heute noch? Sonst trage ich Sie morgen früh als Ersten ein.«

Und so saß ich am nächsten Morgen frisch gebügelt bei meinem Esszimmer-Instandsetzer Gröbers auf dem Folterstuhl. Er kam direkt mit Mundschutz und Handschuhen rein, als wollte er unmittelbar mit der Amputation des Unterkiefers beginnen.

»Ach, der Herr Twilfer mal wieder. Hat Ihre Frau Ihnen immer noch keine Krone aufgesetzt? Na, dann muss ich das mal wieder erledigen, was?«

Kennen Sie diese Momente in Ihrem Leben, wenn Ihnen jemand dosierten Humor verabreichen will, Sie sich vor Angst aber lieber in die Hose machen möchten? Der Zahnarzttermin beim Gröbers ist jedes Mal ein solcher Augenblick, auch wenn es an diesem Tag nur um Vorsorge ging. Aber wer wusste, ob der Zahnarzt nicht doch was finden würde, was man teuer instandsetzen könnte. Auch Zahnärzte besitzen schließlich nicht abgezahlte Immobilien und Leasingverträge, die bedient werden wollen. Er schob mir einen Spiegel in den Mund, und Chantall fing an zu saugen.

»So, Herr Twilfer, dann wollen wa mal gucken. Zwei-fünf C, drei-sieben palatinal, drei-vier leicht versenkt.«

Ich fragte mich, ob der Arzt noch behandelte oder schon Schiffe versenken spielte. Er schaute noch tiefer in meinen Mund. Seine Stirnfalten hoben sich, seine Augen wurden größer.

»Herr Twilfer, haben Sie sich mal Gedanken darüber gemacht, Vegetarier zu werden? Kann ich Ihnen nur empfehlen. Diese Fleischreste da können ganz schön schlimme Dinge bewirken. Wie ich sehe, essen Sie auch so gern diese ungarische Salami.«

Ich versuchte mit dem Spiegel im Mund zu antworten,

während mir Sprechstundenhilfe Chantall mit dem Sauger so langsam die Magenflüssigkeit hochholte: »Hö, hä hä, häää, hää. Kuh hhä Gräääh. Ich essäää Kuh.«

Der Zahnarzt nahm seinen Schminkspiegel aus meinem Mund. Chantall saugte unterdessen die Blutreste meines Vorgängers aus dem Spülstein.

»Ich sagte, ich bin nur Secondhandvegetarier. Kuh isst Gras, ich esse Kuh.«

Der hagere Zahnarzt mit dem implantierten Witzebuch tauchte wieder in meinem Mund ab und hielt weiter seine Gardinenpredigt zum Thema Essen.

»Wissen Se, Herr Twilfer, et is ja nich nur dat Problem mit Karies. Et geht ja auch um die Wampe. Der einzige Vorteil, wenn man dick ist, ist ja, dat man schwerer entführt werden kann. Aber ansonsten ist dat mit dem vielen Essen nicht gesund. Gucken Se mal, alle sechzig Sekunden stirbt in Afrika eine Minute. Und wat machen wir? Wir schaufeln in uns rein, wat dat Zeug hält.«

Ich spuckte roten Tollwutschaum ins Becken. »Herr Doktor, und am schlimmsten sind die Maurer. Die verputzen sogar ganze Häuser.«

Chantall schaute uns fragend an, während sie mit dem Finger in der verstopften Saugerdüse rumfummelte.

Gröbers wog mich in Sicherheit und kalauerte munter weiter.

»Mein Hausarzt hat mir neulich erzählt, dat Lachen genauso gesund is wie Joggen. Dat hat mir wenigstens schon mal den Druck genommen, von morgens bis abends Sport zu machen, um die Wampe loszuwerden. Ich sitze jetzt immer im Park und lache die Jogger aus.«

Und während ich mir Gedanken über den deutschen Gesundheitstick machte, merkte ich zunächst gar nicht, wie Chantall damit begann, eine amtliche Betäubungsspritze aufzuziehen, die sicher nicht für die Minion-Figur war, die gegenüber auf einem Schrank stand und den kleinen Patienten die Angst nehmen sollte. Noch bevor ich verstand, dass die Spritze mir galt, redete ich Tacheles. Es hatte keinen Sinn mehr, um den heißen braunen Brei herumzureden, wenn er doch ursächlich für den ganzen Spuk im Behandlungsstuhl war. Eventuell war ja noch an Flucht zu denken.

»Okay, ich geb's zu, Herr Dr. Gröbers. Sie haben mich erwischt. Ich bin nussnougatcremesüchtig. Und zwar volle Pulle. Also, äh, volles Glas.«

Dr. Gröbers schraubte den dicksten Bohrkopf auf die Foltermaschine und schaute mich fragend an.

»Ja, ich geb alles zu. Es fing schon in der Kindheit an. Irgend so ein Finn-Luca hat mir im Kindergarten erzählt, dass ein Glas Matula, oder wie das Zeug heißt, viertausend Kalorien hat. Bis dato hatte ich mit Drogen ja nichts am Hut, und dennoch wusste ich schon damals: Das ist viiiiiel zu viel. Andererseits, wer isst schon das Glas? Ich wollte ja an den Inhalt. Okay, der Hersteller hatte Schutzmechanismen eingebaut, die meine Sucht in Grenzen halten sollten. Das hätte mir zu denken geben müssen. Da war zum einen diese Schutzfolie auf der Öffnung, die bis heute keine Sau aufbekommt, weil die Firma es in hundert Jahren nicht geschafft hat, eine Lasche zum Aufziehen dranzumachen. Am Schlimmsten aber ist seit jeher die Form des Glases. Man kann es drehen, wie man will, man kommt mit der Suppenkelle nicht durch die schmale Öffnung. Ich stelle das Glas meist in die Mikrowelle. Nach fünf Minuten ist die flüssige Schokocreme mit einem Cocktailstrohhalm besser zu vernichten. Wie dem auch sei, ich bin massiv abhängig von Nussnougatcreme, dieses Teufelszeug, dieses geile.«

Der Monster-Minion schaute mich mit nur einem Auge an.

Chantall reichte dem Brunnenbohrer Gröbers die Monsterspritze. Ich erahnte unter ihrem Mundschutz ein hämisches Grinsen. Nun würde ich bluten! Für alle meine Essenssünden der letzten tausend Jahre. Ich war fällig. Ich hatte es zu weit getrieben.

»Ja, Herr Doktor, ich weiß, ich habe Unrecht getan. Ich bin bereit zur Buße. Auch meine Frau hat mich jahrelang ermahnt, bewusst zu essen. Und nachdem ich an dem Punkt angelangt war, dass ich mir sogar zwei Negerküss..., äh, Schaumküsse mit Migrationshintergrund gleichzeitig auf das Brötchen gedrückt habe, war ich mir ja auch bewusst. Bewusst, dass das nicht richtig war. Ich hätte Bioroggenbrötchen nehmen müssen. Aber ich war noch jung und brauchte das Gäääää...«

Ich spürte die Spritze, als sie mich stach. Der Arzt hatte durch meine wilde Sabbelei halb das Zahnfleisch und halb die Zunge getroffen. Na super, dachte ich. Das nachmittägliche Telefoninterview mit der *WAZ* konnte ich dann wohl knicken. Die würde eh kein Wort verstehen.

Mir wurde nach der Spritze richtig warm ums Herz. Aber nicht wie bei meiner Omma, wenn ihr der Busen in der heißen Suppe hing. Nein, richtig warm. Mein Gott, was war das denn für ein Zeug, das der mir da verabreicht hatte? Damit konnte man ja ein Mammut in Richtung King of Pop schicken.

Gröbers schaltete sich wieder ein. »Ja, Herr Twilfer, der Deutsche hat halt so seine miesen Essgewohnheiten, die man ihm auch nicht austreiben kann. Aber davon lebe ich ja.« Er schob die Rolex an seinem Arm hoch.

Ich wünschte mir in diesem Moment, dass er davon nicht mehr leben könnte, tot umfallen würde und ich endlich abhauen durfte. Trotz der Narkose bemerkte ich, wie mir die nicht abgesaugte Spucke rechtsseitig langsam aus dem Mund lief. Ich grinste mit dem linken Mundwinkel. Der andere Mundwinkel auf Bodenhöhe. Sah ein bisschen aus wie bei *Extrem schön – endlich ein neues Leben* – nur halt vor den ganzen OPs.

Chantall mischte nun dieses fiese Zeug an, damit Gröbers, der Schlächter von Gelsenkirchen-Erle, einen Abdruck meines Ober- und Unterkiefers nehmen konnte. Und Chantall, die hatte weiterhin von Tuten, Blasen und Saugen keinen Funken Ahnung. Mein Sabber hing nun in einem langen Faden bis auf den Boden. Ich möchte Ihnen weitere Details ersparen. Der Minion guckte immer noch mit nur einem Auge lächelnd zu mir rüber.

Dann bekam ich diese Folterklemmen mit der Schmiere in den Mund geschoben. Gebissabdruck mit Betäubung. Was für ein dämliches Timing! Die beiden Kannibalen verließen kurz den Raum, während die Pampe trocknete, und ich war mit dem Minion allein. Dankbar, dass er mein Elend nicht in 3D ertragen musste, der alte Glubscher.

Ich sackte mit dem Spachtel im Mund tiefer in den Sessel und spürte, wie mein ganzer Kiefer langsam zu einem Betonklotz erstarrte. Erneut dachte ich an das Thema Essen und strich mir über meinen Waschbeckenbauch. Hm, eigentlich bin ich ja gar nicht wohlgenährt, sondern eher fluffig, so wie der Stoff-Minion. Oder wie ein Vogel, nur eben ohne Mauser. Ich musste an Pinguine denken, die bis zu sechzig Prozent ihres Körpergewichts verlieren, wenn sie in die Mauser kommen. Vielleicht musste ich einfach nur anfangen, mich zu mausern. Das könnte die Lösung sein. Vielleicht mal den Rücken rasieren. Wäre immerhin ein Anfang.

Vielleicht lag der Schlüssel zum Abnehmen tatsächlich in dem Öko-Food, das mir meine Frau immer aufs Auge drücken will? Hatten diese ganzen Super-Trendy-Veganer-Freaks also doch recht? Mir hatte mal einer verraten, wie viel Antibiotika in diesen ganzen Masthühnern steckt. Von da an war mir zumindest klar gewesen, warum man bei Erkältung Hühnersuppe essen soll.

Der Deutsche hat auf jeden Fall einen sympathischen Gesundheitstick, wenn es ums Essen geht. Zumindest auf den ersten Blick, wenn alle demonstrativ in den Bioladen rennen, um sich schwarze Bananen zu besorgen, die von Dembale Ukelele auf der Bananenplantage in Mosambik eigenhändig vom Baum geholt wurden. Schmecken scheiße, sind aber bio und daher gut für meine Gesundheit. Denn was nicht schmeckt, muss gesund sein.

Meine Frau ist auch von diesem Gesundheitsfimmel befallen. Schwarze Bananen habe ich aus unserem Haushalt zwar erfolgreich verdrängen können, aber neulich kam sie mit was ganz Besonderem an.

»Kai, ich war heute im Bahnhofscenter, in diesem neuen Frischeladen. Guck mal, Biopommes! Die sind schon gesalzen und verzehrfertig abgepackt.«

Ich guckte mir die Packung mal ein bisschen genauer an. »Äh, Schatz, das sind Salzstangen.«

»Musst du immer alles, was mit bio zu tun hat, schlechtreden? Du hast die Pommes doch nicht mal probiert.«

Meine Frau hat den ganzen Abend geschmollt, nur weil ich die armen Salzstangen in Schutz genommen hatte.

Was aber noch viel schöner als die Essensmacken ist, das sind die Marotten und Ticks, die man beobachten kann, wenn jemand isst. Auch da kenne ich viele Angewohnheiten, die manch einer sein Leben lang nicht mehr loswird.

Haben Sie zum Beispiel auch diesen Spleen, nach dem

Öffnen eines Joghurts den Deckel abzulecken? Bei keinem anderen Lebensmittel käme man auf die Idee, Speisereste von der Verpackung oder gar vom Teller mit der Zunge abzuwaschen. Dafür gibt's schließlich Spülmaschinen. Aber bei Joghurtdeckeln wird gezüngelt, bis alles sauber und die Zunge blutig zerschnitten ist.

Mein großes Hobby ist ja das Zusammenquetschen von Senftuben auf Nanogröße. Klar, die Dinger zum Schluss aufzuschneiden und zu gucken, ob sich noch ein Fitzelchen Senf darin befindet, dafür sind wir zu fein. Aber das Ding immer kleiner zu quetschen, damit kein Milligramm Senf weggeschmissen wird, da sind wir dabei. Eine Volksseuche, und ich mittendrin.

Mein zweitliebstes Hobby ist das Auseinanderbauen von Schokoriegeln und Eis am Stiel. Ich esse das ungesunde Zeug also nicht nur, ich zelebriere es auch noch. Sie wissen schon, beim Eis am Stiel erst die Schokolade abnagen und dann das Innere vernichten. Beim Schokoriegel Stück für Stück die köstlichen einzelnen Schichten ablutschen und zum Schluss den langweiligen Keksrest vertilgen. Je länger man nämlich an einer Kalorienbombe rumfummelt, desto weniger isst man davon. Dat is Züchelogi! Für mich auf jeden Fall sinnvoller, als stundenlang die Küche zu versauen, nur um irgendein bioveganes Tofu-Zeugs zwischen die Kiemen zu bekommen.

Zum Glück sind meine Frau und ich weder Vegetarier noch sonstwie genusstechnisch eingeschränkt. Aber wer's mag. Leute, ich bin bei euch. Ich kann schließlich auch nichts essen, was mich noch vom Teller aus mit einem Auge anguckt, so wie der Minion. Aber halb gare Fischstäbchen mit ordentlich Ketchup drauf: geht! Mein Gott, wenn gerade nichts anderes im Haus ist ...

Meine Frau lebt ihre Essensmarotten ebenfalls direkt am

Tisch aus. Wo ich Senftuben ausquetsche, müht sie sich, bei einem aufgeschnittenen Brötchen die beiden Hälften wieder exakt aufeinanderzubekommen. Margarine wird selbstverständlich ausschließlich gekratzt und Butter geschnitten. Und wenn sie doch mal wieder ein altes Rezept von ihrer Großmutter ausprobiert, wird alles exakt so gekocht wie im Rezept von anno 1933 formuliert. Pupsegal, ob dreihundert Gramm Salz pro Teller ein Schreibfehler und drei Gramm gemeint waren. Da wird nichts verändert.

Ich war fast eingenickt, als Chantall und Dr. Gröbers zurück in den Behandlungsraum kamen. Der Arzt führte seine Andacht in Bezug auf gesünderes Essen fort, und Chantall mühte sich, den hart gewordenen Klotz mit dem Zahnabdruck aus meinem Mund zu hebeln. Endergebnis des prophylaktischen Tages: eine Doppelkrönung, die mich 867 Euro kostete, noch vier Stunden danach eine Aussprache wie ein Urbayer im Vollrausch und ein Telefoninterview mit der *Westdeutschen Allgemeinen Zeitung*, die kein Wort von dem verstand, was ich ihr erzählte.

Und während ich aufgrund des fünfstündigen Essverbots meiner Frau zusah, wie sie sich den Rest meiner ungarischen Salami reinpfiff, freute ich mich schon auf die nächste charmante Postkarte, die in einem halben Jahr in meinem Briefkasten liegen würde. Mir war nämlich klar geworden: Ich kann allem widerstehen, nur der Versuchung nicht.

★ Unsere 10 größten Macken beim ★
Essen und Trinken

Platz 10: Wir teilen uns auf in zwei Sorten Puddingesser. Diejenigen, die die Sahne von oben sauber wegessen, und diejenigen, die alles brutalst mischen, bevor sie den Pudding genießen.

Platz 9: Bier auf Wein, das lass sein. Vor allem, wenn man dazwischen das Glas nicht wechselt.

Platz 8: Der Mensch rührt zu neunundneunzig Prozent im Uhrzeigersinn mit dem Löffel in der Tasse.

Platz 7: Wir stecken Fleisch, Obst und Gemüse auf Spieße, können es nach dem Grillen so aber nicht mehr essen und ziehen es wieder vom Stäbchen runter. Warum nur?

Platz 6: Wir kaufen harte Kekse und weichen sie dann wie einen alten Putzlappen im Kaffee auf.

Platz 5: Wir lügen unsere Kinder an, dass das Wetter nur dann gut werde, wenn sie den Teller aufessen. Danach fahren wir sie zur Entfernung der Porzellanreste in die Notaufnahme.

Platz 4: Wir schütten so lange Sauce Hollandaise über ein Schnitzel, bis es nicht mehr zu sehen ist. Dem Gemüse widerfährt das gleiche Schicksal.

Platz 3: Wir heben bei einem Hamburger erst einmal den Deckel an und schauen, wie es unter ihm aussieht. Und wehe, da ist eine Gurkenscheibe! Die essen die meisten nämlich gar nicht gern.

Platz 2: Wir benutzen zum Spaghetti-Essen immer noch einen Löffel, obwohl die Italiener es seit Jahrtausenden auch ohne schaffen.

Platz 1: Wir bewundern Menschen, die es schaffen, nur eine halbe Tüte Chips zu essen.

Der kommt nicht gut an

Die kleinen Macken der Bahnreisenden

Wie ich am Anfang dieses Buches schon sagte, fahre auch ich gelegentlich bis regelmäßig gezwungenerm…, also sehr gern mal mit der Deutschen Bahn.

Die Deutsche Bahn ist nicht nur typisch deutsch, sie trägt ihre Herkunft sogar im Namen. Dabei hat die Bahn als Unternehmen eigentlich gar keine humorvollen Macken, über die ich hier schreiben könnte. Zumindest dann nicht, wenn man vierundzwanzigstündige Verspätungen, tagelange Lokführerstreiks oder unverständliche Bahnsteigdurchsagen als normal bezeichnet.

Was dieses Unternehmen so legendär gemacht hat, sind die Bahnfahrer und ihre Ticks. Zum Beispiel, wenn sie sich über die Bahn ärgern und diesen Ärger tagtäglich mit ins Abteil schleppen. Das Bahnfahren wird also erst dann zur lustigen Marotte, wenn wir alle mit an Bord sind. Die Bahnfahrer wie du und ich. Erst dann kann der Reisende genau die Macken ausleben, die man eben nur in einem deutschen Zug erleben kann.

Die langweiligsten Bahnfahrten hatte ich immer dann, wenn keine Sau mit mir zusammen im Abteil saß. Ja, das gibt es tatsächlich. Ich empfehle die Strecke Gelsenkirchen-Zoo bis Herne-Baukau mit der letzten S-Bahn nachts um 00.34 Uhr. Ganz ehrlich? Mag ich nicht. Ich finde, Züge müssen voll mit Leuten sein. Rappelvoll! Bis zum letzten Stehplatz im Behindertenklo. Menschen, die ich nicht kenne und die alle ihren Spleen und ihre Macke als Gepäckstück mit an Bord nehmen.

Ich genieße es zum Beispiel sehr, wenn ich mit dem ICE in Wolfsburg halte. Das ist nicht selbstverständlich. Die Bahn fährt nämlich gern mal an Wolfsburg vorbei. Ich gucke also im Wolfsburger Bahnhof aus dem Fenster und sehe, wie neue Mitfahrer, also Frischfleisch, in den Wagen drängen. Allein dieses Kopfkino voller Klischees, das dann einsetzt: hach, ein Tick, den ich nicht loswerde. In Wolfsburg denke ich bei jedem, der in den Zug steigt: Der arbeitet bestimmt bei Volkswagen. Egal wer. Mütter, Kinder, Rentner, alle bei VW. Band, Kantine, Werkskindergarten. VW! Wenn ich Glück habe, setzt sich einer der Betroffenen zu mir ins Abteil oder im Großraumwagen neben mich, und ich bekomme in den folgenden Stunden locker raus, ob an meiner Vermutung was dran ist.

Eine Bahnfahrt ist mir da besonders in Erinnerung geblieben. Ich fuhr mit dem Zug nach Frankfurt. Buchmesse! Ein jährliches Highlight des Autorentums, zu dem man aufgrund des einen oder anderen Umtrunks besser mit dem Zug anreist.

Essen-Hauptbahnhof, einsteigen, Großraumabteil. Voll wie der Klingelbeutel nach dem Weihnachtsgottesdienst. Aber der Deutsche ist ja schlau, er reserviert. Eine gute Idee, aber nicht gut genug, wenn sich trotzdem jemand auf Ihren Platz gesetzt hat. Ich schaute auf meine Fahrkarte. Mit dem Ticket winkend, stand ich vor einem jungen Mann, der Klapptisch und Rückenteil des Sitzes zum Gynäkologenstuhl umgebaut hatte.

»Äh, sorry, ich glaube, bis Frankfurt bin ich auf der F16.«

»Yo, Kollege, so kampferprobt siehst du aber gar nicht aus.«

Ich holte eine Tupperschale aus meiner Umhängetasche.

»Okay, mein Freund. Einen Wagen weiter, oder ich esse meine Stulle mit Roquefortkäse direkt neben dir. Und glaub mir, dann setzt du deine Kopfhörer auf die Nasenflügel.«

»Is ja gut, Kollege. War nur 'n Joke. Hilfste mir gerade mal mit dem Stuff?«

Der Mann stand auf und zeigte auf Dutzende Taschen, Jacken, Skateboardmagazine und einen Gitarrenkoffer, die alle um ihn herum verstreut lagen oder hingen. Diese Unordnung im Zug, da werde ich zum Monk. Mich macht es ja schon wahnsinnig, wenn Leute in Reihe 4 sitzen, ihre Jacken aber über mir in der Gepäckablage Reihe 16 deponieren und mir die ganze Fahrt über der Ärmel einer beigefarbenen Oppajacke auf den Knien hängt. Okay, man spart sich nach dem Käsebaguette die Serviette, aber muss das denn sein?

Da lob ich mir doch die deutschen Airlines, die den ganzen Krempel in verschließbaren Gepäckfächern über einem verstauen. In Flugzeugen sieht es immer viel aufgeräumter aus. Zumindest bis zur Landung, wenn zweihundertmal sämtliche 876 Seiten der *FAZ*-Sonntagsausgabe verstreut im Gang liegen.

Es ist auch zur Regel geworden, dass in Gepäckfächern der Deutschen Bahn keine simplen Koffer oder Reisetaschen mehr transportiert werden. Nein, bigger is better. Tragbare Käfige mit deutschen Doggen darin, nicht klappbare Drillingskinderwagen und Winterreifensets, Jugendstilmöbel und Olivenbäume im Tontopf werden mittlerweile im Gepäckfach verstaut. Ich fordere hiermit das amtliche Gepäcknetz zurück, das in alten Zügen ab einer Belastung von höchstens zehn Kilogramm grundsätzlich den Geist aufgab.

Ich half dem Justin Bieber für Fortgeschrittene also, die Kleiderkammer etwas aufzuräumen, und zog dem Jungspund sogar freundlicherweise den Gitarrenkoffer aus dem Gepäckfach, damit ich endlich auf F16 sitzen konnte. Neben mir, auf der anderen Gangseite, saß ein Vater mit seiner Tochter und direkt vor mir eine junge Frau Marke Karriereweib, Werbeagentur Düsseldorf Königsallee. Schön, dachte ich. Heute ist mal wieder alles mit an Bord. Block raus, Ideen für ein neues Buch sammeln. Und was soll ich sagen? Ich wurde nicht enttäuscht.

Der bereits in die Jahre gekommene Vater spielte das übliche »Ich muss dir die Welt erklären«-Oberlehrerspiel. Die Tochter war sein Opfer.

»Charlotte, weißt du denn, wofür der Hammer ist, der da zwischen den beiden Fenstern hängt?«

»Ja, Papa, das is wegen den Punks. Die klauen den immer. So wie die Hooligans beim Auswärtsspiel.«

»Charlotte, es heißt wegen *der* Punks. Auf *wegen* folgt im Deutschen immer der Genitiv. Ansonsten war aber alles richtig, mein Täubchen.«

Ich hatte mal gelesen, dass es einer der größten Wünsche eines jeden Deutschen ist, diesen berühmten Nothammer einmal im Leben ausprobieren zu dürfen. Ich nehme aber an, die Umfrage bezog sich auf das Zugfenster und nicht auf den Oberlehrer, um ihn zum Schweigen zu bringen. Obwohl er ja auch ein zwischenmenschlicher Notfall war.

Na gut, diese Art Dialog kannte ich schon. Ich entschied mich daher, bis Köln ein Buch zu lesen. Mache ich, seitdem ich schreibe, eher selten. Also ein fremdes Buch lesen. Und kaum hatte ich es aus meiner Tasche gekramt, ertappte auch ich mich schon wieder, wie ich Opfer einer typischen Marotte geworden war. Ich hatte bei meinem Buch nämlich zu Hause noch den Schutzumschlag abgenommen, damit bloß keiner sah, was ich las. Dabei konnte ich *Konsalik*, *Mein Kampf* und die Neuauflage des Kamasutra eindeutig ausschließen. Trotzdem scheint es vielen Zugreisenden (zugegeben: auch mir) häufig peinlich zu sein, dass einer mitbekommen könnte, welchen Buchgeschmack man hat. Beim Musikhören mit Ohrstöpseln genau das Gleiche. Ich höre immer erst, ob einer die Musik aus meinen Stöpseln mitbekommt, und stopfe mir dann die Dinger ins Ohr. Das machen viele Reisende, bis auf die Heavy-Metal-Freunde mit dem Monatsticket für die U-Bahn. Die haben keine Chance, egal, wie leise sie Heino mit seinen Metallica-Coversongs drehen.

In der trügerischen Annahme, nun in Ruhe ein paar Seiten lesen zu können, schlug ich mein Buch auf. Was ist falsch im vorherigen Satz? Richtig. IN RUHE! Deutsche Bahn und Ruhe. Das ist nicht mal nachts zwischen Gelsenkirchen-Zoo und Herne-Baukau möglich. Da röhrt dann meist die halb kaputte Klimaanlage. Die Deutsche Bahn hat ja seit jeher diese altbekannten Kinderkrankheiten. Im Frühling Chaos wegen des Fahrplanwechsels, im Sommer Stunk mit den kaputten Klimaanlagen, im Herbst Laub auf den Weichen und im Winter der überraschende Kälteeinbruch, jedes Jahr wieder. Kann ja keiner mit rechnen.

So, Ruhe war also nicht. Ich legte das Buch wieder weg. Stattdessen beschloss ich, in mich zu gehen. Mache ich im Zug auch gern. Sitzen, rausgucken und in mich gehen. Wie im Flugzeug. Gut, da wird man irgendwann immer vom frenetischen Applaus der Mitreisenden geweckt, wenn sie den Pilot nach der Landung für die Ausübung seines Berufes beklatschen. Das passiert in den Zügen der Deutschen Bahn leider nie. Das finde ich etwas schade. Warum soll man nicht einfach mal applaudieren, wenn zum Beispiel ein Linienbus die Endhaltestelle in Bochum-Weimar schadenfrei erreicht hat oder die Deutsche Bahn korrekt an Gleis 1 des Kölner Hauptbahnhofes eingefahren ist? Nicht in umgekehrter Wagenreihung, nicht erst einen halben Tag später oder ohne den zweiten Zugteil. Sondern richtig gereiht, pünktlich und vollständig.

Ich applaudierte bis Frankfurt also an jeder Gießkanne, an der wie anhielten, und ließ mich im Kölner Hauptbahnhof sogar zu einem Tusch hinreißen. *Tätä, tätä, tätä!* Aus meinen Ohrstöpseln drang in voller Lautstärke *We are the Champions*, und das Kind neben dem Oberlehrer fragte: »Papa, ist der ein Hooligan?«

»Charlotte, ist *das* ein Hooligan, wäre korrekt gewesen.«

Während wir Köln wieder verließen, spielte ich mit dem Gedanken, mir einen Schokoriegel aus dem Bordbistro zu organisieren. Der Hunger quälte mich ebenso wie das nun folgende Telefonat der jungen Karrieretussi, die vor mir sitzend gerade einen Anruf erhielt. Ich weiß nicht, warum, aber ich bemerke immer häufiger Vollpfosten, die ihr Handy im öffentlichen Raum extralang klingeln lassen, bis sie rangehen. Schön sind leicht schwerhörige Herrschaften, die es erst nach dem sechsundfünfzigsten Klingeln hören oder Vibrieren spüren, während nach dem dritten Bimmeln bereits jeder im Zug zum Störenfried rüberguckt.

Als auch im Zug nach Frankfurt alle zu der Aufgestylten herüberschauten, ging das Bettgestell endlich an den Apparat. Ich holte mir ein Wurstbrot aus meiner Tupperdose. Gesünder als Schokoriegel, ich geb's ja zu. Das mit dem Roquefort war ohnehin eine Notlüge gewesen.

»Jackeline von Derben, Assistentin der Geschäftsführung. Guten Tag.«

Ich legte das Brot in Zeitlupe wieder in die Dose. Mein Hunger war sofort verschwunden. Ich brauchte freie Hände, zum Mitschreiben.

»Ja, das Memo liegt auf der Power-Point-Präsentation. Mein Freund, ich habe dir doch gestern in der Telko schon gesagt, dass ich mich nicht um alles kümmern kann. Ich bin auf dem Weg zu einem Meeting in Frankfurt. Lass das doch die dicke Praktikantin machen.«

Ich weiß nicht, wie es Ihnen geht, aber der Deutsche wird beim Telefonieren mit dem Handy ja gern mal laut. Digital? Scheißegal! Immer schön schreien und gern da, wo andere Leute mit einer harmlosen Wurststulle sitzen und gar nicht anders tun können, als zuzuhören. Ich war also ungewollt Teil der Dreierkonferenz mit ihrer Chefabteilung.

Es nervte mich, weil ich plötzlich Dinge machte und hörte, die ich gar nicht machen und hören wollte. Wenn zum Beispiel im Zug einer seinen Platznachbarn nach der Uhrzeit fragt, dann gucke ich, wie magisch gesteuert, auch auf die Uhr. Wurscht, ob mich die Uhrzeit in diesem Moment interessiert oder nicht. Und wenn so eine Chanel-Chica mit ihrem Kollegen telefoniert, dann geht mich das Gespräch eben was an. Ich stelle dann auch gern Rückfragen, wenn ich irgendwas nicht so ganz verstanden habe.

Die tapezierte Kleiderstange brüllte weiter in ihr Handy. »Nein, bin erst durch Leverkusen durch. Hab jetzt die ganzen Bayer-Vögel mit im Abteil. Sag mal, ist die Schnalle aus der Registratur tatsächlich schon wieder schwanger? Man hört ja, dass der Neue aus der Buchhaltung da direkt mal drübergerutscht ist. Hat mir Barbara beim Pilates erzählt.«

Der Oberlehrer war nun wieder gefragt. »Papa, was heißt drüberrutschen?«

Meine positive Grundstimmung schwankte. Wie weit war Frankfurt noch weg?

Die erste Durchsage des Piloten, äh, Zugführers ertönte: »Meine Damen und Herren, aufgrund einer vereisten Weiche in Krzzkrhmammkr müssen wir einen Umweg über Grhhergsjcmnr machen. Die voraussichtliche Ankunft wird sich daher um dreißig Minuten verzögern.«

Vereiste Weiche Mitte Oktober? Hatten die magischen Ehrlich Brothers Vatertagsausflug?

Egal. Dreißig Minuten Verspätung sind bei einer zweistündigen Fahrt ja durchaus im grünen Bereich. Bis ich ankäme, wären am Bastei-Lübbe-Stand zwar schon die Salzstangen weg, aber so konnte ich wenigstens noch Futter fürs neue Buch sammeln. Der Schokoriegel kam mir wieder in Erinnerung. Ich stellte die Tupperdose mit der Wurststulle geöffnet auf das Klapptischchen vor mir und hoffte, dass der geballte Cervelatduft die Telko-Tante dazu bewegen würde, den Platz zu wechseln. Ich verschwand unterdessen Richtung Bistro.

Ich Wagen 1, Bistro heute Wagen 12. Kein Problem. Bis Frankfurt war es noch über eine Stunde, da wir ja gerade mit dreißig Stundenkilometern über S-Bahn-Gleise durch verwilderte Kleingartenanlagen fuhren. Für 'n Kaffee und 'n Snickers, wenn's mal wieder länger dauert, blieb Zeit genug. Aber bereits am Übergang von Wagen 1 zu Wagen 2 zeigte sich mir das übliche Bild. Menschen, die sich dazu entschieden hatten, mit achtzig anstatt mit einem Koffer zu reisen, standen unmittelbar vor der Zugtür. Aus Angst, bei der Ankunft im nächsten Bahnhof nicht rechtzeitig aus dem Zug springen zu können, oder weil sie nicht reserviert oder eine schwache Blase haben. Also versammelt sich regelmäßig alles im Eingangsbereich an den Klotüren. Wie im Flugzeug. Justin Bieber saß mittendrin auf seinem Skateboard, spielte auf der Gitarre *Destination anywhere*, und ein leicht- bis mittelrenitenter Herr wachte über seine Habseligkeiten von Lederkoffer bis zu einem mit Porreestangen beladenen Hackenporsche.

Ich schaltete mich ein. »Würde es Ihnen was ausmachen, Ihre zweitausend Koffer übereinanderzustapeln, statt nebeneinanderzustellen? Ich hab jetzt Bock auf Snickers, weil die Nebelkrähe in Wagen 1 gerade ihr Handy vergewaltigt.«

Dabei begann ich mit Gesichtsmuskelentspannung. Müssen Sie auch mal machen. Sehr, sehr beruhigend. Sie spannen alle Gesichtsmuskeln gleichzeitig an und lassen nach vier Sekunden wieder los. Sieht extremst bescheuert aus, aber befreit einen irgendwie.

Der renitente Herr deutete meine Worte in Verbindung mit dem Gesichtsausdruck wohl etwas miss und drohte mir an, mich am nächsten Halt von den Schotter-Sheriffs der Bahnpolizei aus dem Zug schmeißen zu lassen.

Ich spazierte also wie ein Storch im Salat durch die Kofferberge hindurch und kämpfte mich vorwärts zu Wagen 12. Es muss drei Minuten vor der Einfahrt im Frankfurter Hauptbahnhof gewesen sein, als ich endlich stolz wie Bolle eine lauwarme Brühwurst in der Hand hielt, weil Snickers längst ausverkauft war. Ich schaffte es sogar zurück bis Wagen 5, bevor ich diesen Horrorzug in Frankfurt verlassen musste. Meine zurückgelassene Oktober-Übergangsjacke, die mir meine Frau mal zum Namenstag geschenkt hatte, konnte ich ohnehin nicht ausstehen, und die Tupperdose mit der angefangenen Cervelatstulle … Ach Gott, man muss auch mal Opfer bringen. Bei der nächsten Bahnauktion für vergessene Gegenstände wird sie sicher noch zwei Euro bringen.

Endlich: Einfahrt auf Gleis 6, Tür öffnet automatisch. Trotzdem drücken sich deutschlandweit Millionen Menschen bereits zehn Kilometer vor Ankunft der Bahn die Finger blutig. Damit sich die Tür bestenfalls schon vor Stillstand des Zuges öffnet und man, wie früher beim Sommerschlussverkauf, der Erste ist, der die Flucht aus Wagen 5 antreten darf. Ich schob mir den Bockwurstrest zwischen die Kiemen und hörte nur noch den Oberstudiendirektor in Richtung Bahnsteig fachsimpeln, dass man doch bitte schön erst alle aussteigen lassen und dafür doch wohl eine korrekte Gasse auf dem Bahnsteig gebildet werden müsse. Nachdem ihm dafür der Hooligan eines Frankfurter Autowerkes noch in der ICE-Tür eine geballert hatte, stolperte ich über einen der acht Milliarden Koffer im Türbereich aus dem Zug des Grauens auf den Bahnsteig des Frankfurter Hauptbahnhofs. Ich hatte es tatsächlich mal wieder überlebt, das Abenteuer Deutsche Bahn, und freute mich nun auf Bücher und Salzstangen.

★ Was Sie vor einer Bahnfahrt unbedingt ★ mit ins Gepäck tun sollten

Für die achtstündige Wartezeit auf die nächste S-Bahn empfiehlt sich Thermo-Unterwäsche, eine Kanne heißen Lumumba und ein mobiles Heizkissen gegen Erfrierungen.

Beim zweiminütigen Umsteigen von Gleis 1 auf Gleis 34 schaffen Sie die Strecke am besten mit speziellen Laufschuhen. Usain Bolt eröffnet demnächst Schuhläden in Gleisnähe.

Im Abteil den Eiskratzer nicht vergessen. Die Klimaanlage sorgt bei ein Grad plus gern für lustige Eisblumen am Fenster.

Im wahrscheinlicheren Fall eines Ausfalls der Klimaanlage bieten sich karibischer Rum, ein Achselshirt, Sonnencreme und eine Nasenklammer an.

Bitte benutzen Sie die Magentabletten, den Kräuterschnaps und den braunen Papierbeutel erst *nach* dem Verlassen des Bordbistros, um Mitesser nicht zu irritieren.

Da häufig sämtliche Steckdosen am Sitzplatz schon belegt sind, empfiehlt sich die Mitnahme eines benzinbetriebenen Stromgenerators aus dem Maschinenverleih.

Es gibt immer was zu tun

Warum wir so gern in Baumärkte rennen

Viele Menschen haben eine geradezu erotische Beziehung zu Baumärkten. Zugegeben: ich auch.

Insbesondere die Männer unter uns sehen in einem Baumarkt kein Einzelhandelsfachgeschäft, in dem man(n) Dinge kauft, weil man(n) sie einfach nur benötigt (wie zum Beispiel Zollstöcke mit integriertem Flaschenöffner), sondern mehr eine Art Disneyland, in dem man seinen freien Tag verbringt, um Spaß zu haben. Im Baumarkt findet Mann von Welt einfach alles, was das Herz begehrt – und meist kein Mensch braucht. Es gibt inzwischen sogar Baumärkte, die Kleintiere verkaufen. Mann, wie oft habe ich mir beim Schraubenkauf schon die Frage gestellt, ob ich noch genug Hamster im Vorratsschrank habe …

Baumärkte bieten wirklich schöne Dinge an. Frauen verstehen das leider nicht, und sie werden es auch nie verstehen, aber Männer wissen, wovon ich spreche.

Ich unterscheide zwischen zwei Gattungen männlicher Baumarktbesucher: Da gibt es zum einen den Vollhonk wie mich, mit drei komplett linken Händen, der sich einmal im Jahr auf die Suche nach einem kleinen Nagel macht, da das Bild von Omma von der Wand geflogen ist. Zum anderen gibt es die Profis, die nachts im Blaumann pennen und die einem um drei Uhr morgens auf Zuruf sämtliche Angebotspreise von 14er-Ratsche bis hin zum Multifunktionswerkzeug mit Zubehör runterbeten können. Da die Profis oft Rentner sind und sie von einer Sache sehr viel haben, nämlich Zeit, besuchen sie neben der Kantine im Rathaus die Baumärkte quasi jeden Tag. Was soll man mit seiner Freizeit auch anderes machen?

Baumärkte sind laut eigener Werbeaussage überlebenswichtig, wenn man nicht nur rumfummeln, sondern richtig handwerken möchte. Die deutschen Hobbyhandwerker werden durch teils sehr aufdringliche Werbesprüche permanent dazu genötigt, um Gottes willen keinen Fachmann kommen zu lassen, sondern die Neuverdrahtung des Starkstromkastens über der Badewanne selbst in die Hand zu nehmen. Slogans wie »Ideen muss man haben«, drum »Mach's dir selbst«, denn »Es gibt immer was zu tun« versteht halt jeder Mann sofort. Sprüche wie »Liebe dein Zuhause, dann liebt es dich auch« verleiten uns dazu, reflexartig den Profischrauber raushängen zu lassen, damit die Butze wieder ansehnlich aussieht und man zumindest von ihr geliebt wird. Wenn schon sonst keiner da ist, der einen geil findet.

Ich gebe zu, auch ich brauche manchmal Dinge aus dem Baumarkt. Trotz meiner drei linken Hände. Man kann zwar heute schon so einiges an Baumarktzeugs online bestellen, aber meinem Paketboten ist es zu lästig, XL-Pakete bei mir abzuliefern, in denen sich dann zwei Messingschrauben für den Anbau meines Vogelhäuschens befinden. Seitdem ich vierzig geworden bin, baue ich nämlich Vogelhäuschen, um dem deutschen Spießerklischee wenigstens ein bisschen gerecht zu werden. Briefmarken zu sammeln war mir zu pfriemelig, und für Stefan Mross bin ich selbst in meinem Alter noch zu cool. Es musste also unbedingt ein urdeutsches Hobby sein.

BASTELN!

Und so blieb mir also nichts anderes übrig, als auch mal zu einem typisch deutschen Baumarkt zu fahren, um meine

3-mal-3,5er-Messingschräubchen mit Torx-Senkkopf zu besorgen. Sauber abgewogen und eigenhändig etikettiert wie zwei Gramm Salz.

Im Mikrokosmos Baumarkt ist es vor allem wichtig, dass man sich unter den ganzen Typen in Fliesenkleber verschmierten Latzhosen nicht direkt als Vollhorst oder Gelegenheitstäter outet, sondern so tut, als gehöre man schon seit Jahren zur Profiliga. Als wegen der Messingschrauben wieder ein Besuch im Vergnügungspark für große Jungs anstand, bereitete ich mich daher generalstabsmäßig vor. Zunächst besorgte ich mir zur Feier des Tages bei Aldi eine schneeweiße Malerkutte, die ich am Abend, als meine Frau schon schlief, absichtlich mit altem Bitumen und Styroporkleber versaute. Hier ein paar Schlitze mit der Flex, dort ein paar Ölspritzer – fertig war die Tarnung. Dazu sechs Tage nicht geduscht, und ich sah aus wie der klassische Handwerker nach drei Tagen Kneippkur im Abwasserrohr. Das Abenteuer deutscher Baumarkt konnte beginnen.

Zuerst aber geriet ich in eine Sackgasse, denn ich parkte am falschen Ende. Nachdem man mir in einer großen Halle des Baumarktes, direkt neben fünf Vierzigtonnern aus Bulgarien, klargemacht hatte, dass dies der Drive-in, also eher der Bereich für En Gros, sprich Palettenkauf, sei, wurde ich bezüglich meiner beiden Messingschrauben in den Hauptbereich des Baumarktes komplimentiert. Auch die Frauen in der Bäckerei und hinter der Theke des Tabakladens bestätigten, dass das eigentliche »Phantasialand« für Männer noch einen Schritt weiter sei und ich dort sicher auch Messingschrauben bekommen würde. Na, das sind wohl erst einmal die letzten beiden Frauen, die ich von nun an für eine lange Zeit zu Gesicht bekommen habe, dachte ich mir etwas machohaft.

Ich ging nämlich davon aus, dass das Territorium »Baumarkt« in Deutschland immer noch ein rein männlich erschlossenes sei. Ganz schön naiv. Und während ich das noch so dachte und in Gang 14 einbog, lief ich, zack, direkt in eine junge attraktive Verkäuferin hinein, die neben einem Gabelstapler stand und mit zusammengekniffenen Augen das Regal vor sich musterte.

Sie war, wie die Gänge hier im Markt, riesig. Quasi so hoch wie die Paletten in der Halle für Baumittel nebenan. Blond, hübsch und so gar nicht das, was ich in einem Baumarkt erwartet hatte.

Hach Gottchen, dachte ich etwas überheblich, wie niedlich. Die hat hier sicher ihren ersten Tag als Praktikantin und muss während der Inventur Dachpappenstifte zählen, weil das Schnupperpraktikum im Klärwerk schon besetzt war.

Ich sprach sie lässig an. »Entschuldigung, ich bin mir fast sicher, dass Sie mir nicht weiterhelfen können, aber …«

»Wat, wat, wat, wat, wat?!«, regte sich die junge Dame auf. »Ich nicht weiterhelfen? Schätzchen, ich hab hier schon Muffen verscheuert, da hast du noch Häuschen aus Lego renoviert.«

Ich war schneller geerdet und auf dem Boden der emanzipierten Realität angekommen als ein Maulwurf im Sturzflug. Ich Trottel. Trotzdem war ich mir immer noch sicher, dass sie mir bei meinem komplizierten handwerklichen Problem mit den beiden Messingschräubchen nicht würde weiterhelfen können.

Um mich nicht in komplexen technischen Beschreibungen zu verlieren, die das Baumarkt-Bunny am Ende sowieso nicht verstanden hätte, brach ich mein Problem auf die einfachste Formel herunter: »Ich hab in meinem Häuschen Probleme mit Vögeln.«

Die Baumarktfachberaterin mit Händen wie Steakhauspfannen schaute mich mit großen Augen an.

»Wat hast du, mein Freund?«

»Ich habe mir für die kalten Tage hinten im Garten extra ein kleines Häuschen gebaut, in dem im Winter die ...«

Weiter ließ sie mich nicht kommen.

»Pass mal auf, du Freak«, unterbrach sie mich rüde. »Ich glaub, du gibst mal 'ne Annonce auf. Denn ich bin nicht die Richtige für so 'n perversen Scheiß.«

Okay, ich geb es gern zu, ich hatte mich ein wenig bescheuert ausgedrückt. Aber die Vögel machen im Häuschen tatsächlich Probleme, daher wollte ich ja den Anbau dranschrauben. Mit Schrauben aus Messing.

Die Verkäuferin schwang sich wieder auf ihren Gabelstapler und fuhr achtzig Tonnen Zementsäcke mit zwei Fingern lenkend von mir weg. Weit weg.

Plötzlich stand ich ganz verloren in den weiten Steppen des Baumarktes. Ein Büschel Karnickelstroh wehte an mir vorbei. Ennio Morricone spielte »Das Lied vom Tod«, und ich war auf mich allein gestellt. Der Lone Ranger auf der Suche nach zwei Messingschräubchen.

Ich schaute mir den Hort des Grauens nun mal etwas genauer an und begriff, warum Baumärkte bei Männern dieselben Gefühle auslösen wie Spielzeugläden bei Kindern. Während die lieben Kleinen aber eher Wasserpistolen aus Plastik kaufen, die man mit etwas Gezuckel aufladen und abspritzen kann, so bevorzugt der typisch deutsche Mann die strombetriebene Bazooka aus dem Baumarkt. Das Stichwort lautet: Hochdruckreiniger.

Ein Promotionstand zu Beginn der Gartenabteilung lud dazu ein, die Dinger eigenhändig auszuprobieren. Wow! Was für eine Mördererfindung. Allein der Stab mit den Düsen vornedran, die man wie einen Flammenwerfer aus *Mad Max* in der Hand halten kann. Ich war im siebten Himmel. Dieser Dreckvernichter, das klassische deutsche Männerspielzeug für die Einfahrt, überzeugte mich mit Hochdruck. Seine unfassbare Power gab jedes Luftgewehr der Lächerlichkeit preis. Endgeil! Das war Männlichkeit. Das war arbeiten wie die Profis. Eigentlich war das Ding schon halb gekauft.

Da ich aber in der Regel alles, was ich kaufe, gern vorher einmal ausprobiere (bis auf die Messingschräubchen aus dem Onlineshop natürlich), wollte ich erst einmal herausfinden, was das Ding in der Praxis kann. Für solch komplizierte Warentests eignet sich eigentlich nur ein Gegenstand, der permanent so versaut ist wie Gina-Lisa nach einer Fangoparty: mein Auto!

Der Ausprobierstand mit zehn Hochdruckreinigern aller Preisklassen war, recht gut gelegen, unmittelbar neben dem Zaun zum Parkplatz aufgebaut. Mit etwas Geschick wäre es mir also möglich, mein Auto direkt hinter dem grobmaschigen Zaun zu parken und den Test mit dem leistungsstärksten Hochdruckreiniger Fontän2500 durch den Zaun hindurch zu starten. Ich würde zwei zermatschte Kühlerfliegen mit einer Klappe schlagen.

Ich rannte also eilig aus dem Baumarkt und zum Parkplatz, damit mir nicht irgendeine Kärcher-Kuh den Probewasserwerfer streitig machen konnte. Während die Alt-68er hautnah damit beschäftigt waren, auf Anti-Pershing-Demos die Wasserwerfer des deutschen Staates zu spüren, stand ich als Alt-76er kurz davor, eigenhändig zu testen, ob ich mir einen eigenen Wasserwerfer zulegen würde.

Ich parkte meinen versauten Wagen direkt vor dem Gitterzaun der Gartenabteilung. So eng, dass sich die Fahrertür nicht mehr öffnen ließ und ich über das Schiebedach nach draußen klettern musste. Die Beifahrertür war seit Jahren im Pöppes und somit leider keine Alternative.

Dann rannte ich wie ein Bekloppter zurück zum Stand

mit den Hochdruckreinigern. Dabei war ich so aufgeregt, dass ich über einen Werbeaufsteller stolperte und mich schön der Länge nach auf die Nase legte.

Als ich den Kopf hob, war das Erste, was ich sah, Brüste. Dann blickte ich ein Stück höher und starrte in das zweidimensionale Gesicht von Sonya Kraus, die einen rosafarbenen Akkuschrauber in der Hand hielt und mir lüstern zuzwinkerte. Es war die Reklame für eine Ladies Night im Baumarkt.

Peinlich berührt kam ich wieder hoch, stellte Sonya wieder auf die Beine und trollte mich in der Hoffnung, dass mich keiner gesehen hatte.

Dann fing ich an zu kärchern. Nicht dass Sie jetzt denken, ich hau hier direkt mal einen in Sachen Schleichwerbung raus. Nein, nein, das Wort »kärchern« hat inzwischen seinen festen Platz im deutschen Wortschatz. Der Deutsche, der es ja gern mit leichtverdaulichen Verben zu tun hat, leistet sich nämlich für fast jeden Gegenstand ein eigenes Verb. Wir googeln, wir noggern, wir tuppern, wir pampern und wir flexen und kärchern eben. Irgendwann werden wir auch nicht mehr lesen und schreiben, sondern buchen und stiften.

Meine Karre war nach fünfzehn Minuten so sauber wie Lassie nach der Wurmkur. Und voller Wasser, da ich vergessen hatte, das Schiebedach ganz zuzumachen. Der Promotionstand beziehungsweise die Hochdruckreiniger des Baumarktes hingegen sahen aus wie Polterabend im Schweinestall, weil der Dreck meines Autos durch die Gegend gespritzt war. In diesem Moment, als ich läs-

sig wie Billy the Kid die rauchende Düse in die Halterung des Hochdruckreinigers stecken wollte, kam die Beton-Berta auf ihrem Gabelstapler vorbei.

»Sach ma«, meckerte sie los, »du stehst auf schmutzig, wa? Und wer macht den Scheiß gleich wieder sauber?«

Ich schaute an mir herunter, da ich davon ausging, dass sie meine Bitumen-Buchse meinte.

»Der Felgenreiniger aus Gang 12, große Göttin«, erwiderte ich.

Die Lady ging mir auf die Nerven. Schließlich war dieser Stand ja zu Vorführzwecken aufgebaut worden. Und wo, wenn nicht hier im Baumarkt, sollte man mit dem typisch deutschen Spruch etwas anfangen können: Wo gehobelt wird, da fallen Späne?

Die blonde Walküre nahm eine Palette stinkenden Rindenmulch auf die Gabel und fuhr kopfschüttelnd davon.

Ich ging – beseelt, zum ersten Mal seit Wochen wieder ein sauberes Auto zu haben – entspannt in Richtung Kasse. Glänzender Lack für lau. So musste das sein.

Schnell wollte ich mich durch eine der 128 Kassen drücken, aber es waren nur drei geöffnet, und die Schlangen davor waren lang. Leider kam ich auch ohne Artikel, den ich erwerben wollte, nicht so zügig voran, wie ich es mir vorgestellt hatte. Eine deutsche Angewohnheit in Kassenzonen ist es nämlich, dass jeder, der in der Reihe vor einem steht, seinen Einkaufswagen so stellt, dass kein anderer vorbeikommt. Nicht mal dann, wenn er gar nichts kaufen will.

Deutsches Kassenzonengesetz § 1: Wenn ich an der Kasse warte, dann warten alle.

Deutsches Kassenzonengesetz § 2: Ich bin als Kunde König, und Könige brauchen halt Platz.

Zu allem Überfluss versperrte mir nun also Klempner-Kalle den Weg, der es sich nicht hatte nehmen lassen, seinen

Einkaufswagen mit Leerrohren, Spanplatten und Muniereisenmatten derart unfachmännisch zu beladen, dass man über alles hinwegklettern musste, wollte man den Baumarkt noch pünktlich vor dem 22. Jahrhundert verlassen. Ich begann gerade, umständlich über seinen Wagen zu klettern, als mich der Typ ansprach: »Machste hier wat kaputt, köpf ich dich mit der Kettensäge. Die 16 ist die Schnellkasse. Bis drei Teile.«

Ich hing mit dem Fuß in der Stahlmatte fest. »Ich hab aber null Teile«, meinte ich. »Wo ist denn dafür die passende Kasse zum Bezahlen?«

»Dat is mir rotzegal. Bis drei Teile gehse anne 16. Dann gibbet noch die Selbstscannerkasse aufe 14 und die Umtauschkasse aufe 26. Und jetzt geh raus aus den Speißfass und wasch dich ma. Du siehst aus wie der typische deutsche Baumarkthandwerker.« Er wandte sich der Frau hinter der Kasse zu. »So, Tamara. Jetzt geht et mir besser.«

Klempner-Kalle schien in dem Baumarkt zu wohnen, er duzte sogar die Kassenmaus, die allem Anschein nach ebenso kurz davor war, mich mit Dämmwolle auszustopfen.

Ich zog den Fuß aus den Klamotten seines Einkaufswagens und verließ das Waterloo in Richtung Kasse 16, der Schnellkasse. KASSE BIS DREI TEILE, stand darüber. Gut, dass Kalle mich nicht viergeteilt hatte, dachte ich mir.

Auch hier würde ich mich vermutlich nicht einfach an den anderen vorbeidrängeln können. Ich musste etwas kaufen. Also plante ich die Dinge ein, die man immer dann erwirbt, wenn man morgens an der Tanke einen Zweihundert-Euro-Schein gewechselt haben möchte: Kaugummi, Feuerzeug oder ein Wassereis für zehn Cent. Zumindest würde ich so schneller zu meinem frisch gestriegelten Auto kommen.

Doch auch diese Kasse war voller als gedacht. Da ich weder Zweihundert-Euro-Scheine besitze noch rauche oder gern Wassereis lutsche, entschied ich mich aus Verzweiflung für die Ladies Night, um zumindest irgendwas zum Bezahlen an dieser Schnellkasse zu haben. Denn ohne gekauften Artikel war auch hier einfach kein rasches Durchkommen. Außerdem sieht man immer so kriminell aus, wenn man ohne etwas in der Hand an der Kasse vorbeimöchte.

Ich kaufte meiner Frau einen Gutschein für einen Heimwerkerkurs, den der Baumarkt einmal im Monat zusammen mit einem Gläschen Sekt in den Abendstunden nach Feierabend anbietet. Sie wird sich sicher zu Tode freuen, dachte ich beim Bezahlen, dass sie endlich den richtigen Umgang mit Oberfräse und Presslufthammer erlernt. Dann kann sie allein das Bad neu fliesen und die Kellerbar unter dem Dach tapezieren, der Emanzipation der deutschen Baumärkte sei Dank.

Ach ja. Mein Auto habe ich noch am selben Abend erneut gehochdruckreinigt. Für fünfzig Cent pro zehn Sekunden in der Selbstwaschanlage unserer Tankstelle. Nach meiner Rückkehr am Parkplatz war der Wagen nämlich voll mit stinkendem Rindenmulch gewesen, den irgendjemand zusammen mit dem Grünabfall aus der Gartenabteilung vor dem Zaun abgeladen hatte. Das Halteverbotsschild musste ich wohl übersehen haben. Aber ich hab auch heute noch das dunkle gemeine Lachen der Gabelstapler-Gerda aus den Weiten der Gartenabteilung in meinem Ohr.

Und die Vögel in meinem Vogelhäuschen? Die Viecher sollen gefälligst lernen, ohne Anbau auf engem Raum miteinander klarzukommen. Die Messingschräubchen können mich mal!

★ Haben Sie auch eine ★ kleine Baumarktmacke? Testen Sie es!

Frage 1: Spüren Sie eine innere Erregung, wenn Sie sehen, dass gerade Lötkolben im Angebot sind?

❏ ja ❏ nein

Frage 2: Sind Sie in der Lage, eine Handvoll Messingschräubchen ohne Waage grammgenau abzuwiegen?

❏ ja ❏ nein

Frage 3: Nutzen Sie in Ihrem Bad statt einer Handbrause einen Hochdruckreiniger?

❏ ja ❏ nein

Frage 4: Ist für Sie der Duft von frisch gesägten Dachlatten faszinierender als ein Urlaub in den Wäldern Alaskas?

❏ ja ❏ nein

Frage 5: Gehen Sie samstags mit Ihrem Partner oder Ihrer Partnerin gern gemütlich bummeln, um nach Schleifpapier, Kettensägen und Inbusschlüsseln Ausschau zu halten?

❏ ja ❏ nein

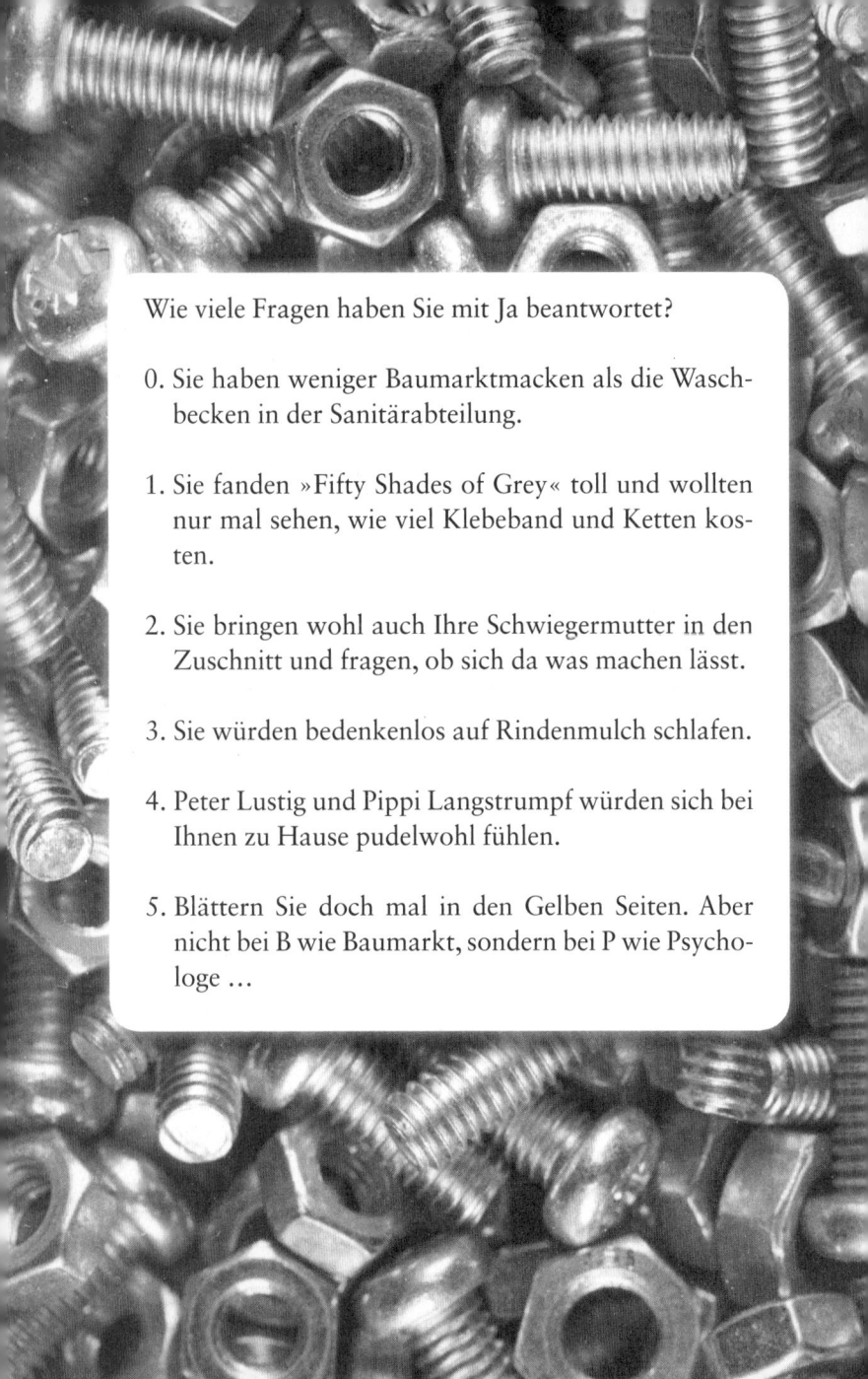

Wie viele Fragen haben Sie mit Ja beantwortet?

0. Sie haben weniger Baumarktmacken als die Waschbecken in der Sanitärabteilung.

1. Sie fanden »Fifty Shades of Grey« toll und wollten nur mal sehen, wie viel Klebeband und Ketten kosten.

2. Sie bringen wohl auch Ihre Schwiegermutter in den Zuschnitt und fragen, ob sich da was machen lässt.

3. Sie würden bedenkenlos auf Rindenmulch schlafen.

4. Peter Lustig und Pippi Langstrumpf würden sich bei Ihnen zu Hause pudelwohl fühlen.

5. Blättern Sie doch mal in den Gelben Seiten. Aber nicht bei B wie Baumarkt, sondern bei P wie Psychologe …

Bitte mit Grün bestätigen

Der Wahnsinn mit den Schnäppchenjägern

Warum sind wir Deutschen eigentlich solche unglaublichen Schnäppchenjäger? Die Begründung ist ganz einfach. Wir schütten total viele Glückshormone aus, wenn wir den Eindruck haben, dass wir etwas verdammt günstig gekauft haben. Ein Freudentaumel wie im Drogenrausch, der aber nur dann einsetzt, wenn wir auch tatsächlich etwas gekauft und mitgenommen haben, die Kohle also weg ist. Nur billig sehen und angucken, kickt nicht.

Aber Vorsicht, liebe Gemeinde, der Anschein trügt häufig. Im Sonderangebotswahn werden nämlich elementare Gehirnfunktionen außer Kraft gesetzt, weswegen eine höhere Macht von uns Besitz ergreift, wenn wir dem Schnäppchenrausch verfallen. Da wird dann nicht mehr rational argumentiert. Da werden die günstigen Windeln gekauft, obwohl man gar keine Kinder hat. Na ja, eventuell kann man sie im Alter wieder brauchen. Man redet sich Fehlkäufe oft schön. Sie sind einfach zu verlockend, diese Schnäppchen, diese wilden.

Wenn meine Frau vom Shoppen nach Hause kommt, dann ist es egal, ob säckeweise Euro von ihrem Portemonnaie in fremde Konzernkassen gewandert sind. Voller Stolz erzählt sie als Erstes, dass sie zehn Euro fürs Taxi gespart habe, weil sie zu Fuß nach Hause gegangen sei. Was 'n Schnäppchen! Schon hat der echte weibliche Shopaholic einen Grund, sich zu freuen. Die zehn gesparten Euro wurden inzwischen natürlich für was anderes verpulvert.

Der deutsche Einzelhandel besteht inzwischen nur noch aus Schnäppchen. Normale Dinge kann man heutzutage gar nicht mehr kriegen. Nur noch Schnäppchen, B-Ware, Nur-heutereduziert-Artikel oder Hosen, bei denen man nach einer 98-Prozent-Rabattierung noch einmal 50 Prozent auf jedes Hosenbein bekommt. Mir scheint, der Handel verdient auch schon lange nichts mehr dran. Die machen das nur für die Glückshormone.

Auch die bangladeschischen alten Frauen, die das ganze Zeugs mit blutigen Fingerkuppen nähen, verdienen da nichts dran. Und sogar die Mehrwertsteuer wird einem häufig noch geschenkt, sodass sich nicht einmal der Finanzminister über eine schöne neue Buxe freuen kann. Nur meine Frau und ihre Glückshormone sind die Gewinner. Alles wird rausgeschmissen, verramscht und fast verschenkt, nur damit wir berauscht sind wie der Papst nach einer Weihrauchexplosion.

Das möchte ich auch, habe ich mir neulich gedacht, als meine Frau stundenlang Sockenwärmer, Deko-Laternen und reduzierte Fässer voller Parfüm aus dem Auto lud. Einmal im Leben vom Glück bekifft sein. Einmal im Leben diesen Rausch der Sinne spüren und einen Artikel so günstig wie möglich einkaufen. Hamsterfutter, Laminatschneider, Surfbretter, her damit. Ob ich etwas davon brauchte? Mann, das war doch vollkommen egal, Hauptsache, Schnäppchen!

Immerhin ist dieser Schnäppchenwahn im Zeitalter des Onlinekaufens die einzige Möglichkeit, mal von der Couch runterzukommen. Okay, man kann auch im Internet Schnäppchen machen. Aber die amtliche Prügelei um die Umkleidekabine, die kann einem das Onlinekaufhaus eben nicht ersetzen. Außerdem würde man dann auf den Genuss der schönsten Marotten verzichten, die der Deutsche frei von der Leber weg im sogenannten stationären Handel ausleben kann.

Ich war bereit. Eigentlich war ja geplant gewesen, zusammen mit meiner Frau dieses neue Billigkaufhaus in Dortmund zu besuchen. Vollkommen neues Konzept: ein normal großes Kaufhaus, aber alles zu schweineniedrigen Preisen. Meine Frau hoffte, dort endlich neue Handtücher fürs Klo zu bekommen, und ich war scharf auf eine Käsereibe mit Super-Mario-Metallkopf für das anstehende Silvesterraclette. Dinge, die man halt so braucht, um halbwegs existieren zu können. Das Einzige, was meine Frau an diesem Samstag kostenlos bekam, war allerdings ein kaputter Rücken. Es passierte schon morgens kurz nach dem Aufstehen, als sie sich bückte, um das alte Handtuch aufzuheben, bei dem der Aufhänger schon lange abgerissen war.

Ein Schrei. Ein Stöhnen. Dann: »Kai, ich hab Hexenschuss!«

Ich schaute meine Frau an. »Blödsinn, Schatz, die schießen doch nicht auf ihre eigenen Leute. Du hast dir den Rücken verdreht. Bücken und gleichzeitig den Oberkörper um hundertachtzig Grad drehen kommt halt nicht so gut, wenn man parallel die Blumen auf der Fensterbank gießt.«

Ergebnis an diesem Morgen: Frau zurück ins Bett, Twilfer allein in die Stadt.

Was meine Frau zugegebenermaßen nicht wusste, war, dass ich den meisten Kram, den das Kaufhaus anbot, bereits online gesichtet und sogar schon was zur Abholung vorbestellt hatte. Auch so eine komische Macke der Industrie, dass man heutzutage alles online bestellen kann, um es dann in der Filiale abzuholen. Ganz schön beknackt, weil ich es dann ja auch direkt da kaufen oder es mir nach Hause schicken lassen kann. Ist in etwa so, als wenn Sie beim Dönertaxi bestellen und dann selbst hinfahren.

Es war ganz schön schattig an diesem Tag. Genau das Richtige für einen Ausflug in ein warmes Kaufhaus. Ich kam zu meinem Auto, und siehe da. In flagranti erwischt! Endlich hatte ich ihn am Schlafittchen. Da stand er. Der Kerl, der mir ständig diese Visitenkärtchen an die Seitenscheibe klemmte. Je mehr Kratzer meine Karre im Laufe der Jahre bekommen hatte, desto häufiger musste ich lesen: *Möchten sie Auto verkaufe! Wir alles kaufen, zahle Höchstpraise?* Also irgendwie auch so ein Schnäppchending.

Ich quatschte ihn an. »Wenn Sie Bock haben, ich habe noch ohne Ende Autos in der Garage. Sind aber alle total zerkratzt oder ohne Räder. Porsche, Bugatti, Mustang, sogar ein alter bulgarischer Feuerwehrwagen könnte dabei sein. Tausend Euro für alle waren okay.«

Der Mann bekam dieses Schnäppchenlächeln ins Gesicht. Der Adrenalinausstoß pumpte auf Hochtouren Glückshormone in seine Birne, und ich war mir sicher, dass das ein gutes Geschäft für uns beide werden würde. Schlussendlich wollte er die Matchbox-Autokiste dann aber doch nicht käuflich erwerben. Hatte wohl keine Kinder. Na ja, mir war's nicht ganz unrecht. Ich hänge doch so an ihnen, ich alter Spielzeugfanatiker. Der Typ hingegen fand die Nummer nicht so lustig. Seitdem habe ich zwar keine Visitenkarten mehr an der Seitenscheibe, dafür aber umso mehr Kratzer im Lack.

Zurück zum Schnäppchenausflug. Ich wünschte meiner Frau zwar alsbaldige Genesung, war aber trotzdem froh, dass ich an diesem Tag freie Bahn hatte, dem Schnäppchenwahn in Ruhe verfallen zu können. Also ohne lila Handtücher, Blusen und Pilcher-DVDs, sondern mit Männermagazinen, LED-Taschenlampen und Simpsons-Socken.

Ich kaufte mir zunächst einmal an der Tanke das klassische Männermagazin mit viel nacktem Fleisch auf der Titelseite. Saftige Hüften, pralle Schenkel und viele Praxistipps, wie man es richtig heiß angeht. Das Grilljournal war noch recht neu auf dem Markt und lag in dicken Stapeln in fast jeder Tanke. Mein Tick ist ja, nicht das erste Heft vom Stapel zu nehmen. Nie! Könnte ja schon einer in der Hand gehabt haben. Auch nicht das zweite von oben, weil ja einer die gleiche Idee wie ich beim Durchblättern hätte haben können. Nein, ich nehme immer das siebenundzwanzigste Heft von oben. Nur bei diesem bin ich mir sicher, dass es für den absoluten Schnäppchenpreis von 19,80 Euro garantiert druckfrisch duftend und unbenutzt ist.

Aber Mist, dachte ich, nachdem ich die Zeitschrift genommen hatte und mich auf zur Kasse machte. Wie konnte ich die teure Journaille refinanzieren, um nicht dieses miese Gefühl zu haben, doch kein Schnäppchen an diesem Tag geschossen zu haben? Das Heft setzte auf jeden Fall recht wenig Glückshormone bei mir frei, trotz der schönen Schenkel. Ich musste mir was einfallen lassen.

Ich trottete zur Kasse und stand einem Kassierer gegenüber. Kein Student in Weste, sondern ein ganz klassischer Tankwart, wie man ihn in Deutschland mittlerweile selten findet. Blaumann, zerzauste Haare und schwarze Ölfinger. Ein Malocher vor dem Herrn, der das EC-Gerät aber wohl eher selten bediente.

»Ach, Sie wollen mit Karte bezahlen? Haben Se et nicht bar?«

»Doch, aber ich brauche das Geld noch für Simpsons-Socken, und die zahle ich jede Woche cash.«

Der Tankwart hielt mich wohl für doof. Ich sah es in seinen Augen.

»Na, mir wär bar auch lieber. Der ganze Quatsch mit die

Plastikkarten. Ich find, dat bringt uns in diesen Land nicht weiter.«

Ich musste dem armen Schrauber recht geben. Klimaabkommen, Friedensverträge, Grundgesetze. Okay, lass ich durchgehen, aber Plastikkarten bringen unser Land definitiv nicht weiter. Ich hatte an diesem Tag aber nun mal keinen Bock, mein Kleingeld für den Parkhausautomaten in der Tanke zu lassen.

Die ersten Spritis standen schon ungeduldig hinter mir. Demonstrativ hielt ich der Ölpumpe meine EC-Karte hin.

Er gab nun Anweisungen. »So, dann schieben Se ma rein.«

»So rum?«

»Ne, ich glaube, so rum.«

»Also, so rum gedreht?«

»Ne, der Strich muss rechts sein und oben.«

Ich guckte überrascht. »Aber ich zahle immer links unten.«

»Dat is mir schnurz, wie Se sonst zahlen. In meine Tanke wird rechts oben bezahlt.«

Ein Herr hinter mir, der anscheinend EC-Karten erfunden hatte, schaltete sich mit einer Tüte Gummibärchen in der Hand ein. »Dat kommt auf die Kette an.«

Der Kassierer retournierte: »Kette haben wa nur am Toilettenschlüssel. Und 'ne Ölkanne auch noch.«

»Ne, ich mein die Tankstellenkette. Bei einige is dat oben rechts, bei andere links und dann unten. Manche haben auch schon *touch* und *pay*.«

Der Herr riss die Gummibärchentüte auf und fummelte ein paar Rote raus.

Der Tankwart kam wieder ins Spiel. »Sie, die Tüte müssen Se aber erst bezahlen. Sonst mach ich gleich auch mal *touch* und *pay*. Und zwar ganz grob.«

Ich schob die Karte mit dem Strichcode nach oben und links rein. *BITTE MIT GRÜN BESTÄTIGEN*, stand im Display. Da waren sie also. Die magischen Worte des deutschen Einzelhandels, die man als Schnäppchenjäger sehnsüchtig erwartet. Der heilige Satz, der einem verdeutlicht, dass man den Bezahlvorgang so gut wie geschafft hat und nicht mehr weit entfernt von seinen Glückshormonen ist.

Der Verkäufer guckte mich noch vor dem grünen Bestätigen fragend an. »Sangsemal, haben Se eigentlich auch getankt?«

Ich hielt mein Grillmagazin hoch. »Nein, nur das schweineteure Heft.«

»Ja, dann sagen Se dat doch gleich. Bis zwanzig Euro is bei uns inne Kette keine Kartenzahlung möglich. Dat geht nur in bar. Na toll. Jetzt darf ich auch noch 'n Stornoheft eingeben!«

Der Gummibärchenmann hatte sich durch den Begriff Stornoheft inspirieren lassen und unterdessen noch ein Pornoheft aus dem Zeitschriftenständer geholt. Er blätterte etwas gedankenverloren darin herum, während die Schlange der anderen Zahlungswilligen inzwischen bei Säule 8 angekommen war. Ich musste das dringend zu einem Ende bringen.

»Na, dann machen Sie zwanzig Euro. Auf die zwanzig Cent kommt es mir jetzt auch nicht mehr an.«

»Ne, dat geht nicht. Wir sind doch hier kein Puff, wo man die Preise bespricht. Storno is Storno, mein Freund.«

Dem Herrn hinter mir klappte eine nackte Latina aus der Mitte des Heftes bis fast auf den Boden.

Ich biss die Zähne zusammen, träumte mich in das Schnäppchenkaufhaus und begann widerwillig damit, mein kostbares Kleingeld für das schweinische Grilljournal zu opfern, damit der Ölbaron endlich fertig wurde.

Ich legte ihm einen Fünfziger auf die Theke.

Er schaute mich an, wie in Bleifrei gebadet.

»Haben Se et nicht kleiner? Ich weiß nicht, ob ich um die Uhrzeit schon so groß rausgeben kann.«

Wir hatten zwei Uhr mittags, und wie ich erkannte, hatte er neben den Fünfhundert-Euro-Scheinen, die ja immerhin nicht jede Kette annimmt, fast nur noch Münzgeld in der Kasse liegen. Er gab mir raus und legte mir einen ölbeschmierten letzten Fünfer-Schein auf die Handfläche. Darauf stapelte er mir den Rest des Wechselgeldes in Fünfzig-Cent-Stücken, die er eben erst aus einer Rolle Kleingeld herausgebrochen hatte.

Meine Glückshormone flogen zum Mond. Ich hasse das! Bei jedem deutschen Bäcker, Metzger und vor allem an der Bargeldtanke bekommt man immer erst einen Schein auf die Hand gelegt und danach einen Berg Kleingeld obendrauf. Da man von nun an keine Chance hat, sein Geld auch nur halbwegs verlustfrei und schnell ins Portemonnaie zu räumen, sind Probleme vorprogrammiert.

Die quatschende Ölkanne fand nette Schlussworte. »So, und getz lassen Se mal den Herrn mit den Gummibärchen und dem Möpsemagazin vor. Der zahlt hier nämlich immer zuverlässig mit Visa.«

Ich muss zugeben, dass mir das Barzahlen im Prinzip gar nicht so unrecht ist, denn häufig kommt es vor, dass die Karte gar nicht funktioniert. Also, ich meine das Lesegerät. Kommt in Ihnen dann auch immer dieses Gefühl auf, dass alle Umstehenden denken, Sie seien pleite und das Gerät akzeptiere Ihr Dispolimit nicht mehr? Kann peinlich sein. Aber nun gut, ich hatte mein Grillheft – aber noch beileibe kein Schnäppchen an diesem Tag erstanden. Ich musste also dringend in das Kaufhaus, um meine online bestellten Simpsons-Socken einzukassieren. Wegen der Hormone und so.

Es dauerte keine zwanzig Minuten, und schon stand ich an der Kasse, an der man auch vorbestellte Ware abholen konnte. Falsch, ich korrigiere: Es dauerte nach der dreistündigen Parkplatzsuche im überfüllten Parkhaus keine zwanzig Minuten, bis ich zusammen mit Dutzenden Frauen, alle mit den billigen Handtüchern auf dem Arm, die Rolltreppe schadenfrei überlebt hatte. Abholkassen sind in Kaufhäusern nämlich immer in der obersten Etage eingerichtet. Wichtige Dinge wie Babywickelraum, Änderungsschneiderei für Bademoden und kleine Kinderkarussells sind hingegen im Erdgeschoss angesiedelt. Während Toiletten für die spontane Notdurft, Umtausch- und Abholkassen sowie Schnellrestaurants unter dem Dach in der achten Etage zu finden sind.

Ich hatte die Rolltreppe also erklommen und stand nun einer älteren Verkäuferin der Marke Stützstrumpf-Gisela gegenüber.

»Guten Tag, ich wollte die Simpsons-Socken abholen, die Sie gestern online im Angebot hatten.«

»Muss ich nachgucken.«

Auch so ein typischer deutscher Satz, den ich inzwischen nicht mehr hören kann. *Muss ich nachgucken.* Wann kommt der Tag, an dem mir eine Verkäuferin sagt: »Herr Twilfer, auf Sie warten wir doch schon den ganzen Tag. Hier, Ihre Socken. Tütchen dazu?«

Stattdessen kam: »Wie ist denn Ihre Auftragsnummer?«

Ich sah die Socken hinter ihr in einem Regalfach liegen. »Ah, da! Können wir abkürzen. Da, hinter Ihnen liegen die Socken.«

»Ja, ja, das glauben Sie. Diese Socken könnten ja auch von jemand anderem zur Filialabholung online geordert worden sein.«

»Junge Frau, da muss ich beherzt widersprechen. So bescheuerte bunte Socken zieht im ganzen Ruhrpott nur einer an. ICH!«

»Gut, dann Ihre Auftragsnummer bitte.«

»Weiß ich nicht.«

»Ui, dann wird's sehr schwer. Da haben wir aber ein dickes Problemchen. Da muss ich erst mal jemanden aus der Onlineabteilung holen.«

»Onlineabteilung? Wir sind doch jetzt hier im Laden. Die Socken liegen doch da.«

Die Dame griff zum Mikro. »Frau Leckebusch, bitte auf die 15. Frau Leckebusch bitte.«

Ich hatte das Schnäppchen schon fast in der Hand und musste mich trotzdem gedulden, bis eine Frau Leckebusch mir meine Glückshormone freisetzen würde.

Eine weitere reife Dame schlunzte nun aus dem Lager zur Kasse. Die Onlinefachkraft juckte sich die Minipli-Dauerwelle. »Hilde, wat is?«

»Der Herr hat irgendwelche Samson-Socken online zur Filialabholung bestellt. Hat aber seine Auftragsnummer nicht mehr.«

»Ja, Mann, sind Sie denn wahnsinnig? Da bestellen Sie einfach online Waren, wir ordern, wir sortieren, wir konfektionieren, wir labeln, wir liefern aus, und Sie können uns nicht mal Ihre Nummer sagen. Dat is aber 'n dickes Ding. Ne, Hilde?«

Ich schaute auf die Socken, die ich anhatte. So schlecht sahen die Muppets doch eigentlich auch nicht aus. Ich musste das abkürzen. Ich brauchte nun dringend meine Hormone.

»Okay, Sie haben ja recht. Meine Nummer ist 0209/3054323567.«

Die Onlinelagerfachkraft schob wieder ab. Und auch Kassenhilde war zufrieden. »Na also, geht doch.« Sie fand anhand meiner als Auftragsnummer getarnten Telefonnummer erstaunlicherweise heraus, dass das Paar Socken hinter ihr tatsächlich mein Schnäppchen war, das ich online vorbestellt hatte.

»So, hier Ihre online georderte Ware. Einmal Samson-Socken in 38.«

Ich legte ihr das Grillheft mit dem Bild des Hähnchens auf die Theke. Das, was da aufgespießt über dem Feuer brutzelte.

»Größe 38? Ich hatte 45 bestellt.«

»Na, da haben Sie wohl in der Größenmaske ein Häkchen falsch gesetzt. Hier bei mir auf'm Bildschirm steht Ordernummer 33547d855hgC556M44X%dder/16. Das ist der Code für online bestellte Abholware für die Filiale Dortmund. Samson-Socken in Größe 38.«

»SIMPSONS!!! Du blöde Kuh! Simpsons, verdammt noch mal. Ich will jetzt *sofort* mein Schnäppchen. Ich brauche diese Scheißhormone. Glück! Ich will endlich mal billiges Glück spüren.« Ich stand unter Adrenalin. Der pure Rausch, ganz ohne Geld ausgegeben zu haben.

Nachdem der Filialleiter mir erklärt hatte, dass der dicke Falz einer übertreuerten Zeitschrift durch meinen Wurf auch zu ernsthaften Gesichtsverletzungen bei Kassiererinnen hätte führen können, half er mir in Sockensache weiter. Die Samson-Omma war stinkwütend im Lager für Onlinepatienten verschwunden.

»Nun, dass wir die Socken jetzt nicht in Ihrer Größe haben, ist ja kein Problem, mein Herr. Die können wir ja hier im Laden nun bestellen und zu Ihnen nach Hause schicken lassen. Dann gilt allerdings nicht mehr der Onlineschnäppchenpreis von 3,90 Euro, sondern der reguläre Preis von 19,80 Euro plus neun Euro Versandkosten und sechs Euro Bearbeitungsgebühr. Halten Sie es für den Paketboten bitte bar und passend bereit.«

Meine Frau hat sich über die billigen Handtücher, die ich ihr mitgebracht habe, übrigens so sehr gefreut, dass der Hexenschuss schon tags drauf auskuriert war. So was Blödes kommt ihr nicht noch mal in die Tüte.

★ Vorsicht bei diesen Schnäppchen! ★

Massagebücher. Meist von Frauen gekauft, werden sie dann dem Partner geschenkt. Mit welchem Hintergedanken wohl?

Es gibt braune Schokolade, und es gibt weiße Schokolade. Es gibt aber auch weiße Schokolade, die mal braun war. Bei reduzierten Schokoweihnachtsmännern im Mai ist also Vorsicht geboten.

Reduzierte Haushaltsartikel vor Weihnachten: Hornhauthobel, Personenwaage, Munddusche und Cellulite-Massagegeräte. Auf solche Schnäppchen-Weihnachtsgeschenke steht *jede* Frau.

Lassen Sie in Bezug auf Geschenke für Ihre Frau auch die Finger von reduzierten Schnellkochtöpfen, Haushaltsleitern und Dampfreinigern aus dem Teleshop.

Beliebt sind beim Schenken darüber hinaus gebrauchte Dinge, die man selbst nicht mehr benötigt. Das sind die billigsten Top-Schnäppchen überhaupt.

Platz 3: Schmuck von der Ex
Platz 2: Geschenke, die man selbst mal bekommen hat, vorwiegend Wein- und Sektflaschen sowie Dekoscheiß für die Wohnung
Platz 1: Parfüm, das seit Kurzem auch die Schwiegermutter benutzt

Männer sind auf dieser Welt einfach unersetzlich

Der Problemfall deutscher Mann

Deutsche sind merkwürdige Wesen. Das ist aber nur zur Hälfte richtig, weil der Deutsche nur etwa zu fünfzig Prozent Mann und zur anderen Hälfte Frau ist. Hat die Natur so gewollt, damit auf jede deutsche Frau auch ein Mann kommen kann. Statistisch gesehen, Sie Ferkel! Man kann also belegen, dass knapp die Hälfte aller Deutschen männlichen Geschlechts ist. Gut, es gibt auch Männer, die zur Hälfte Frau und zur Hälfte Mann sind beziehungsweise Frauen, die sich wie Kerle benehmen. Aber das ist eine andere Geschichte.

Also, zurück zum Mann. Der deutsche Mann, Mister fünfzig Prozent, möchte sich natürlich von der Frau, Miss fünfzig Prozent, unterscheiden. Dafür gibt er meist alles, und es gelingt ihm auch sehr gut. Mutter Natur hat es nämlich nicht nur geschafft, ihm körperliche Alleinstellungsmerkmale wie Haare auf dem dicken Zeh, Bierbäuche mit Flusen im Bauchnabel und juckende Hinterteile zu geben. Nein, die Natur hat ihn auch mit allerhand psychischen Besonderheiten ausgestattet, die in einem Buch über Marotten und Spleens natürlich nicht fehlen dürfen. Zumal ich ja auch ein Mann bin. Na, Mädels, ihr wisst schon: leere Flaschen zurück in den Kühlschrank stellen, mit einer Hand in der Hose einschlafen, Horrorwestern gucken. Typisch Mann halt. Auch meine Frau behauptet, dass ich sämtliche Männermarotten vorzuweisen habe, die es so gibt. Und zwar zu einhundert Prozent.

Wieso bleibt man dann trotzdem zusammen? Ganz einfach: Man muss es nur lange genug miteinander aushalten, und schon sieht Frau die ganzen Männermarotten nicht mehr als Problem an. Gut, als ich neulich meiner Gattin anbot, sie zur glücklichsten Frau der Welt zu machen, da hat sie das falsch verstanden. Sie hat nämlich meine leeren Koffer vor den Kleiderschrank gestellt und gefragt, für wann genau der Auszug geplant sei. Aber im Großen und Ganzen akzeptiert sie mich so, wie ich bin. Mit allen Marotten. An dieser Stelle also ein großes Dankeschön an all die Frauen, die uns Männer so lieben, wie wir sind. Selbst dann, wenn wir uns vor Jahren noch ganz altmodisch in Partykellern oder vor dem Bällebad bei Ikea kennengelernt haben und keine Elitepartner mit Rudergold in Harvard und einem vom Papa geerbten Firmenimperium sind.

Liebe Mädels, ich kann das so charmant raushauen, da auch das Kapitel über Frauenmarotten in diesem Buch nicht fehlt.

Doch zurück zu meiner Eigenschaft als typischer Mann. Vor einigen Wochen, es war ein freier Sonntag, saß ich kurz nach dem Frühstück vor dem Fernseher und erholte mich von Cornflakes und Mettwürstchen. (Ja, ist halt so. Twilfer isst gern mal ein Mettwürstchen zum Frühstück.) Was Frauen aber gar nicht haben können, ist, wenn der Liebste faul rumliegt und einfach mal nichts machen will. Können die einfach nicht leiden. Da werden die ganz unruhig und meinen, einen unbedingt beschäftigen zu müssen. Dementsprechend dauerte es keine fünf Minuten, bis meine Frau neben mir an der Couch stand und irgendwas quatschte. Ich nickte, ohne zuzuhören, und hoffte, dass sie keine Frage gestellt hatte. Frau merkt das aber. Frau stellt sich dann rein zufällig direkt vor den Fernseher.

»Oh, Kai, guck ma, die Schlümpfe sind jetzt erwachsen geworden!«

»Schatz, nein, ich guck *Avatar*. Was ist denn? Der geht doch nur drei Stunden.«

»Findeste nicht, dass wir heute, an diesem schönen Sonntag, mal was unternehmen sollten?«

»Ich unternehme doch was. Ich guck DVD.«

»Ja, ne, so was Richtiges. Zum Beispiel mit Jochen und Petra mal wieder *Tabu* spielen. Soll ich die beiden anrufen?«

Um Gottes willen! Alles, aber bitte kein Spieleabend mit Jochen und Petra, die mich seit Jahren zu einem Veganer erziehen wollten und *Avatar* wahrscheinlich wirklich für erwachsene Schlümpfe hielten. In meiner Panik unterbrach ich meine Reise nach Pandora und schwang mich ans Telefon, um herauszufinden, ob Mario Zeit hatte. Sie wissen schon, der mit dem Billigtanken.

Was ich bis zu diesem Zeitpunkt nicht wusste, war, dass Mario ein ausgesprochener Sportfreund ist. Aber nicht nur Fußball, das wäre mir ja sehr entgegengekommen. Nein, Mario ist auch großer Wintersport-Fan. Ich stelle mir vor, wie er nachts vor dem Fernseher sitzt und sich mit seinen hundertzwanzig Kilogramm die japanische Kreismeisterschaft im Schneefegen ansieht, während er laut ruft: »Beweg dich doch endlich mal, du faule Sau!«

Kurz und gut: Mario überredete mich, am selben Abend zusammen Eishockey-EM zu gucken. Und zwar, so als Stimmungsbringer, stilecht bei mir hinterm Haus bei Temperaturen knapp über dem Gefrierpunkt.

»Kai, da krisse sofort so 'n Winterfeeling.«

Ich überlegte, ob ich noch den alten Heizpilz im Keller hatte, und stimmte zu. Da mir mehr vor dem Tabu-Thema

Jochen und Petra graute, als mir den Hintern abzufrieren. Meine Frau fragte ich im Hinblick auf diese bescheuerte Idee einfach nicht. Pausetaste zum zweiten Mal gedrückt, weiter *Avatar* geguckt.

Keine zwei Minuten später versperrte mir meine Frau erneut die Sicht. »So, so, Mario kommt also. Dann mal direkt vorweg: Schalke, Playstation und Weizenbier aus Kölschgläsern sind diesmal tabu.«

Ich stoppte die Reise nach Pandora nun endgültig und nickte brav wie ein Wackeldackel. Von Eishockey, kickern und einem Fass Pils war ja keine Rede gewesen. Könnte also klappen mit dem echten Männerabend.

Ich ging erst einmal in die Küche, um zu sehen, was der Kühlschrank für den Abend nahrungstechnisch noch hergab. Achtung, liebe Männer, Kühlschränke stehen in der Marottenordnung ganz weit oben. Bei Frauen ist das nämlich meist so: Sie kauft mit System ein. Tüte bepacken: schwere Sachen unten, dann die halbkaputtbaren Teile in die Mitte, oben Eier und Joghurt. Später wird alles so in den Frostbottich eingeräumt, wie der Hersteller das vorschlägt. Also Eier in die Eierschale, Butter in die Butterschale und Gemüse ins Gemüsefach.

Bei Männern läuft das anders ab. Kassenzone, Tüte auf, alles rein, bis die Tüte voll ist. Meistens zuunterst die Eier, gern ohne Karton, dann die halbkaputtbaren Teile und oben die dreißig Konservendosen mit Ravioli drauf. Zu Hause am Kühlschrank angekommen, am besten alles so, wie es in der Tüte liegt, einräumen. Noch besser die Tüte als Ganzes. Wenn doch ausgepackt wird, dann fangen wir meist unten im Kühlschrank mit dem Beladen an, weil oben ja Arm ausstrecken heißt, also Arbeit. Dementsprechend landen die Konservendosen im Gemüsefach. Dahinter ist noch ein Spalt Platz, da werden die Gummibärchen reingestopft. Darüber die Bananen, weil die so unförmig sind. Daneben passen noch die Flasche Rotwein und die Tomaten. Zweites Fach voll. Im dritten Fach landen die Eier, damit die Eierablage oben frei ist für Salz- und Pfefferstreuer beziehungsweise das Kirschkernkissen, das ich im Nacken gern eiskalt statt mikrowellenwarm genieße. Wenn man Glück hat, passt auch noch die Shampooflasche in den Kühlschrank rein. Das Zeug ist immer so dünnflüssig, wenn es frisch aus dem Laden kommt. Auch hier helfen Kühlschränke wunderbar. Stufe 5, Tür zu.

Apropos Shampoo, ich musste dringend noch duschen. Männer duschen entweder kaum oder sie sind Extremduscher. Ich bin Letzteres. Heißt nicht, dass ich dreimal am Tag dusche. Aber wenn, ja *wenn*, dann erinnert das Bad nach der ordentlichen einstündigen Männerdusche an ein römisches Dampfbad mit Smog-Alarmstufe Rot. Da läuft nicht nur das Wasser die Wände runter, da wachsen sogar Orchideen und fremdländische Pilzkulturen auf den nackten Fliesen. So hoch ist die Luftfeuchtigkeit in meinem Bad, wenn Twilfer ausgiebig duscht. Fünfundsechzig Grad, herrlich!

Kaum lief das Wasser, war Mario wieder am Telefon. Zum Glück ist mein Handy wasserdicht.

»Kai, kann ich noch ein, zwei Freunde mitbringen?«

Ich musste sofort an aus dem Ruder gelaufene Facebook-

Partys denken, bei denen Fremde ganze Jugendstilvillen zerlegt hatten, stimmte aber zu, da wir ja ein Open Air geplant hatten.

Noch gut zwei Stunden, ab ins Schlafzimmer. Der deutsche Mann hat gegenüber der Frau einen weiteren großen Vorteil. Frauen haben meist einen Kleiderschrank voll mit nix anzuziehen. Männer hingegen haben eine Hose, ein T-Shirt und im Winter einen Pullover. Schon Einstein hatte zehnmal denselben Anzug im Schrank, um nicht sinnlos Gedankengut daran zu verschwenden, was er tagsüber anziehen solle. Mir geht's auch so. Das Anziehen ist meist schnell erledigt, wenn man jeden Tag denselben Look trägt. Danke Einstein, du alter Fuchs.

Ich warf einen Blick auf die drei Wäschestapel des Mannes. Bei Frauen sind es zwei, bei Männern immer drei. An meinen Wäschekörben steht geschrieben: *Schmutzwäsche, saubere Wäsche* und *Getragen, aber geht noch*. Ich griff in die letzte Box, holte mein blaues Schlumpf-Gedächtnisshirt heraus und war in zwei Minuten angezogen, inklusive Pulli, wegen Winter und so.

Meine Frau schrie von nebenan: »Kai, wir haben kein Brot und keine Kartoffeln mehr im Kühlschrank. Fährste gleich noch mal in Aldi?«

»Schatz, *zu* Aldi!«

»Wie zu? Na, dann fährste halt in einen Supermarkt, der offen hat.«

Ich musste pinkeln. Duschen bei fünfundsechzig Grad, das regt den Harndrang an. Also zurück ins Dampfbad. Vorsichtig ertaste ich im Nebel das Klo, klappe den Deckel hoch, und ab geht die Post. Moment! Heißt es nicht, Männer sollen beim Pinkeln sitzen? Erst recht, wenn man in dem Dunst nicht mal seinen besten Freund erkennt, geschweige denn das Becken trifft? Nun, zum Thema Pinkeln im Stehen muss ich nun mal eine Lanze für den Mann brechen (ja, ein brutaler Satz in diesem Zusammenhang). Dazu ist rein medizinisch betrachtet nämlich zu sagen, dass das ständige Pinkeln im Sitzen dazu führen kann, dass beim Mann ein erhöhtes Risiko von Prostatakrebs entsteht. Stand in der Apothekenumschau, Aprilausgabe. Danke schön, du coole Journaille. Der Freifahrtschein zum Pinkeln im Stehen hängt übrigens ausgeschnitten und eingerahmt direkt über meinem Klo.

Also, Nebelschlussleuchte an und im Stehen laufen lassen. Meine Frau hat es nicht gemerkt. Was meine Frau aber immer merkt, ist, wenn ich die Klorolle gewechselt habe. Männer haben nämlich die Eigenschaft, dass sie die Klorolle so aufhängen, dass sie von vorn abgerollt werden kann. Bei Frauen läuft das Papier nicht selten von hinten ab. Okay, Weltkriege, Klimawandel, Bundesligaabstieg: Es gibt viele wichtige Dinge, vor denen ein Gelsenkirchener Angst hat, aber die meisten Sorgen macht sich ein Mann über die richtige Aufhängung der Klorolle.

Wissenschaftler haben nämlich herausgefunden, dass diese Männermarotte viel wirtschaftlicher ist, da man weniger Lebenszeit dafür nutzt, das Ende der Klorolle zu suchen, und somit schneller sein Geschäft abschließt. Hängt das Papierende hinten, entsteht laut Wissenschaft weltweit ein volkswirtschaftlicher Schaden von Millionen Euro, nur weil wir damit beschäftigt sind, den Anfang der Rolle zu suchen. Schön, dass wir mal drüber gesprochen haben. Auch dieser Zeitungsartikel hängt gerahmt im Badezimmer.

Nachdem sich durch das mehrfache Öffnen der Badezimmertür die Dampfschwaden in der ganzen Wohnung verteilt und meine Frau noch Kartoffeln und Brot in der Spülmaschine gefunden hatte, konnte die Party starten. Ich war froh, nicht mit dem legendären Einkaufszettel meiner Frau losgeschickt worden zu sein. Männer nutzen nämlich grundsätzlich keine Einkaufszettel, weil es im Laden uncool aussieht, wenn man sich mit einem Zettelchen in der Hand am Joghurtregal entlanghangelt, nur weil die Partnerin neulich im Werbefernsehen gehört hat, dass es nun auch Prosecco-Joghurt gäbe. Also, Mann zu sein bedeutet kein Zettel, Hälfte vergessen, aber lässig eingekauft.

Mario erschien pünktlich zum Beginn des eisigen Wettbewerbes bei mir hinterm Haus. Meine Frau schüttelte den Kopf und attestierte uns, dass wir doch leicht bescheuert sind, bei zwei Grad plus im Hof zu hocken und Eishockey gucken zu wollen, während man drinnen im Warmen auch *Tabu* spielen könnte. Mario zauberte ein warmes Sixpack Weizen heraus.

»Sach ma, Kai, wie kommste denn auf Eishockey?«, fragte er mich dann. »Eiskunstlauf, du Dödel! Hatteste vorhin Duschwasser im Ohr?«

Ich musste an die *Playboy*-Ausgabe mit Katarina Witt denken und bot Mario ein Mettwürstchen an. Eiskunstlauf? Was 'ne Kacke.

»Äh, Mario, findeste das für einen Männerabend nicht ein wenig zu, na, sagen wir mädchenhaft?«

Mario erzählte mir, dass das vollkommen egal sei, da er schon den ganzen Tag über Wintersport gucke. Morgens thailändisches Curling auf Eurosport plus. Mittags kenianisches Eisangeln im Discovery Channel, und nun sei eben Eiskunstlauf dran. Habe er sich ja schließlich nicht ausgesucht. Im Winter ist eben Wintersport angesagt.

Wenn wenigstens der Scheißheizpilz funktioniert hätte. Ich zog mir die dicke Mütze meiner Frau über die Augen. Mit leerer Gasflasche hatte dieses Campingteil irgendwie keinen Bock, Wärme zu spenden. Mario saß auf meiner alten Bierzeltbank ganz gebannt vor dem TV, den ich aus dem Wohnzimmer nach draußen geschleppt hatte. Ich beobachtete ihn mit der Weizenpulle in der Hand.

»Sag ma, wenn wir beide Schalke gucken, gehste aber mehr ab. So von wegen Jubel und so.«

Ich finde generell, dass Männer manchmal grölen müssen. Eine typische Eigenschaft aus der Steinzeit, die der deutsche Mann meistens im Fußballstadion, am Ballermann oder bei der Brunft vollzieht. Er grölt halt gern. Textlich überschaubare Schlachtgesänge, die sich auch bei vier Promille noch abarbeiten lassen. Michael Wendler oder *Schalala lala lalala*. Dinge halt, die keinen Chorknaben erfordern. Ist evolutionsbiologisch auch so gewollt, um Weibchen zu beeindrucken und auf sich aufmerksam zu machen. Schließlich ist auch der Brüllaffe ein entfernter Verwandter des deutschen Mannes.

Meine Frau war jedenfalls sehr beeindruckt, als ich mit *Olé olé olé* den kasachischen Eiskunstprinzen in weißen Leggins für seinen dreifachen Rittberger bejubelte. Ganz ehrlich? Ich hatte so langsam auch die Schnauze voll, bei Eiseskälte hinter dem Haus zu sitzen und Schlittschuhfahren im Sternchenkleid zu gucken. Mario zog sich das sechste Mettwürstchen rein. Ich musste die übrigen fürs Frühstück retten und bot an, oben weiterzugucken.

Nach gut dreißig Minuten hatten wir also alles wieder von draußen nach drinnen geschleppt. Anschließend schaffte es Mario, der Technikprofi, in kürzester Zeit, meine ganze Sendereinstellung am Fernseher einmal auf links zu drehen. Discovery Channel war nun auf Eins. Ich freute mich auf Eisangeln am Samstagabend. Eurosport lag auf Sendeplatz 340. Da kam morgen schließlich Schneeballweitwurf aus Sibirien. Ich war stinksauer.

»Mann, Mario, du Volltrottel, was haste denn da wieder gefummelt?«

»Kai, dat war nur gut gemeint. Ganz ruhig, Brauner. Es

geschah alles aus Liebe. Ich hatte ja schließlich keine Bedienungsanleitung.«

Klar. Wieder so ein Männerding. Männer brauchen keine Bedienungsanleitungen. Männer fummeln an ihrem neuen oder alten Gerät so lange herum, bis alles Schrott ist. So wie meine schöne Sendersortierung. Männer fragen ja auch nicht nach dem Weg. Dafür sind Männer viel zu stolz. Nein! Trotz Navi, Ehefrau oder Straßenschildern, wir suchen lieber. Jäger-und-Sammler-Gen. Auch Steinzeit. Alle Hinweise auf den richtigen Weg werden so lange ignoriert, bis man sich plötzlich mit seinem kleinen Golf nachts auf einem Truppenübungsplatz der Bundeswehr wiederfindet und die Schwiegermutter drei Ortschaften weiter mit dem Kaffee auf einen wartet.

Also, TV war tabu. Daher war *Tabu* angesagt. Ohne Jochen und Petra, dafür mit einem Tofuauflauf, den die beiden Freunde mitbrachten, die Mario für den Eiskunstlauf eingeladen hatte. Malte-Boris und Hauke-Alexander waren die beiden Vögel, die ich an diesem verkorksten Abend gerade noch gebraucht hatte.

Ich blätterte in der Anleitung. Also für *Tabu*. Ich hätte allen am liebsten grölend gesagt, was ich von ihnen halte. Doch das ist gar nicht so einfach zu umschreiben, wenn in diesem Spiel die entscheidenden Worte für einen tabu sind.

★ Woran Sie eindeutig erkennen können, ★
dass Sie ein Mann sind

Platz 10: Sie reichen eine Petition im Bundestag ein, dass Taschenbillard olympisch werden soll.

Platz 9: Sie sprechen Sätze wie »Schatz, nimmste mich so mit?«, »Schatz, riech mal, kann ich das Hemd noch mal anziehen?« und »Schatz, dein neues Parfüm hatte meine Ex auch«.

Platz 8: Sie stellen auf einer Party Ihre Partnerin mit dem Satz vor: »Das ist meine Frau, wir haben uns beim Urologen kennengelernt.«

Platz 7: Sie können sämtliche Abschlusstabellen der Fußballbundesliga auswendig aufsagen, wissen aber nicht, wann Ihr Hochzeitstag ist.

Platz 6: Sie sammeln alte *Playboy*-Ausgaben und haben Pamela Anderson als Pappaufsteller neben dem Ehebett stehen.

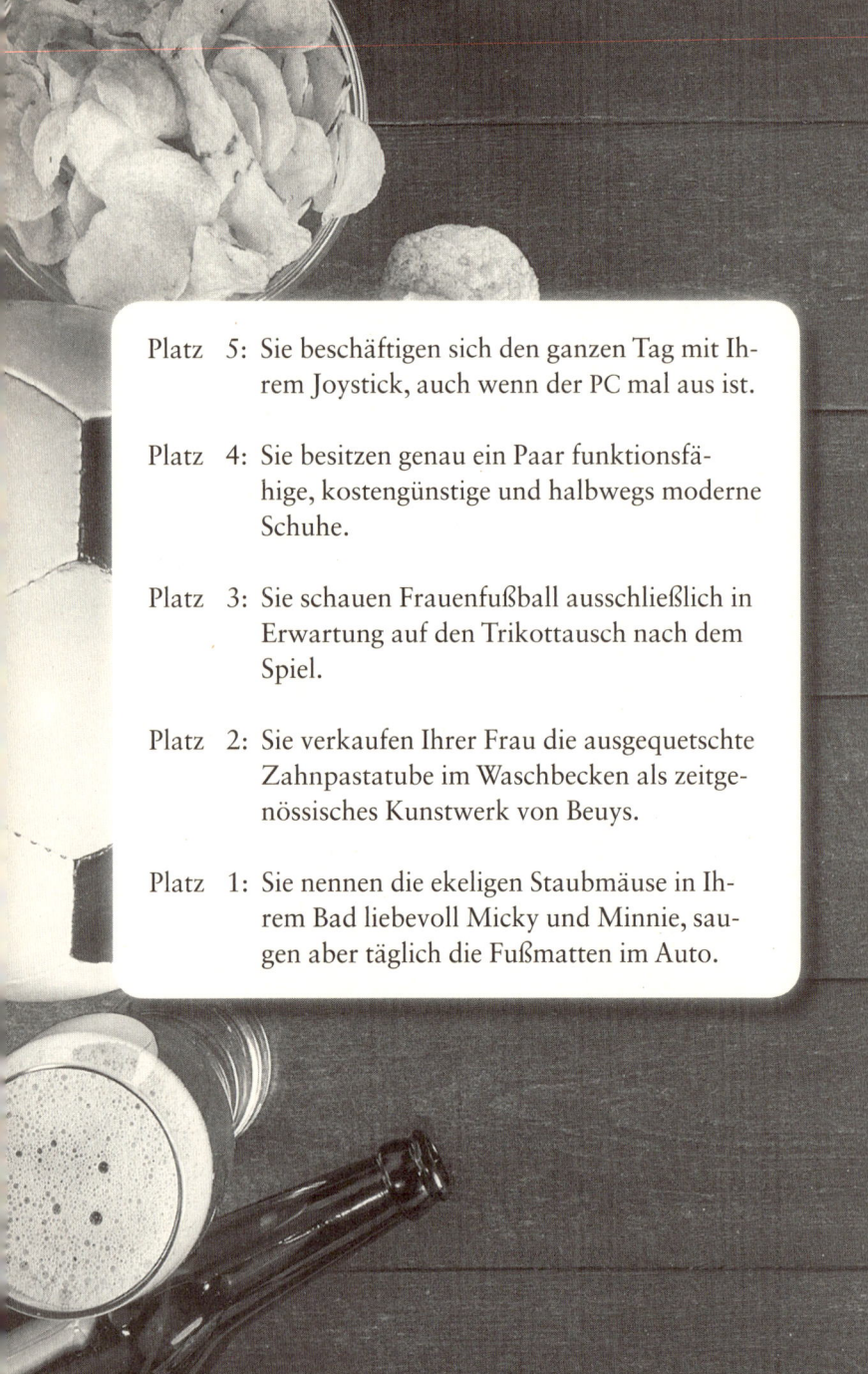

Platz 5: Sie beschäftigen sich den ganzen Tag mit Ihrem Joystick, auch wenn der PC mal aus ist.

Platz 4: Sie besitzen genau ein Paar funktionsfähige, kostengünstige und halbwegs moderne Schuhe.

Platz 3: Sie schauen Frauenfußball ausschließlich in Erwartung auf den Trikottausch nach dem Spiel.

Platz 2: Sie verkaufen Ihrer Frau die ausgequetschte Zahnpastatube im Waschbecken als zeitgenössisches Kunstwerk von Beuys.

Platz 1: Sie nennen die ekeligen Staubmäuse in Ihrem Bad liebevoll Micky und Minnie, saugen aber täglich die Fußmatten im Auto.

Hitzegewitter im Strafraum

Die schönsten Macken im Sommer

Alle lieben den Sommer. Vor allem die Mücken auf meiner Terrasse. Das größte Marottentier, das ich Ihnen zum Thema Sommer vorstellen möchte, ist mein leicht in die Jahre gekommener Nachbar Hilmar. Der vereint fast jede kleine Macke in einer Person, die man in der wärmsten Jahreszeit nur haben kann. Die Geschichte über ihn und meine anderen Nachbarn darf in diesem Seitenkonvolut über sympathische Bekloppte definitiv nicht fehlen.

Hilmar ist dieser klassische Typ Nachbar, wie wir ihn in Deutschland wohl alle schon gesehen oder sogar genossen haben. Meistens im Unterhemd an der frisch gesägten Buchsbaumhecke mit guten Hinweisen für Angie und Jogi unterwegs. Also einer, der handwerklich alles kann und weltpolitisch alles weiß. Und vor allem ein Gartenfreund, der neben dem Bett seinen Vertikutierer parkt, abends beim *Aktuellen Sportstudio* gern mal Düngestäbchen knabbert und seinen Bierrundwuchs beim ersten Sonnenstrahl Mitte Februar öffentlich UV-bestrahlt. Und zwar nackt. Hilmar steht nämlich leider auf FKK, was für die Bewohner der höheren Etagen des Nachbarhauses, also zum Beispiel mich, nicht immer erfrischend ist. Wenn ich da morgens mit meinem Mettwürstchen in der Hand aus dem Fenster gucke, frage ich mich nicht selten, wann sich die Krähen den kleinen Wattwurm wohl endlich mal schnappen.

Aber, hey! FKK? Die deutscheste Sommermarotte überhaupt und in der Küstenmetropole Essen im Ruhrgebiet erstmals vereinsgebunden organisiert. Kein Scherz! War halt bulleheiß in den Stahlwerken der damaligen Zeit. FKK ist also deutsches Kulturgut. Da muss man ein Stück weit – genau genommen zwölf Zentimeter – Verständnis für Hilmar aufbringen.

Hilmar ist Pächter des Kleingartens, der direkt an das Grundstück unseres Mehrfamilienhauses grenzt. Deshalb sehe ich ihn eigentlich recht häufig. Also zumindest wenn ich die Mülltonnen rausschieben muss. Hilmar hat neben dem Ausziehen auch noch einen anderen Tick: Er liebt Militaria und hält sich für einen Feldmarschall auf seinem eigenen Staatsgebiet. Daher ist der Kleingarten in seinen Augen militärische Sperrzone. Heiliger Boden quasi. Area 51 mitten in Gelsenkirchen, in der kein Unbefugter was zu suchen hat. Sein persönlicher Strafraum. Hier ist er Chef, hier darf er sein. Mit Weib zwar nur in Posterform, aber dafür mit viel Wein und Gesang. In der Mitte steht so 'ne kleine Kartoffelbude, für deren Abriss nach dem Krieg irgendwie alle zu faul waren, und dazwischen Blumenrabatten, die an burmesische Urwälder erinnern.

Der Kerl lebt da auch. Vermute ich zumindest, da ein als Briefkasten dienender Verbandskasten aus dem Ersten Weltkrieg vorn am Zaun hängt. Beweisen kann ich es aber nicht, da Hilmar im Winter regelmäßig wie vom Erdboden verschluckt ist. Weg! Vielleicht mit der Pickelhaube auf dem Kopf an der Front. Man weiß es nicht. Sehr mysteriös alles. Ich nehme ja an, dass sich Hilmar als reines Sommertier ab Ende August, wenn der Deutsche mit dem Aufziehen der Winterreifen beginnt, in eine Art Winterstarre begibt, so wie es alle wechselwarmen Tiere tun, wenn es draußen so langsam kalt wird. Pünktlich ab Mitte Februar sieht man Hilmar wieder, wie aus dem Jungbrunnen entstiegen, mit einem Rasenkantenschneider und einer Kiste Äpfel auf dem Gartentisch Smoothies herstellen.

Ich find das ja alles irgendwie witzig. Also nicht unbedingt den Feldwebel-Tick von Hilmar, aber seine Liebe zum Sommer. Auch ich fand es schon als Kind geil, dass die Sommerferien im warmen August stattfanden und nicht im kalten Winter. Passte ganz gut, weil da auch die Freibäder eher offen hatten als im Januar. Glück gehabt. Und auch als Teenie und *Bravo*-Leser fand ich den (Doktor) Sommer cool, da er mir meine Angst vorm Nabelknutschen mit meiner ersten großen Liebe nahm.

Seitdem ich Erwachsener bin, verbinde ich den Sommer mit animalisch duftenden U-Bahn-Fahrern, die glauben, dass Deos tatsächlich zweiundsiebzig Stunden wirken können, beziehungsweise dem berühmt-berüchtigten Public Viewing. Zwar ein anglizistischer Scheißbegriff, aber ein lustiges Ereignis, das sich auch Hilmar nicht nehmen lässt. Okay, Leinwand, Beamer und Boateng-Trikot kennt der konservative Nacktfrosch nicht. Aber Hilmar im Schwarzenbeck-Trikot von 1974, mit einem Röhrenfernseher aus dem deutschen Museum und einer als Flaschenöffner umgebauten Handgranate auf dem Campingtisch, das kann durchaus seinen Reiz haben. Gerade für einen Retrofreund wie mich. Nur allein gucken, dass passt irgendwie nicht so zum Gedanken des

Public Viewing. Das war auch Hilmar klar, als er mich vor Kurzem einlud.

Es war Freitagmorgen, fünfundzwanzig Grad im Schatten des Restmülls, und ich hatte Gelb, Grau, Grün und Elektroschrott bereits weggeschafft. Nur die braune Tonne fehlte noch. Und wie es der Zufall so wollte, quatschte mich in diesem Moment Hilmar an, die braune Tonne aus der Gartenparzelle.

»Kai, hasse gestern Mittag die Fidschis gegen die Itacker geguckt? Die kommen bestimmt noch in Halbfinale, wenn die weiter so wemmsen tun.«

Ich übersetz das mal kurz aus Ruhrpottisch ins Deutsche: Es war WM, und Hilmar bezog das wohl auf das Gruppenspiel von Costa Rica gegen Italien. Für Hilmar ist nämlich alles, was hinter seinem Gartenzaun liegt, Ausland. Liegt es dann noch jenseits der europäischen Grenzen, sind es für ihn immer die Fidschiinseln. Hilmar hat demnach eine recht überschaubare Weltkarte im Kopf, auf der es neben Deutschland, Lummerland und dem Wilden Westen nicht viel mehr gibt.

»Hilmar, Sommer ohne WM wär für dich wie Sonntagmorgen ohne Laubblasen, oder?«

»Ja, wat, wat? Ich bin doch froh, dat die WM in Sommer is. Stell dir ma vor, ich müsste hier in Winter hocken und Eislauf-WM gucken.«

Hilmar kratzte sich den braungebrannten, aber weißbeschmierten Bierbauch. Ich musste ihm mal bei Gelegenheit erklären, dass man Sonnencreme verreiben sollte.

Er lud mich ein, abends mit ihm das Vorrundenspiel der Serben gegen Jogis Bundesmannschaft zu gucken. Hilmar sagt immer Bundes- statt Nationalmannschaft, da er angeblich bei der Bundeswehr gedient hat. Es war wohl eher die Bundesbahn.

»Askla, Kai, dann bis heute Abend. Und bring nicht wieder den ganzen schwarz-rot-goldenen Klüngel mit. Ich hab meine eigenen Flaggen.« Hilmar meinte wohl seine alten Armeeflaggen aus der Preußenzeit. »Ich mäh getz noch ma eben alles, vertikutier durch, frische auf und häcksel noch ein bisschen wat weg. Und dann sieht die Parzelle fruchtiger aus als wie bei die Queen in Schritt.«

Ich schob Braun zur Straße. Richtig, das Wochenende stand mal wieder vor der Tür. Der klassische Zeitpunkt für den Deutschen, um den Rasen zu mähen. An diesen berüchtigten Rasenmähtagen im Sommer gibt es in Deutschland nur zwei elementare Fragen, um vollends als vermackt zu gelten, und beide haben etwas mit Energie zu tun. Die eine Frage lautet: Benzin oder Strom? Die andere: Gas oder Kohle?

Hilmar hatte natürlich einen Benzinrasenmäher, wahrscheinlich aus den Armeebeständen Costa Ricas, dessen Lecks im Tank dafür sorgten, dass unser Grundstück mittlerweile wie eine Zapfsäule während der Brunftzeit roch. Aber egal. Wenn der Rasen schon kontaminiert war, dann zumindest mit Benzin. Viel geiler als diese kabelgebundenen Stromrasenmäher aus dem Mädcheninternat waren die echten Motordinger sowieso.

Die zweite Frage ist für einen Sommerfetischisten schon wesentlich wichtiger: Gas oder Kohle? An dieser Frage spaltet sich Deutschland. Und auch ich hatte keine Lösung, ob es besser war, Hilmar für das Länderspiel zum Grillen eine Gasflasche anzuvertrauen oder den Waldschrat Feuer legen zu lassen. Der Geruch wäre nicht das Problem, da während Länderspielen im Sommer die Luft in ganz Deutschland ohnehin riecht wie 'ne Sommerkirmes mit Würstchen-Happy-Hour.

Hilmars lautes Organ sorgte dann für die nächsten Interessenten in Sachen Public Viewing. Mein Nachbar Willy, der in der Wohnung unter mir wohnt, legte sich auf sein Fensterkissen und machte uns nun ein unwiderstehliches Angebot: »Hilmar, du dicken Fettwanst. Ich bring heute Abend den Kartoffelsalat von de Heide mit.«

Ich hoffte, dass er seine Frau und keine Wiesenlandschaft in Fukushima meinte, fand die Idee aber ganz gut. Kartoffelsalat, ein, zwei Glutamat-Stangen auf dem Grill und ein schönes Hefeteilchen im Anschlag. Es hätte so schön sein können. Ja, hätte. Problematisch wurde es nämlich, als auch das Fenster im Erdgeschoss aufging und Wendela, die Yoga-Schnake im achtzigsten Psychologiesemester, den Senf zum geplanten Grillabend dazutun musste.

»Sie wollen doch heute Abend nicht wieder den ganzen Hof mit Rauch versauen, Sie alter Nazi, oder?«

Hilmar blieb cool. »Solange sie mich nicht zum Papst gekrönt haben, steigt hier auch schwarzen Rauch auf. Punkt!«

Heide, die Frau von Willy, war auch noch mit im Spiel. »Hilmar, den Kartoffelsalat nach indische Art oder wie früher?«

Hilmar zündete sich mit dem zum Feuerzeug umgebauten John-Wayne-Colt eine Selbstgedrehte an. »Hilde, bloß so wie früher. Nich den Currykack da von die Fidschis.«

Ich schloss den Kasten für die Mülltonnen ab.

Wendela, die Tofu-Trine, schrie immer lauter. »Und können Se sich nicht wenigstens mal 'n ordentliches T-Shirt anziehen? Der Anblick ist ja nicht zum Aushalten!«

Durch das Gebrüll öffnete sich nun auch das letzte Fenster im Dachgeschoss. Jens, unser Schlagerbarde und Mallorca-Freund, erschien zwischen den Dachziegeln. Im Hintergrund dudelte *Scheiß drauf, Malle ist nur einmal im Jahr*.

Schön, dachte ich. Offene Fenster mit Ballermannliedern, nach verbrannter Panade duftende Hinterhöfe, Männer im Achselshirt. Und es war Sommer. Nicht nur bei Peter Maffay.

Willy hatte sich unterdessen ein frisches Kissen organisiert und hing nun wie Luis Trenker beim Bäuerchen-Üben auf seinem Fenstersims.

Jens aus dem Dachgeschoss hatte nun Bock auf *Best of Tim Toupet*, und die Müslimuschi redete sich immer mehr in Rage. Sie streckte den Kopf aus dem Fenster und schaute nach oben. »Kannst du Freak da oben nicht mal was Geiles mit Niveau anmachen?«

Jens konterte nach unten: »Schatz, da kommst du leider nicht infrage.«

Tim Toupet sang im Anschluss noch *Du hast die Haare schön*, dann knallte das erste Fenster zu. Wendela war aus dem Spiel.

Im Sommer mag es der Deutsche aber gern geöffnet. Cabrio mit Bose-Anlage, tagelanges Stoßlüften mit Technosound und freiliegende Achselbehaarung mit Bodenkontakt. Hauptsache, offen und geschmackssicher.

Und während Willys Frau Heide den Kartoffelsalat mixte, frönten Willy auf dem Kopfkissen und Hilmar, unser Feldmarschall vom Truppenübungsplatz, der nächsten deutschen Marotte. Sie ärgerten sich übers Wetter. Geht im Sommer zum Glück genauso gut wie im Winter.

»Willy, ich war gestern kurz vorn Hitzestich.«

»Hilmar, dat heißt Sonnenschock, nicht Hitzestich. Is aber auch 'n scheiß warmet Wetter. Drei Grad weniger würden et auch tun.«

»Ja, Willy, aber ich fand dat Montag zu frisch. Fünfundzwanzig Grad. Da war et bisken zu kalt für zum Grillen. Ich sach ma, so zwei Grad mehr, dann wäre et perfekt. Aber nicht so heiß wie damals in El Alamein, beim Dessert Storm.«

»Et geht ja auch kein Wind.«

»Ja, grausam. Da steht die Luft. Da zieht nix ab, Willy.«

Ich hörte noch, wie Hilmar ordentlich einen fahren ließ, und war nun doch gegen das Grillen mit Gas. Die Tonnen waren alle verräumt, und ich organisierte mir für das abendliche Public-Viewing-Grillen noch eine Pulle Mückenspray. Denn wenn der Sommer 999 grandiose Vorteile hat, ist die Mückenseuche der einzige Nachteil. Das Arsenal meiner Frau gibt aber zum Glück alles her: Mückenspray, Mückennetz, Mückenklatsche, Mückenkerze und natürlich diese fantastischen Mückenstecker, die man zu Hause in die Steckdose steckt und die dann ... Na ja, sie sehen halt schön aus, wenn sie so leuchten im Dunkeln.

Aber mit Mücken kann man mich wirklich jagen. Meistens nachts ins fensterlose Badezimmer, um dort in der Wanne zu pennen. Ist eine Mücke im Raum, beginne ich zu kratzen, egal, ob mich das Tier gut riechen kann oder nicht. Das Jucken ist auch ohne Stechen immer da.

Kurz nach Anpfiff saßen also Jens im Mallorca-Party-Outfit, Willy mit seiner Heide und ich zusammen mit Hilmar im Tarnanzug im Garten des Oberstleutnants und guckten mit total verwürztem Kartoffelsalat nach serbischer Art und einem Eimer Sangria das Bundesspiel der Deutschen. Hilmar grillte sich die Finger wund, und das Mückenspray war ein 1a-Brandbeschleuniger. Gegen 23.00 Uhr war zum dritten Mal von Wirsing-Wendela wegen Geruchs-, Lärm- und Geschmacksbelästigung die Polizei gerufen worden, bevor gegen Mitternacht ein Hitzegewitter dafür sorgte, dass wir den qualmenden Grill in Hilmars Truppenunterstand, die kleine Kartoffelhütte, verschieben mussten. So nett und gemütlich ist es definitiv nur im Sommer.

★ Sind Sie auch ein Sommerkind? ★
Testen Sie es!

Sie montieren am zweiten Weihnachtsfeiertag in Vorfreude auf den Sommer schon mal die Winterräder ab.

❑ ja   ❑ nein

Sie sind kein Durchgriller, sondern grillen im Frühjahr noch anständig VOR, PROBE und AN sowie im Herbst AB.

❑ ja   ❑ nein

Ihr Garten wird aufgrund der Plastikpools, der Trampoline, der Außenküche, der Pavillons und der Tischtennisplatten von fremden Familien für Tagesausflüge angemietet.

❑ ja   ❑ nein

Sie stecken sich beim Sonnenbad transparente Strohhalme zwischen die Zehen, damit die Zwischenräume genauso braun werden wie der Rest des Körpers.

❑ ja   ❑ nein

Sommer heißt für Sie, alles zu mixen! Apfelschorle, Weinschorle, Fruchtschorle, Spezi und natürlich der Schlagermix von Helene Fischer.

❑ ja   ❑ nein

Wie viele Fragen haben Sie mit Ja beantwortet?

0. Sie sind wohl einer, der mit der Schneeschüppe pennt.

1. Sie sind nur geil auf Erika, das nächste Kältetief.

2. Sie müssen noch an Ihren Sommermarotten arbeiten. Fangen Sie mit einem verschwitzten Achselshirt an, und fahren Sie Bus.

3. Sie mähen scheinbar auch in fremden Biergärten gern mal den Rasen.

4. Sie tanzen vermutlich den ganzen Tag im Baströckchen Macarena im Büro.

5. Sie sind Dr. Sommer!

Ich hab die Haare schön

Der Problemfall deutsche Frau

Deutsche Frauen sind oft komische Vögel. Zugegeben, ich wäre auch gern mal eine. Aber nur für einen Tag. Neun Monate wären mir zu lang. Ich kenne sie inzwischen nämlich, diese besondere Spezies Frau. Und zwar mit allen Macken, die frau so haben kann.

Als Kind war ich da etwas naiver. Ich wollte als Fünfjähriger unbedingt mal eine Frau mit Klasse kennenlernen. Klappte in dem Alter leider nicht. Als ich dann endlich älter war, glückte es mir. Sie hatte Klasse, und zwar die 4b. Sie war Lehrerin an der Waldorfschule. Sie war die Erste, die mir so was von deutlich klarmachte, dass Frauen, sagen wir, etwas anders ticken als Männer.

Untereinander, also von Frau zu Frau, fällt das vielleicht nicht so auf. Wenn eine Frau eine andere fragt: »Sag mal, bin ich zu fett?«, sagt die andere: »Quatsch, du bist perfekt!« Wenn ich aber meinen Kumpel nach dreizehn Herrengedecken frage: »Sach ma, binsch fett?«, folgt meist: »Ja sischer, und potthässlich bisse auch.«

Sie sehen, Frauen betrachten einander anders als ein Mann einen Leidensgenossen.

Nachdem ich diese Erkenntnis nun gewonnen hatte, kam das Nebelhorn in mein Leben. So nannte ich sie zumindest. Es hielt drei Monate. Sie war eine sehr groß gewachsene, schlanke Frau. Eigentlich mögen das Männer ja. Aber es ist Vorsicht geboten bei diesen Damen, denn schon in der Bibel steht geschrieben: *Eine große Dürre wird kommen und das Land plagen.* Und sie plagte, das Nebelhorn, und wie! Irgendwann erkannte ich zu meinem Entsetzen, dass Schönheit bei vielen Frauen abends durch Feuchttücher wieder entfernt werden kann. Ich war geerdet, rausgerissen aus meinen Träumen, die perfekte Frau gefunden zu haben. Leider war auch das Nebelhorn total vermackt.

Ach so, warum ich sie Nebelhorn nenne? Nun, sie hatte neben dem Wunsch, einmal Prinzessin zu werden, eine der weiblichsten Eigenschaften, die man nur haben kann. Den Wunsch, Prinzessin zu werden, konnte ich ihr durch ein eingerahmtes Foto von Prinz Charles schnell nehmen, die zweite Macke blieb aber und war am Ende wahrscheinlich sogar ein Trennungsgrund. Denn immer wenn sie telefonierte, rannte sie laut schreiend durch die Bude. Im Sitzen und in Zimmerlautstärke quatschen – undenkbar. Laut und immer in Bewegung ist die weibliche Devise. Warum? Weiß nicht. Vielleicht musste sie die Durchblutung des Argumentationsarmes fördern, der während des Gespräches permanent durch die Gegend wirbelte.

Sie brüllte am Telefon ihre Freundin an: »Er hat mir gestern vor einem Juwelierladen leise ins Ohr geflüstert, dass er mich ganz gern hat.«

Ja, das war mein Standardspruch. Gebe ich zu. Männer sagen nämlich ungern nach einer Woche: Ich liebe dich! Das machen nur Frauen. Wir machen eher die Nummer mit dem Gernhaben. »Ich hab dich gern« ist zwar die kleine Schwester von »Vielleicht findet sich noch 'ne Bessere«, aber immerhin auch nicht so verbindlich wie die heiligen drei Worte.

Sie war also eine etwas komische Telefoniererin. Ich habe in meiner dreimonatigen Beziehung, glaube ich, auch nur ein einziges Mal bei ihr angerufen. Und das klang so: »Hallo Nebelh…, äh, Gaby. Rate doch mal, wo ich gerade bin.«

»Keine Ahnung.«

»Erinnerst du dich noch an den Juwelier, vor dessen Schaufenster wir so lange gestanden haben? Der, bei dem du diesen Freundschaftsring mit den drei Brillanten so toll fandst?«

»Ja, klar. Boah, wie geil ist das denn?«

»Da sitze ich gerade genau gegenüber in der Pommesbude und esse Zaziki.«

Danach hat sie von sich aus Schluss gemacht. Obwohl mir klar war, dass es nicht einfach sein würde, mit Zazikifaible eine neue und komplett unvermackte Frau zu finden.

Als Baby war alles leichter. Man war klein, hatte ein fettes Gesicht, keine Haare auf der Birne und noch weniger Geld auf dem Konto. Trotzdem wollten einen alle Frauen anfassen und küssen. Das nimmt mit der Zeit rapide ab, wie ich schon als Kind feststellen musste.

Meine erste richtige Partnerschaft war zwar auch eine Fanfare, aber von ganz anderem Kaliber: Schnellfeuerwaffe und jeder Schuss tödlich. Mein befreundeter Therapeut Hotte hielt sie trotzdem für eine gute Idee. Ich war mir zudem sicher, die Entscheidung für diese Frau nicht mit der unteren Hälfte meines Körpers getroffen zu haben, und ließ mich erneut auf das Abenteuer Frauen und ihre Macken ein. Und dann war sie da.

Meine Fanfare Julia. Eine Frau, die zu jedem Zeitpunkt immer alles wusste, vor allem besser. Und sie hatte auch die anderen typisch weiblichen Attitüden, die ich als Single während des gemütlichen Couchliegens, beim Bar-Hopping mit Freunden und samstags in der Nordkurve so vermisst hatte.

Der Besserwisserdrang bei Frauen äußert sich ja meist recht früh, manchmal schon, wenn man die Holde zum ersten Mal mit dem Auto von zu Hause abholt.

»Sag mal, hat der ABS? Du hast nicht den Beifahrerairbag ausgeschaltet, oder? Du, wenn du noch schneller fährst, dann reisen wir gleich in der Zeit zurück.«

Sie war permanent am Meckern, vor allem natürlich beim Autofahren. Gut, das war zu einem Zeitpunkt in meinem Leben, an dem ich mir bereits ein männliches Schutzschild konstruiert hatte, und zwar in Form von Michael Jackson. Immer wenn ich nämlich fand, dass mir Julia mit ihren Macken zu sehr auf die Nüsse ging, schaltete ich, zack, das Autoradio an, und der King of Pop sang *You are not alone*.

Sie sind halt so, diese weiblichen Geschöpfe. Man muss sie nehmen, wie sie sind. Keine Straßenkarten lesen können, aber herumdiskutieren, weil ich die Stimme aus dem Navi sexy finde. Man kann es ihnen halt nie recht machen. Ich glaube ja, es lag im Falle Julia daran, dass sie nicht gern im Auto fuhr. Frauen gehen nämlich lieber spazieren. Eine tolle Angewohnheit. Wofür sind eigentlich Mopeds, Skateboards oder die Yacht von Abramowitsch erfunden worden? Ist Frauen egal.

»Man kann doch auch mal spazieren gehen. Frische Luft, Romantik, Bewegung.«

Ich hasse Spazierengehen bis heute und hab mir für die Gewaltmärsche mit meiner jetzigen Frau einen Golfcaddy gekauft. Schön mit Faltdach gegen die Sonne und zwei Einbuchtungen hinten für zwei Kisten Dunkelbier. Manchmal gehe ich mit ihr jetzt sogar joggen. Einmal um den Baldeneysee, drei Liter Feuerzeugbenzin. Sparsam im Verbrauch.

Julia war eine von den Frauen, die immer fror. Fuhren wir im August nach Marokko, musste sie sich wegen Unterkühlung in stationäre Behandlung begeben. Gingen wir in die Sauna, kamen Frostbeulen dazu, und selbst als der Teufel sie nach unserer Beziehung zu sich in die Hölle holte, munkelt man, soll sie vorher noch schnell Alpaka-Pullover geshoppt haben. Wir Männer schwitzen hingegen schon, wenn wir Erdnussreste aus der Couchritze fegen. Frauen frieren überall am Körper. Meistens an den Füßen, den Händen, den Ohren oder an den Haaren. Ja, Frauen können sogar an den Haaren frieren. Und sie legen viel Wert auf ihre Haare.

Julia kam mindestens einmal die Woche auf die Idee, zum Friseur zu rennen. »Kai, ich glaub, ich lass mir heute mal schön den Kopf machen.«

»Ja, Julia, ich habe schon geahnt, dass das nur ein Provisorium ist.«

Frauen arbeiten nämlich häufig mit dem Kopf. Die Dummen brauchen dafür aber einen Lockenstab.

Na ja, nach Julia wurde ich dann etwas melancholisch. Nicht ungefährlich, denn Melancholie kann bei Männern noch verheerender sein als die permanente und typische Hypochondrie. Männer sind in den Augen einer Frau ja nie krank. Egal, ob das Bein abgetrennt neben der Kreissäge liegt, wir fünfundachtzig Grad Fieber haben oder uns das Festessen von der eigenen Taufe hochkommt: In den Augen einer Frau sind wir kerngesund.

Wir Männer wollen aber gern krank sein, damit die Frau uns umsorgt. Machen die Mädels leider nicht, weil die schlau sind. Die lassen das gar nicht erst einreißen, denn dann hätten sie bei jedem Ziehen im kleinen Finger das Nachsehen. Das wissen sogar die mit Lockenstab.

Die Melancholie blieb eine Zeit lang. Ich begann mit Selbstgesprächen. Hotte sagte beim Bierchen zu mir: »Ist doch schön. Besser, du redest mit dir als mit keinem.«

Ich wusste aber, dass er meinte: »Besser, du redest mit dir als mit Julia.«

Irgendwann begann ich sogar, mich mit mir selbst zu streiten. Das wurde so heftig, dass ich mich sogar einmal selbst enterbte. Julia war da schon lange Geschichte. Zum Glück. Ich wollte zu diesem Zeitpunkt nämlich keine Frau, die abends im Bett mit den Fingern und bewegten Lippen die Stunden zählt, wann der Wecker klingelt. Eine Frau, die Flanellschlafanzüge mit Lillyfee-Aufdruck trägt und morgens erst einmal das Horoskop liest, um herauszufinden, ob die Welt untergeht oder noch genügend Zeit bleibt, mir diese noch mal schnell zu erklären.

Dann war es endlich so weit, und ich lernte meine Ehefrau kennen. Mir war von Anfang an klar: Die ist wie eine Granate. Wenn die mal den Ring abzieht, dann ist meine Bude weg. Eine charmante Bombe halt. Die *musste* ich heiraten. Die Frau, die alle weiblichen Ticks in sich vereinte, aber so, dass es nicht wirklich störte. Vor allem pflegte sie Marotten, die meine bisherigen Errungenschaften nicht derart intensiv ausgelebt hatten – und weitere, die ich erstaunlicherweise noch gar nicht gekannt hatte.

Sie geht stundenlang Klamotten anprobieren, kauft dann aber nichts. Bestellt wird heimlich im Internet, wenn ich schon müde vom Anprobiermarathon im Bett liege und schlafe. Und zwar alles in allen Farben und allen Größen. Am Tag nach der Lieferung geht es zwar direkt wieder zurück an den Absender, aber ich schreie vor Glück. Ich führe mit ihr eine Beziehung, in der mir unser Paketbote mehr leidtut als ich mir selbst. Frauen kaufen halt anders ein als Männer. Bei Männern ist das so: Ist die Jeans kaputt, gehen wir in einen Jeansladen und ziehen eine Jeans an. Anprobieren, kaufen! Ab zum Jeanskassierer, dann in die Jeanstüte und zu Hause in die Jeansecke. Ende.

Die Melancholie ist, seitdem ich mit meiner Frau verheiratet bin, fast weg. Nur neulich habe ich mich dabei ertappt, wie ich mich zehn Minuten lang in unsere Diele gestellt und mit der schlafenden Katze auf dem Fußboden unterhalten habe. Das hat mich unglaublich entspannt. Zumindest so lange, bis meine Frau laut polternd mit dem Telefonhörer im Anschlag in den Flur kam und mir klarmachte, dass wir gar keine Katze haben. Ich hatte mich mit der Strickjacke meiner Frau unterhalten.

Hey, wenn man verliebt ist, dann passieren solche Dinge halt. Tiere können in einer frischen Beziehung ohnehin als störend empfunden werden. Für viele Frauen stellt sich daher die Frage, ob ein Hund oder ein Mann ins Haus darf. Frau muss also rechtzeitig abwägen, ob sie sich nur den Teppich oder das ganze Leben versauen will. Meine hat sich zum Glück für ein ganzes Leben entschieden.

★ Woran Sie eindeutig erkennen können, ★ dass Sie eine Frau sind

Platz 10: Sie wundern sich, dass es beim Taschenbillard noch keine Frauennationalmannschaft gibt.

Platz 9: Sie lieben die Fragen »Bin ich zu dick?«, »Was denkst du gerade?« und »Hast du auch gerade Migräne?«.

Platz 8: Sie stellen auf einer Party Ihren Partner mit dem Satz vor: »Das ist mein Mann. Wir gehören zusammen wie ein Kopf und ein Arsch!«

Platz 7: Sie diskutieren mit ihm vier Stunden über aktives Mülltrennen, aber keine vier Sekunden über passives Abseits.

Platz 6: Sie möchten beim Friseur keinen Schnitt und keine Frisur, sondern einen ganz neuen Typ.

Platz 5: Sie suchen sich bei Parship eine gute Freundin für gemeinsame Besuche auf der Damentoilette aus.

Platz 4: Ihre Handtasche gleicht dem Zentrallager einer Drogeriemarktkette und beinhaltet Milliarden alter Kassenzettel von Quelle, Horten und Schlecker, benutzte Taschentücher aus der Grundschulzeit, vier angekaute Labellos und eine geöffnete Tube Handcreme Mandel-Kokos, verschmolzen mit zwei alten Tampons.

Platz 3: Verzicht bedeutet für Sie die kurze Zeit zwischen zwei Wünschen.

Platz 2: Sie wundern sich, dass es Menschen gibt, die ein Bad gewaschen, geföhnt, gestylt und entleert bereits nach zehn Minuten wieder verlassen.

Platz 1: Sie recherchieren, ob Cellulite als Hagelschaden bei der Vollkasko geltend gemacht werden kann.

Ordnung ist das halbe Leben

Die Macke mit dem Regulierungswahn

Wir Deutschen *lieben* Ordnung. Zugegeben, ich auch. Obwohl Ordnung hier weniger mit dem Aufräumen meiner Klamotten zu tun hat, sondern vielmehr mit unserem nationalen Tick, alles Mögliche regeln, ordnen und normen zu müssen.

Man wird zwangsläufig Teil dieses Regulierungswahns, selbst wenn man es gar nicht will. Jeden Tag, egal wo. Es heißt zwar, dass Ordnung das halbe Leben sei, aber dann muss Unordnung ja die andere Hälfte sein. Ich bin derzeit in dieser anderen Lebenshälfte verankert. Aber wo findet man in Deutschland noch die nicht genormte Ungezwungenheit, die pure Anarchie, den Zustand ohne Regeln? Dieser Frage möchte ich nun, wo wir langsam zum Schluss dieses Buchs gelangen, auf den Grund gehen.

Zudem bin ich Ihnen ja noch die Antwort schuldig, wie sich mein Abstecher auf die Frankfurter Buchmesse entwickelt hat. Es sollte immerhin mein erster Besuch am Stand von Bastei Lübbe werden, und da wollte ich als Autor nicht direkt zu spät kommen, auch wenn die Deutsche Bahn als Ausrede natürlich immer sehr glaubwürdig und plausibel ist.

Nachdem ich mich aus dem Zug gekämpft hatte, rannte ich schnell in Richtung Bahnhofsausgang. Die Tasche unterm Arm, den Bockwürstchenmüll in der senfverschmierten Hand und eine geniale neue Buchidee im Hinterkopf: eine vierzehnteilige Buchreihe über Anarchie in deutschen Ehen. Ich war mir zu diesem Zeitpunkt sicher, dass es ein Megaerfolg werden würde.

Ich leckte mir im Rennen den Senfmatsch von den Fingern und schmiss meine leere Würstchenschale in den Mülleimer auf dem Bahnsteig. In einen der unzähligen Mülltröge, die einem im Frankfurter Hauptbahnhof alle drei Meter entgegenkommen. Böse Falle, kann ich nur sagen.

Die Pappschale hatte noch nicht den Boden des Mülleimers erreicht, da stellte sich mir Oskar in den Weg, das zottelige Müllmonster aus der Sesamstraße. Aufgrund seines behaarten Gesichtes, des ebenso behaarten Halses und sogar Rückenansatzes vermutete ich diese Verwandtschaft zur Kinderserie zumindest. Es muss sich aber um die holländische Sesamstraße gehandelt haben, da Oskar die orangefarbene Warnweste des hiesigen Bahnhofsserviceteams trug.

»Ja, da hemma ma wieder einen erwischt, gell?!«

Das Monster wedelte drohend mit einer Rolle roter Mülltüten vor meinem Gesicht. Er stand nun so dicht vor mir, dass ich von seinem Schatten komplett verschluckt wurde.

»Könn Se net lese, oder was?«

Ich leckte mir den letzten Senfrest vom Daumen. »Ich muss zugeben, dass ich lieber schreibe. Warum?«

»Na, Se hem eben de Unrat in de komplett falsche Müllbehälter gschmisse. Schauens ma, Se hem de Würstchenschale in de Papier gworfe. De Schale is aber net nur aus Papier, sondern mit dünne Plastikfolie bezoge. Zudem hab ich aus de Augenwinkle Speisereste druf erkannt, die selbstverständlich auch net in de Papier gehöre. Des müsse Se schon wieder raushole und zunächst mal sauberlecke.«

Ich schaute auf die Armada an Mülleimern. Ich las: *Für Papier, Für Plastik, Für organische Abfälle, Für Glas, Für Batterien, Für Spritzen, Für Babywindeln (Jungen), Für Babywin-*

deln (Mädchen), Für Babywindeln (Rentner) sowie *Für den Restmüll der Gesellschaft.*

Ich muss zugeben, dass ich nichts gegen kleine Schwätzchen mit Fremden habe, aber an diesem Tag saß mir die Zeit im Nacken. Außerdem gehört der deutsche Mülltrennungswahn nicht zu meinen Lieblingsthemen, sodass ich eilig versuchte, mich an Oskar vorbeizuschieben.

Es gelang mir exakt zehn Minuten später, nachdem ich unter seiner Aufsicht brav meine Würstchenschale wieder aus dem Altpapiereimer herausgezogen und dem Plastik zugeführt hatte. Die Altglassplitter und die Säure der ausgelaufenen Batterien aus dem Papiercontainer, die nun an meinem Unterarm hingen, konnte ich sicher am Sitzbezug des Taxis wieder loswerden. Ich musste mich nun aber noch mehr beeilen, um wenigstens noch ein paar rote Gummibärchen am Verlagsstand zu bekommen.

Interne Zündung an, Gas geben und schnell noch einen älteren Herrn anquatschen: »Entschuldigung, wo finde ich denn hier am Bahnhof den Taxistand?«

Der Herr mit der Selbstgedrehten zwischen den Fingern schaute mich argwöhnisch an. »Biste Junkie oder wat?«

»Wie bitte?«

»Na, wegen der aufgerissenen Ärmel und dem Siff auf deiner Klamotte.«

Ich schaute an mir herunter. So ein Mist. Sennflecken auf

dem Hemd. So konnte ich auf keinen Fall bei Lübbe aufschlagen.

»Außerdem dürfen Se hier gar nicht stehen.« Der Mann zog genüsslich an seiner Kippe. »Raucherbereich, mein Freund! Gucken Se sich doch ma das Viereck an, wat hier auf den Boden gemalt wurde. Dat is ganz allein unser Hoheitsgebiet. Dat gehört nur den Rauchern. Machen Se bitte einen Schritt nach draußen, dann können wir wie zwei zivilisierte Menschen reden. Hier drinnen haben nur die Raucher wat zu suchen.«

Der Marlboromann schnippte seinen Zigarettenstummel ins Gleisbett.

Ich musste dem sympathischen Herrn mit den gelben Raucherfingern wohl oder übel recht geben. Welch Frevel von mir! Hausfriedensbruch ist immerhin ein gesetzlich geregelter Straftatbestand, und wer hat schon gern ungeliebte Gäste auf seinem Grundstück. Ich Dussel. Da kommt die Deutsche Bahn auf die tolle Idee, mitten auf dem achtzehn Fußballfelder großen Bahnsteig eine Vier-Quadratmeter-Parzelle für Raucher aufzupinseln, und ich Blödmann latsche da frech rein, obwohl ich bisher nur Kaugummizigaretten konsumierte.

Der deutsche Regulierungswahn hat nämlich im Laufe der Evolution dafür gesorgt, dass Raucher und Nichtraucher heutzutage keine Freunde mehr sein dürfen, so wie früher, als man noch gemeinsam an der Kneipentheke saß und sich versaute Witze erzählte. Raucher werden heute wie tollwütige Tiere von den gesunden abgetrennt, und eines von diesen Rauchertieren stand nun vor mir.

Ich konnte ihm die Aussage nicht mal verübeln. Wie in einem schlechten Horrorfilm verwandeln sich Raucher nämlich, wenn sie über einen längeren Zeitraum nichts zu ballern kriegen, in reißende Bestien, und die gehören nach Meinung des Staates weggesperrt. Gemein.

Neben den sinnvollen Rauchervierecken auf Bahnsteigen finde ich auch die durchsichtigen Telefonzellen mit Deckenentlüftung schön, die inzwischen in vielen Büroetagen zwischen Kopierraum und Besenkammer installiert werden. Die Ein-Mann-Verrichtungsbox für Raucher quasi. Schön sind auch die etwas größeren Raucherräume, die man aufgrund der Luftbeschaffenheit gern mit einer finnischen Dampfsauna verwechselt. Herrlich! Auch diese sind höchstamtlich in Deutschland vorgeschrieben worden. Liebe Raucher, ihr tut mir leid!

Endlich im Taxi. Es war geschafft! Den Müll hatte ich sauber getrennt, die Glassplitter auf dem Taxifußboden verteilt, und ich war auf dem Weg zur Buchmesse. Im Gepäck die geilste Buchidee aller Zeiten. Die würden jubeln im Verlag.

Der Taxifahrer, eine jamaikanische Stimmungskanone mit Harry-Belafonte-Deutsch, eröffnete das Gespräch mit einem besonders leckeren Thema: »Stellen Sie sich vor, haben die mir gestern ganze Taxi vollgekotzt.«

Ich rieb auf der Rücksitzbank sitzend immer noch am Senffleck auf meinem zerrissenen Hemd herum und bekam große Augen. »Wie, dieses Taxi hier?«

»Ja, ganzen hintere Plätze und sogar Türe von innen, weil einer von die Typen noch wollte während der Fahrt die Tür für Kotzerei öffnen, aber nicht mehr schaffte.«

Ich ließ schlagartig den Türgriff los. »Äh, ja, aber ...«

»Keine Sorge, Kollega. Zentrale heute Morgen hat geschickt Tatortreiniger. Is wieder alles Butter. In Jamaika Flecke wäre wochenlang so, aber hier in Deutschland alles is so ordentlich. Deutsch perfekt! Heute kaputt, morgen wieder fertig.«

Mir fielen eine Handvoll herumliegende Duftsteine auf den Fußmatten auf, die der Taxifahrer wohl aus dem Vorratsschrank der Frankfurter Bahnhofstoilette mitgenommen haben musste.

»Ja, Ihr Taxi riecht auch sehr blumig. Schon toll, unsere deutsche Reinlichkeit, was?«

Ich verdeckte peinlich berührt den Senffleck auf meinem Hemd. Zudem bemühte ich mich, die kurze Taxifahrt auf der lederbezogenen Rücksitzbank so zu sitzen, dass ich nichts berühren musste. Auch mein Hintern saß nur noch auf einer Backe. Senfflecken auf dem Hemd, Batteriesäure am Arm und eine Hose mit Flecken von verdauter Erbsensuppe waren nicht das überzeugendste Argument für einen neuen Buchvertrag. Das war mir klar. Ich saß also nun krumm und schief wie Mutter Teresa beim Schwangerschafts-Workout auf der Rücksitzbank und betete, dass die nicht weit entfernten Messehallen bald auftauchen würden.

Der Taxifahrer bohrte in der Nase. »Auch deutsche Produkte immer top.«

Belafonte beschleunigte den Daimler auf Turbo. Ich flog durch den Fond des Wagens und landete mit der Nase auf dem automatischen Fensteröffner. Immerhin frische Luft. Marley der Zweite schwärmte weiter:

»Ich haben seit vierzehn Tage Armbanduhr von Trödelheim in Rödelheim und geht immer noch. In Jamaika wäre schon dreizehn Tage kaputt.«

Ich stützte mich in der letzten Kurve mit dem kleinen Finger an der Seitenscheibe ab, die der Tatortreiniger leider nicht ganz streifenfrei bekommen hatte.

»Ja, da haben Sie recht. Die deutsche Uhrenindustrie ist ja neben Käse und Schokolade bis weit in die Schweiz hinein bekannt.«

Ich musste dringend aus diesem Taxi raus und wünschte mir das bis auf ein paar Krümel sauber geputzte ICE-Abteil zurück.

Noch könnte ich pünktlich am Stand sein. Es blieb noch etwas Zeit. Gummibärchen, Buchvertrag, ich komme! Vorausgesetzt, ich würde den Messestand sofort finden. Durch die ganzen nordkoreanischen Reiseführerverlage und die kenianischen Geschenkbücher zum Thema Wintersport war die Buchmesse in den letzten Jahren ein wenig unübersichtlich geworden.

Ankunft! Endlich raus aus dem karibisch duftenden Jamaikataxi. Ob Lübbe mir auch einen Rum anbieten würde?

Es wunderte mich übrigens, dass der Tatortreiniger aufgrund des deutschen Sauberkeitswahns die Rücksitzbank nicht gleich in Folie eingepackt hatte. Das ist nämlich auch so eine schöne Macke in diesem Land. Mein Schwager zum Beispiel packt so ziemlich alles, was ihm in seinem Alltag vor die Flinte kommt, in Folie, damit es nicht zu sehr abgenutzt wird. Der Deutsche hängt nämlich an seinen Errungenschaften. In den Fünfzigerjahren war es so, dass man sich für achttausend Mark eine nagelneue Couch in die Bude stellte, sie aber mit einer alten Pferdedecke vom Gnadenhof Wattenscheid-Ost abdeckte. Omma sagte immer: »Dann ham wa da länger wat von.«

Mein Schwager hingegen, der den Bezug seiner Couch auch gern mal sehen möchte, hat sie daher in der werkseitigen Folie eingepackt gelassen und so in sein Wohnzimmer gestellt. Auch die Fernbedienungen, die Eierlikörgläser aus der Aussteuer und sogar sein Lümmel werden aus Verschleißgründen mit Folie überzogen. Kauft mein Schwager sich die brandneue Fernsehzeitung am Kiosk, wird danach erst einmal zwei Stunden lang jede Seite laminiert. So viel zum deutschen Ordnungstick.

Muss wohl an den Kriegsjahren liegen, in denen es auf deutschen Straßen etwas unaufgeräumt aussah. Und so schafft Ordnung auch ein gewisses Maß an Sicherheit in den

Köpfen der Leute. Der Deutsche regelt und ordnet gern – nicht nur weil er sich nach Ordnung im Leben, sondern auch im Kopf sehnt. Und weil die Industrie dieses Verlangen nach Schutz spitzbekommen hat, gibt es mittlerweile Milliarden Versicherungen, die die Werte der Deutschen schützen und ihnen das Gefühl von Ordnung und Sicherheit im Leben geben. In Deutschland werden neben der Playstation auch die eigene Hochzeit, die Stimme, die Whirlpoolpumpe und die Gefahr eines Kometeneinschlages während der Morgentoilette versichert. Zusätzlich werden an Türen, Fenstern und Hundehütten Stahlbolzen, Sicherheitsglas und Sprengfallen installiert. In jeden Raum der eigenen vier Wände werden alle zehn Zentimeter Rauchmelder, Gasmelder, Bewegungsmelder, CO_2-Melder, Ozonmelder und Schwiegermutterwarner festgeschraubt. Einiges sicher sinnvoll, vieles aber auch totaler Blödsinn. Mein kleiner Neffe zum Beispiel ist mal auf die Leiter geklettert, hat seinen Rauchmelder mit Spiritus übergossen und angezündet. Siehe da, gepiept hat nur der Neffe, nachdem er gemerkt hat, dass Feuer heiß ist.

Zurück zur Buchmesse. Ich rannte nun wie Helmut Berger bei der Dschungelflucht durch die kilometerlangen Gänge der Messehallen. Salzstangen, diese leckeren umhüllten Erdnüsse und Gummibärchen konnte ich mir zu diesem Zeitpunkt definitiv abschminken. Aber da war ja noch die sensationelle Buchidee mit der Enzyklopädie über deutsche Ehen. Für ein Glas Wasser sollte es reichen.

Die kilometerlange Warteschlange anlässlich der Signierstunde von Dan Brown kostete mich zwar gut und gern zehn Minuten extra, dafür staubte ich einen Ansteckbutton mit der Aufschrift »Inferno« ab, den ich mir über den Senfflecken auf mein Hemd tackerte. Wenn erst einmal meine Enzyklopädie auf dem Markt wäre, würden meine Signierstunden auch wieder voller. Da war ich mir sicher.

Dann war es endlich geschafft. Ich war da. Am Stand von Bastei Lübbe. Was ich jetzt noch benötigte, waren zwei offene Ohren für meine sensationelle Buchidee.

Abends an der Hotelbar war ich dann schon etwas enttäuscht, dass es mit der vierzehnbändigen Enzyklopädie doch nichts geworden war. Aber die Idee, ein Buch über deutsche Macken und Ticks zu schreiben, war ja auch nicht schlecht. Ich guckte den Typen neben mir an, der mit dem Finger in der Luft die Flaschen in der Barwand zählte, tauchte meine Hand in die kleine Schale mit Studentenfutter vor mir, setzte genüsslich das Pilsglas an und begann damit, die typischsten deutschen Macken aufzuschreiben.

★ Hier herrscht noch Recht und Ordnung! ★

Die schönsten deutschen Gesetze

In Deutschland werden jährlich knapp hundertfünfzig neue Gesetze auf den Weg gebracht. Hierzu zählt unter anderen auch die Seilbahnverordnung in Mecklenburg-Vorpommern, obwohl es dort nicht mal eine Seilbahn gibt.

Nach dem Landesreisekostengesetz (dieses Wort hat dreiundzwanzig Buchstaben) ist für einen Beamten, wenn er auf einer Dienstreise stirbt, diese für ihn beendet. Man soll eben aufhören, wenn es am schönsten ist.

Verboten ist hingegen laut deutschem Gesetz, den eigenen Tod als dauerhafte Berufsunfähigkeit zu werten und somit den erhöhten Freibetrag geltend zu machen.

Fällt hingegen, laut Sozialgesetzbuch, ein Arbeitnehmer vom Bürostuhl, weil er eingeschlafen ist, gilt das nur dann als Betriebsunfall, wenn die Müdigkeit betriebsbedingt war. Schlafen Sie also lieber in Ruhe zu Hause auf dem Barhocker.

Wussten Sie, dass laut Straßenverkehrsordnung Blinde nicht auf Behindertenparkplätzen parken dürfen? Eine weitsichtige Verordnung, wie ich finde.

Auch der Haufen Ihres Chihuahuas ist in Deutschland strengen Gesetzen unterworfen. Diesbezüglich heißt es: Nach dem Abkoten bleibt der Kothaufen grundsätzlich eine selbstständige bewegliche Sache, er wird nicht durch Verbinden oder Vermischen untrennbarer Bestandteil des Wiesengrundstücks. Der Eigentümer des Wiesengrundstücks erwirbt also nicht automatisch Eigentum am Hundekot.

Bitte bedenken Sie auch, dass nach dem Erschießen der Schwiegermutter die Kugel in ihren Besitz übergeht. Aber nur dann, wenn es sich nicht um einen Durchschuss handelt. Wählen Sie das Kaliber also sorgfältig aus.

Und zum Schluss das wichtigste Gesetz von allen: Ein amtliches Fußballfeld muss in Deutschland baumfrei sein. Aber das wissen ja sogar die Vollpfosten.

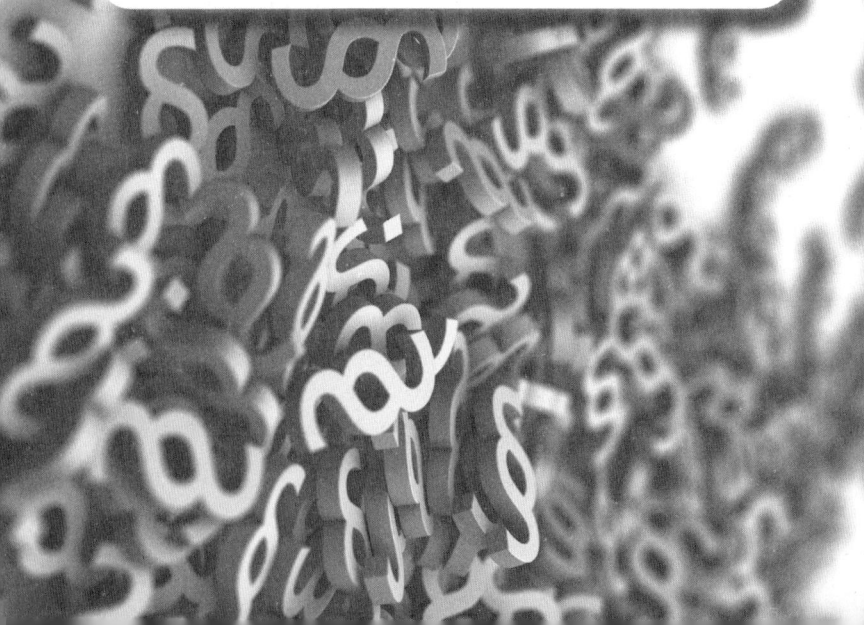

Und was sagen die anderen?

Wie das Ausland uns Deutsche sieht

Ich vermute mal, dass Sie auf der Reise durch dieses Buch und durch meinen Alltag als Buchautor und Privatmensch festgestellt haben, dass wir alle nicht so ganz ohne Ecken und Kanten sind und es gar nicht mal so schlimm ist, eine kleine Macke zu haben. Auch ein, zwei große oder gleich mehrere verrückte Spleens des täglichen Lebens sind durchaus im Bereich des Akzeptablen. Vorausgesetzt, Sie haben jemanden in Ihrem Umkreis, dem Sie mit Ihrer Macke auch wirklich den letzten Nerv rauben können. Macken fallen nämlich erst dann auf, wenn andere damit konfrontiert werden und dafür mehr oder weniger Verständnis aufbringen (müssen).

Auch die Macken und Besonderheiten, die ich Ihnen in diesem Buch geschildert habe, habe ich in erster Linie im Umgang mit anderen Menschen wahrgenommen. Menschen, die mir total fremd waren, und Menschen, die mich in meinem engsten Familienkreis täglich mit ihren Angewohnheiten behelligen – oder die ich mit meinen Unarten nerve. Erst im Umgang mit anderen fängt man nämlich an, sich über Macken, Spleens, Ticks und Eigenheiten Gedanken zu machen. Meist weil man die Fimmel, die man plötzlich an anderen entdeckt, nicht kannte oder an sich selbst bisher nicht so wahrgenommen hat. Das heißt aber nicht, dass man nicht dieselben Wunderlichkeiten aufweist wie Millionen andere in diesem Land. Die Wahrnehmung ist häufig nur eine andere.

Es ist ein kleines bisschen so wie mit den gastroenterologischen Ergebnissen eines guten Bohneneintopfs. Die eigenen sind meist okay. Richtig aufregen, sich totlachen und wundern können wir uns eigentlich nur über die Macken anderer. Und doch sind wir bei vielen Angewohnheiten, die wir vielleicht als negativ empfinden, wie zum Beispiel die Folgen eines Bohneneintopfs, durchaus froh, dass wir nicht die Einzigen sind, die gewisse Gepflogenheiten besitzen. Wir sind im Stillen sogar dankbar für jeden Verbündeten, der dieselbe Macke hat wie wir.

Es passiert mir in letzter Zeit zum Beispiel immer häufiger, dass ich ein Buch, das mich im Buchladen interessiert, von hinten zu lesen beginne. Zuerst überprüfe ich, wie viele Seiten es hat. Dann schaue ich mir die Werbung für andere Veröffentlichungen des Verlages an. Die stehen auch hinten im Buch. Warum? Herrgott, ich weiß es doch auch nicht. Komischerweise interessiert mich das Nachwort eines Buches häufig am meisten. Zum Glück lese ich keine Krimis, bei denen der Mörder erst auf der letzten Seite entlarvt wird.

An dieser Stelle möchte ich also nun alle neu hinzugekommen Leser dieses Buches herzlich begrüßen. Freunde, ihr seid unter euresgleichen! Habt viel Spaß mit dem nun folgenden Buch und versprecht mir, es auch brav bis zur Seite 1 durchzulesen.

Ihr seid nicht allein mit eurem Spleen und tickt ganz normal. Problematisch wird es erst, wenn ihr auch die Sätze in diesem Buch rückwärtslest und das Buch dabei auf den Kopf dreht. So weit ist es bei mir zum Glück noch nicht gekommen.

Auch meine Frau, die meine Ticks nicht nur beim Lesen toleriert, sondern auch den ganzen vermackten Rest von mir schätzen darf, hat eine kleine Buchmacke: Sie liest immer mehrere Bücher gleichzeitig. Also, äh, nicht zum selben Zeitpunkt, aber so nebeneinander. Also wenn sie ein Buch bereits angelesen hat, dann beginnt sie mit einem neuen, weil dann … Ach, Sie wissen schon. Mehrere Bücher für unterschiedliche Anlässe und Orte. Sie hat also zeitgleich ein Zugbuch, ein Couchbuch, ein Urlaubsbuch, ein Cafébuch und ein Telefonbuch.

Stört mich das? Nö. Entscheidend ist nämlich, dass wir in einer Partnerschaft die Macken des anderen respektieren. Im besten Fall amüsiert es einen Mann sogar, dass seine Frau während der brutalsten Actionszene den Film stoppt, um erst einmal in Ruhe die Bude zu saugen und von dem ganzen Adrenalin runterzukommen.

Wie zu Beginn erwähnt, sollen die Geschichten in diesem Buch die typischen Macken aller Deutschen beschreiben. Mit der Betonung, dass nicht alle Macken ausschließlich typisch deutsch sind oder in diesem Land erfunden wurden, unseren Alltag aber typisch deutsch machen. Klar kann es sein, dass auch die Menschen in Uganda im Supermarkt meckern, wenn keine zweite Kasse aufgemacht wird. Aber wie oft kaufen wir in ugandischen Supermärkten ein und nehmen dieses Phänomen dort als störend wahr? Es ist nun einmal unser leicht vermacktes Land mit seinen sympathischen Bekloppten, das wir jeden Tag erleben. Wir – und andere von außerhalb. Wenn man sich mal die Umfragen ansieht, wie das Ausland den typisch Deutschen wahrnimmt, dann kann einem angst und bange werden.

Was ich in diesem Zusammenhang beobachtet habe: Je weiter weg von Deutschland man solche Umfragen startet, desto blonder und fleißiger wird der Deutsche. Während sich der Italiener zumindest noch ansatzweise vorstellen kann, dass wir nicht alle in Sepplhosen mit der Weißwurst unterm Arm durch den Schwarzwald laufen, nimmt dieses Denken in weiter entfernten Ländern zu. Für die Menschen an der ugandischen Supermarktkasse sind wir also alle blond, können perfekt jodeln und werden jedes Mal gegen England Weltmeister im Elfmeterschießen.

Höchst interessant ist diesbezüglich auch eine Umfrage aus Schottland. Die Schotten, nach den typischen Eigenheiten der Deutschen befragt, antworteten nämlich, dass sie glauben, alle Frauen bei uns seien stark behaart. Nun, damit haben sie ja noch nicht einmal unrecht, denn Frauen mit Glatze gibt es hierzulande wirklich selten. Aber es ist anzunehmen, dass sich die Umfrage mehr auf die Haare auf den Beinen, unter den Armen oder auf den Zähnen bezog. Für den Schotten ist die größte Macke der Deutschen also, dass ihre Frauen stark behaart sind. Und das aus einem Land, in dem eine große Anzahl der Einwohner rote Haare auf dem Kopf hat, ihr Steinewerfer im Glashaus! Auf dem zweiten Platz der aus schottischer Sicht typischen deutschen Macken steht übrigens das überschwängliche Biersaufen. Gut, dass die Umfrage nur in Schottland und nicht unter den englischen Mallorca-Touristen gemacht wurde. Zumindest hätten die das nicht als ungewöhnliche Eigenschaft angesehen.

Eine durchaus erstrebenswerte Macke, die übrigens den Deutschen länderübergreifend angedichtet wird, ist die »german« Pünktlichkeit. Hat die deutsche Frau einen Frauenarzttermin um 15.00 Uhr, steht sie frühzeitig um 13.00 Uhr mit Rückenbehaarung und Bier saufend auf der Matte. Hat die Schottin einen Termin um 15.00 Uhr, kommt sie um 16.00 Uhr mit frisch rasierten Beinen und einer Pulle Malt Whisky an. Bei der Spanierin kann es wegen der Siesta auch schon mal 16.30 Uhr werden, und die Italienerin lässt es bei einem Termin um 15.00 Uhr ab 17.00 Uhr krachen, weil vorher ohnehin noch kein Arzt da wäre. Nicht mal die Sprechstundenhilfe, die den Termin um 15.00 Uhr vergeben hat. Nur in Uganda wäre man ebenfalls um Punkt 15.00 Uhr an

Ort und Stelle, allerdings eine Woche später. Die deutsche Pünktlichkeit ist also eine positive Macke, auf die wir stolz sein können. Handwerker mal außen vor gelassen.

Eine weitere Umfrage wollte ermitteln, wie die Menschen aus umliegenden Ländern den Deutschen charakterlich wahrnehmen. Hierzu betonte der Franzose, dass er sich sicher sei, deutsche Frauen seien gute Liebhaberinnen. Auch das macht uns unglaublich stolz. Vor allem wenn wir erfahren, dass der Befragte ein Achtjähriger war. Ja, ja, die Franzosen mit ihren langen krossen Baguettes … Da können wir noch was lernen.

Sie sehen also, die Wahrnehmung eines anderen Menschen, eines anderen Landes oder einfach nur die Wahrnehmung einer anderen Macke fällt sehr vielschichtig aus.

Die einzige Wahrnehmung, die sich in meinem Alltag leider nie ändert, ist der Anblick meines gerade erwachten Gesichts im Spiegelschrank meines Badezimmers. Der mit den kleinen Macken durch den Hornhauthobel, Sie erinnern sich. Ich schließe also hiermit nicht nur dieses Buch über mein Leben mit all meinen Macken und Eigenheiten, sondern auch meinen Spiegelschrank, in dessen Inneren die Lösung für all meine offensichtlichen Schönheitsmacken liegt.

Vielleicht werden Sie sich während der Lektüre die Frage gestellt haben, ob all das, was ich über meinen Alltag als Buchautor geschrieben habe, der Realität entspricht. Nun, da muss ich sagen: Nein! Sie haben vollkommen recht, mein täglicher Kampf mit der Tastatur, der Ehefrau und der Kaffeemaschine ist längst nicht so spektakulär, wie man in dem einen oder anderen Kapitel vielleicht vermuten könnte. Daher gibt es für mich auch nichts Schöneres, als meinen Schreibtisch hier und da zu räumen und hinaus in die vermackte Welt zu ziehen. Sei es als Gefangener in der Supermarktschlange oder als Reisender in Sachen Lesungen. Da draußen spielt die Musik, und Sie, die Leser, spielen die erste Geige. Sie sind es, die mich zu den verschiedensten Themen inspirieren und mir den Stoff liefern, damit ich auch weiterhin lustige, authentische, aber auch total überspitzte Sachbücher schreiben darf.

Wenn Sie sich selbst einmal davon überzeugen wollen, ob mein Alltag tatsächlich so kurios abläuft, wie im Buch skizziert, oder wenn Sie unbedingt mal überprüfen wollen, ob Ihr Platznachbar in einer meiner Live-Veranstaltungen genauso tickt wie Sie, dann kommen Sie doch einfach mal vorbei. Ich würde mich freuen, Sie auf einer meiner nächsten Comedylesungen begrüßen zu dürfen, um mit Ihnen gemeinsam herauszufinden, ob wir nicht alle dieselbe kleine, sympathische Macke haben.

Wie immer können Sie mir auch schreiben und mir Ihren ganz persönlichen Spleen schildern. Verpetzen Sie bitte auch Ihren Ehemann, Ihre Arbeitskollegen und Freunde bei mir, und teilen Sie mir mit, wie bekannt Ihnen das hier Beschriebene vorkommt. Kleine Macken haben wir schließlich alle.

Sie erreichen mich in der Straße www.kaitwilfer.de oder unter der Telefonnummer kai@twilfer.de

Bildnachweis

S. 28/29: © Fotolia/ Ichumpitaz
S. 40/41: © shutterstock/Elovich
S. 52: © shutterstock/Leszek Glasner
S. 63/64: © shutterstock/pashabo
S. 76/77: © shutterstock/Lisa S.
S. 86/87: © shutterstock/StudioSmart
S. 98: © shutterstock/ESB Professional
S. 108/109: © shutterstock/Kronick
S. 118: © shutterstock/Rvector
S. 126: © shutterstock/Serjio74
S. 135: © shutterstock/Vitalii Nesterchuk
S. 145/146: © shutterstock/stockcreations
S. 157: © shutterstock/Alexander Raths
S. 168/169: © shutterstock/Syda Productions
S. 180: © shutterstock/Oak Nakrub
S. 191/192: ©shutterstock/Only background
S. 204: © shutterstock/Tokarchuk Andrii
S. 215/216: © shutterstock/KALACHEVSTUDIO
S. 225/226: © shutterstock/ I am Kulz
S. 234/235: © shutterstock/sumkinn
S. 245/246: © Fotolia/ sk_design

Die Community für alle, die Bücher lieben

Das Gefühl, wenn man ein Buch in einer einzigen Nacht verschlingt – teile es mit der Community

In der Lesejury kannst du

★ Bücher lesen und rezensieren, die noch nicht erschienen sind

★ Gemeinsam mit anderen buchbegeisterten Menschen in Leserunden diskutieren

★ Autoren persönlich kennenlernen

★ An exklusiven Gewinnspielen und Aktionen teilnehmen

★ Bonuspunkte sammeln und diese gegen tolle Prämien eintauschen

Jetzt kostenlos registrieren: www.lesejury.de
Folge uns auf Facebook:
www.facebook.com/lesejury